浙江省普通本科高校"十四五"重点立项建设教材

房地产经济学十八讲

陈多长　等◎编著

EIGHTEEN LECTURES ON

REAL ESTATE ECONOMICS

ZHEJIANG UNIVERSITY PRESS
浙江大学出版社
·杭州·

图书在版编目（CIP）数据

　　房地产经济学十八讲 / 陈多长等编著. -- 杭州 ：
浙江大学出版社，2025. 6. -- ISBN 978-7-308-26410-5

　　Ⅰ. F293.30

　　中国国家版本馆 CIP 数据核字第 20251HQ402 号

房地产经济学十八讲

FANGDICHAN JINGJIXUE SHIBA JIANG

陈多长等　编著

责任编辑	马一萍	
责任校对	陈逸行	
封面设计	雷建军	
出版发行	浙江大学出版社	
	（杭州市天目山路 148 号　邮政编码 310007）	
	（网址：http://www.zjupress.com）	
排　　版	大千时代（杭州）文化传媒有限公司	
印　　刷	杭州捷派印务有限公司	
开　　本	787mm×1092mm　1/16	
印　　张	19.75	
字　　数	360 千	
版 印 次	2025 年 6 月第 1 版　2025 年 6 月第 1 次印刷	
书　　号	ISBN 978-7-308-26410-5	
定　　价	78.00 元	

前　言

　　《房地产经济学十八讲》是浙江省普通本科高校"十四五"第二批新文科重点教材建设项目成果,是笔者在长期从事房地产经济学科研、教学工作积累基础上编著的房地产经济学教材。

　　本教材在基本理论、研究方法、结构体系、案例分析与政策实践应用、思政教育和正确的价值导向等方面均进行了创新尝试。在以下几个方面体现了"四新"建设的内涵与要求:第一,坚持正确政治导向和价值导向,使知识性和价值性相统一,把房地产经济学的课程思政教育融入教材中。在教材的案例材料选择上坚持培根铸魂,坚定文化自信,力争做到立足中国国情、体现中国特色,树理想信念、涵人文精神、养家国情怀。第二,本教材中涉及的房地产经济学的基本知识体系尽力体现出科学性、权威性、前沿性,特别是针对中国特色社会主义制度下房地产经济运行中出现的新问题(如中国情景下的住房不平等与住房保障问题等),我们基于马克思主义政治经济学基本原理进行系统理论分析及对策研究,并通过案例教学方式引导学生形成正确的价值观、良好的社会责任感,培养学生的探索意识和能力。第三,本教材力争与现代信息技术融合,将技术变革、教学手段方法创新应用到教材中,在纸质书中嵌入二维码,以呈现案例分析等数字资源。

　　本教材的主要内容分三个模块,共 18 讲。第一个模块是"房地产经济学总论",共 7 讲:第 1 讲为绪论,第 2—7 讲分别为房地产企业理论、房地产区位理论、房地产金融理论、房地产周期理论、房地产泡沫理论和房地产税收理论。第二个模块是"房地产经济学分论",共 8 讲,包含地产经济学、住宅经济学和工商业地产经济学。第 8—10 讲讨论地产经济学,包括土地产权理论、土地市场均衡分析和土地财政理论;第 11—14 讲讨论住宅地产经济学,包括住房产权理论、住宅开发的经济学分析、住宅市场均衡分析和住房保障政策的经济学分析;第 15 讲专门讨论工业地产和商业地产经济学。第三个模块是"房地产市场失灵与政府管制",共3 讲,重点关注房地产市场失灵的原因、资源配置效率评价及市场失灵的治理。第

16 讲聚焦房地产公共物品,第 17 讲关注房地产外部性,第 18 讲关注住房不平等。

　　本教材具有以下三个特点:第一,内容上尝试把 20 多年来国内学术界关于房地产经济学理论和实践探索的成果纳入教材体系。例如,中国背景下的土地财政依赖及土地财政模式转型问题、住房不平等及其治理问题,传统房地产开发经营模式的危机及其创新问题、物业管理智能化发展模式问题等,尽可能将它们以专讲、专题或专栏等形式纳入教材。第二,研究深度上兼顾不同层次读者的需要,对于房地产经济学的基本范畴界定规范、基本理论的探讨比较深入。针对房地产经济学的课程特点,在规范基本范畴的基础上,突出房地产经济学的基础理论分析并层层深入。内容安排上,考虑了工程管理、房地产开发经营、物业管理等相关专业本科和专科学生学习的需要,也考虑了房地产经济学方向的研究生进行专门性研究的需要。为此,本教材在基本概念和基本理论的介绍上遵循"成熟性原则",有选择地引入房地产经济学的前沿性问题,以专栏的形式深入探讨。第三,突出房地产经济学作为应用经济学"理论联系实际"的特点,注重案例研究。针对房地产经济实践中出现的热点、难点问题,导入房地产经济学案例,基于房地产经济学基本理论进行案例分析,不仅进行理论探讨,同时还尝试进行对策研究。

　　本书由陈多长负责总体设计。具体写作分工如下:第 1—3 讲、第 6—9 讲、第 11—17 讲为陈多长;第 4 讲为陈多长、屠帆;第 5 讲为陈多长、朱菁、屠帆(其中,朱菁主要负责专题分析 5-1);第 10 讲为陈多长、张明进、游亚、周宇霆、郑静;第 18 讲由王一敏提供初稿,陈多长负责修改、定稿。

　　本书编写过程中参阅了大量国内外有关城市房地产经济学的研究成果,对国内外著作者提供的宝贵文献支持,我们表示衷心感谢。

　　本书受到浙江省普通本科高校"十四五"第二批新文科重点教材建设项目的立项鼓励,得到了浙江工业大学"一流专业核心课程建设项目"的支持和浙江工业大学管理学院工程管理系的经费资助,也得到了高辉博士等各位同事的热心帮助,在此深表感谢。

　　限于编著者的学识和水平,再加上时间紧迫,书中内容难免有疏漏、不妥甚至谬误之处,诚望国内外同行给予批评、指正,以便再版时予以修改、完善。

目　录

模块一　房地产经济学总论

第 1 讲　绪　论 ……………………………………………………………（1）

第 1 节　房地产的概念及其属性 …………………………………………（1）

第 2 节　房地产业与国民经济的关系 ……………………………………（6）

第 3 节　房地产市场概述 …………………………………………………（9）

第 2 讲　房地产企业理论 …………………………………………………（13）

第 1 节　房地产企业概述 ………………………………………………（13）

第 2 节　房地产开发企业 ………………………………………………（14）

第 3 节　物业管理企业 …………………………………………………（19）

第 3 讲　房地产区位理论 …………………………………………………（29）

第 1 节　区位理论概述 …………………………………………………（29）

第 2 节　主要的区位理论 ………………………………………………（32）

第 3 节　房地产区位理论的应用 ………………………………………（46）

第 4 讲　房地产金融理论 …………………………………………………（50）

第 1 节　房地产业与金融业的关系 ……………………………………（50）

第 2 节　房地产金融体系 ………………………………………………（54）

第 3 节　房地产金融创新 ………………………………………………（60）

第5讲　房地产周期理论 ……………………………………………（66）

第1节　房地产周期的概念和测度 ……………………………………（66）

第2节　房地产周期的特征 ……………………………………………（70）

第3节　房地产周期的影响因素 ………………………………………（72）

第4节　房地产周期与宏观经济周期的关系 …………………………（74）

第6讲　房地产泡沫理论 ……………………………………………（87）

第1节　房地产泡沫的概念和特征 ……………………………………（87）

第2节　房地产泡沫的检测方法 ………………………………………（88）

第3节　房地产泡沫的成因 ……………………………………………（90）

第4节　房地产泡沫的危害和治理 ……………………………………（95）

第7讲　房地产税收理论 ……………………………………………（106）

第1节　房地产税收的概念和分类 ……………………………………（106）

第2节　房地产税收的理论依据 ………………………………………（107）

第3节　房地产税收的经济效应 ………………………………………（113）

第4节　房地产税制比较 ………………………………………………（116）

模块二　房地产经济学分论

第8讲　土地产权理论 ………………………………………………（124）

第1节　土地产权的基本范畴 …………………………………………（124）

第2节　中国土地产权制度 ……………………………………………（131）

第3节　土地产权制度国际比较 ………………………………………（136）

第9讲　城市土地市场均衡分析 ……………………………………（143）

第1节　土地市场均衡分析的两种范式 ………………………………（143）

第2节　S-D模型下城市土地市场均衡分析 …………………………（144）

第3节　货币数量论范式下的城市土地市场均衡分析 ………………（148）

第10讲　土地财政理论 ………………………………………………（154）

第1节　土地财政的基本范畴 …………………………………………（154）

第 2 节　中国土地财政的现状特征 ·························· (157)

第 3 节　土地财政模式的形成机制分析 ·················· (163)

第 4 节　土地财政模式的转型路径 ······················ (169)

第 11 讲　住房产权理论 ·································· (174)

第 1 节　住房产权制度的基本范畴 ······················ (174)

第 2 节　中国住房产权制度改革 ························ (179)

第 3 节　住房产权制度的国际比较 ······················ (185)

第 12 讲　住宅开发的经济学分析 ······················ (188)

第 1 节　房地产开发的基本范畴 ························ (188)

第 2 节　商品住宅开发的程序和涉及的主体 ·············· (189)

第 3 节　商品住宅开发的经济分析 ······················ (192)

第 4 节　商品住宅的两种开发模式 ······················ (196)

第 13 讲　住宅市场均衡分析 ·························· (199)

第 1 节　住宅市场均衡分析的两种范式 ·················· (199)

第 2 节　S-D 模型下的住宅市场均衡分析 ················ (201)

第 3 节　货币数量论与住宅价格决定 ···················· (214)

第 14 讲　住宅保障政策的经济学分析 ·················· (221)

第 1 节　住宅保障政策概述 ···························· (221)

第 2 节　住宅保障政策的经济学分析 ···················· (223)

第 3 节　中国住宅保障政策实践 ························ (226)

第 15 讲　工商业地产 ································ (238)

第 1 节　工业地产 ···································· (238)

第 2 节　商业地产 ···································· (246)

模块三　房地产市场失灵与政府管制

第 16 讲　房地产市场失灵之一:房地产公共物品 ·········· (252)

第 1 节　房地产公共物品:分类和概念 ·················· (252)

第 2 节　房地产公共物品的特征与资源配置效率 ……………… （254）

第 3 节　房地产公共物品市场失灵的治理 …………………… （258）

第 17 讲　房地产市场失灵之二:房地产外部性 ……………… （265）

第 1 节　房地产外部性的概念和分类 ………………………… （265）

第 2 节　房地产外部性导致市场失灵 ………………………… （272）

第 3 节　房地产外部性的治理 ………………………………… （273）

第 18 讲　房地产市场失灵之三:住房不平等 ……………… （278）

第 1 节　住房不平等概念及其测度 …………………………… （278）

第 2 节　住房不平等的现状及成因 …………………………… （280）

第 3 节　住房不平等的治理 …………………………………… （290）

参考文献 …………………………………………………………… （295）

模块一 房地产经济学总论

第1讲 绪 论

第1节 房地产的概念及其属性

一、房地产的概念

（一）定义

什么是房地产①？学术界把房地产定义为土地（或建筑地块），以及土地之上以房屋为主的永久性建筑物、构筑物及其衍生的权利。这是房地产的一般定义。简单地说，房地产是土地、房产及二者共生体（狭义房地产）之统称，它既具有实物资产属性又具有无形的产权属性。

（二）分类

房地产常见的分类主要有以下三类：一是按照房地产的用途分类，包括住宅房地产、非住宅房地产和其他房地产；也可分为居住物业、商用物业和特殊物业（如基础设施）。二是按物质形态分类，可以分为土地、房屋、其他建筑物或构筑物。三是按产权分类，分为地产、房产和其他不动产。下面我们重点介绍房屋、住宅、土地和土地资本等几个重要的房地产概念。

1. 房屋

房屋一般指上有屋顶、周围有墙，能防风避雨、御寒保温，并能供人们在其中生产生活、学习、娱乐、储物，具有固定基础的高2.2米以上的永久性场所。根据人们的生活习惯，房屋也包括可供长期居住的窑洞和竹楼等具有地方或民族特色的居所。

---

① 房地产与不动产是一对有联系又有区别的概念。不动产包括土地、土地之上的定着物以及飞机、轮船等。因此，房地产是不动产的组成部分。人们习惯上所说的不动产其实主要是指房地产。此外，不动产属于法律概念，房地产则是经济学概念。

2. 住宅

另外一个与房屋密切相关但在中文语境下又有一定区别的概念则是住宅。

　　住宅(dwelling house)是以家庭为生活单位长期供人们居住用的建筑物。住宅是人们必需的一种消费资料。一幢住宅可以由一户或几户、几十户甚至上百户组成。而每户内部又包括若干个不同的房间,如居室、起居室、厨房、卫生间、贮藏室以及户内过道或室外活动空间(庭院、阳台、露台)等。住宅具有多方面的使用功能。一般来说,消费品可以分为生存资料、享受资料和发展资料,住宅这种消费品依其质量的高低,可以同时发挥三种资料的功能。例如,初级住宅只能满足人们居住、休息的生存需要,而中级和高级住宅,除满足生存需要外,还为人们提供一个安静、清洁、空气新鲜、景观优美、交通方便、设施齐全的舒适环境,易于解除生理上和心理上的疲劳,并为发展智力和开展社会交往活动提供良好的条件。这样,住宅就能既发挥生存资料的功能,又能够发挥享受资料的功能。住宅的这种特殊的使用功能使它在国民经济和社会发展中占有重要地位。①

根据上述定义,我国专供城乡居民居住的房屋,包括别墅、职工家属宿舍和集体宿舍、职工单身宿舍和学生宿舍等,都属住宅之范畴。

从经济学分析的目的出发,也可以对住宅作如下定义:住宅既是一种耐用消费品,又是一种有形资产。作为一种耐用消费品,住宅的经济含义如下:第一,在购买之后可以为购买者提供长期的住宅服务。事实上,许多消费者一生只购买一套住宅。当然,住宅服务既可以在市场上通过租赁来获取,也可以直接通过购买所有权来获得。第二,在很大程度上住宅可以被视为不可分割的商品。第三,住宅是一种昂贵但是必需的生活消费品:对家庭整个生命周期的消费和储蓄决策都有潜在的影响。作为一种有形资产,住宅的经济含义如下:第一,它可以起到价值储存的作用,会受到物理折旧的影响(对建筑物而言)。第二,它可以提供收益流量,以租金收益(建筑物)的形式或以估值变化(土地)的形式。第三,它可以作为贷款的抵押品,具有良好的融资功能。第四,它只有有限的流动性。

3. 土地

狭义的土地,仅指陆地部分。关于土地的定义,较有代表性的是土地规划和自然地理学者的观点。土地规划学者认为,土地是指地球陆地表层,它是自然历史的产物,是由土壤、植被、地表水以及表层的岩石和地下水等诸多要素组成的自然综合体;自然地理学者则认为,土地是由地理环境(主要是陆地环境)中互相联

---

① 范翰章等:《中国房地产辞典》,中国建筑工业出版社,2003 年,第 68-69 页。

系的各自然地理成分组成,包括人类活动影响在内的自然地域综合体。

广义的土地,不仅包括陆地部分,而且还包括光、热、空气、海洋等自然地理要素。较有代表性的是经济学家的观点,如英国经济学家马歇尔认为,土地是指大自然为了帮助人类,在陆地、海上、空气、光和热等各个方面所赠予的物质和力量。

4. 土地资本

土地资本则是为适应耕种、建筑、居住和采掘等各种用途的经济技术要求,对土地开发、再开发投入的物化劳动和活劳动。投入土地的资本有短期的,如土壤物理和化学性质的改良、施肥等;也有长期的,如平整土地、修建排灌设施、设置建筑物等。但不论是短期投入,还是长期投入,都是为了提高土地的产出水平,增加土地收益。对企业而言,土地资本通常以企业的固定资产形式存在。

二、房地产的属性

(一)自然属性

房地产的自然属性主要表现在以下四个方面:①位置固定性。对大多数房地产而言,其自然地理区位具有固定性,是不可移动、不可改变的。②独特性。房地产产品具有异质性,属于非均质商品。房地产的独特性主要是由房地产外在的区位因素和内在因素(如建材、设计等物理因素)所共同决定的。③耐久性。土地是永续性资产或资源;房产/房地产与普通商品相比则具有较长的耐用年限。④土地资源的不可再生性和土地面积的有限性。这决定了土地自然供给的零弹性。

(二)经济属性

房地产的经济属性主要表现在以下八个方面:①高资本性,房地产一般需要很高的购买投入或建造投入。②房地产利用方式适应价格变动的缓慢性,土地用途转换时间长。③房地产业周期波动与宏观经济周期波动具有非同步性。④投资与消费双重性,房地产既可作为生产要素,也可以作为个人消费品(如住房服务)。⑤利用的外部性,如土地利用和住宅使用过程中的相互影响等。⑥土地短期供给(经济供给)低弹性,甚至零弹性。⑦土地要素边际报酬递减。⑧土地所有权的垄断性。

(三)法律属性

房地产属于不动产,因而具有不动产的法律属性(与动产相对)。其基本含义如下:①房地产的让渡必须依法进行登记。②产权的重要性,房地产交易实质是基于法律规定的产权交易。③权能的可分性(如所有权与使用权的可分性等)。

1. 住宅的法律属性

住宅作为不动产,其法律属性主要体现在以下三个方面:①房屋所有权必须依法确认。依据《中华人民共和国城市房地产管理法》的相关规定,国家实行土地使用权和房屋所有权登记发证制度。房屋所有权人对其所有的房屋享有占有、使用、收益和处分的权利。②房屋使用功能的专属性。房屋是为了满足人们的居住需求而建造的,因而具有专供居住的特性。这与其他类型的房地产,如商业用房、工业用房等,存在着明显的区别。③作为民生保障手段,住宅具有社会保障属性,即住宅还承担着社会保障的功能。例如,政府会提供保障性住宅,以满足低收入家庭的最基本的居住需求。

2. 土地的法律属性

作为不动产,土地的法律属性主要体现在以下四个方面:①土地性质分类须依法进行。根据相关法律,土地性质可以分为农用地、建设用地和未利用地。农用地主要用于农业生产,包括耕地、林地等;建设用地则用于建造建筑物,包括住宅、公共设施等;未利用地则是除农用地和建设用地以外的土地。②土地所有权的确定须依法进行。中国的土地所有权分为国家所有和集体所有。城市市区的土地属于国家所有,而农村和城市郊区的土地,除法律规定属于国家所有的以外,属于农民集体所有。这种所有权的划分对于土地性质的确定和使用有重要影响。③土地使用权及其他派生权利的确定须依法进行。例如,对于农民集体所有的土地,实行土地承包经营制度。土地承包经营权人对其承包的土地享有占有、使用和收益的权利。这种权利的确定和保护,是土地性质确定的重要方面之一。④土地登记与确权须依照法定程序进行。依法登记的土地所有权和使用权受法律保护。土地登记是确定土地性质、权属等信息的法定程序,通过登记可以明确土地的各项权利归属和使用状况。确权则是依照法律、政策的规定,确认土地所有权、使用权的隶属关系和他项权利的内容,是土地性质确定的关键环节。

(四)社会属性

1. 房地产相关的心理效应

以住宅为例。住宅不仅是人类的栖息之所,更是能给人以慰藉、美感与激情的空间。住宅还可以给人以安全感、富足感。我国的房屋租赁市场为什么不发达?原因众多,租客的归属感和安全感不够是其中的重要方面之一。

2. 房地产开发与利用的社会效应

设计良好的居住区能有效地降低犯罪率,加强社区沟通与凝聚力、激励居民积极参与社区活动。特别地,合理的住宅区设计(电子监控、灯光照明、住宅区内适度的建筑密集度等)对预防犯罪非常重要(参见专栏 1-1)。

专栏 1-1　住宅区的规划设计与犯罪预防

改善小区区域结构划分,设置多种区域

在住宅区的小路和周围地区设置公共区域、半公共区域以及私人用途区域。犯罪分子一旦进入小区,就会进入公共、半公共区域,有一种易被察觉的风险,这样可以有效地抑制犯罪分子的犯罪念头,从根本上减少犯罪的发生。小区在绿化方面要注意控制植被与建筑的距离。植被距离过近或过于密集会严重遮挡中低层住户的视线,不利于第一时间发现异常情况。公共领域与半公共领域内的绿化宜以高大乔木和草坪为主,合理控制种植密度。这样才能保证视线的通透性,尽量发挥"自然监视"的作用。

高层住宅小区因建筑本身较难形成围合空间,最好为每栋住宅楼都单独设计一个半公共领域,且须与公共领域之间有明确清晰、易识别的边界。半公共领域的边界可由绿化、构架、水体等构成,且边界应不易翻越或穿越,从而使得犯罪分子不便于藏匿或者穿梭其中。在公共区域设置老人、儿童的娱乐活动场所,装上多个摄像头进行全天候无死角的监控,这样既可以有效避免老人和儿童成为犯罪的对象,又可以在满足老人和儿童休闲娱乐需求的同时起到社会监督的功能,增强小区自身的震慑犯罪的能力。

改善小区的道路设施和照明条件,消除犯罪隐患

通向小区的道路是否便利、平坦、宽敞,照明设施的光线是否明亮,走廊、楼道的光线是否充足,楼梯是否宽敞这些因素都与小区犯罪发生的概率有着紧密的联系。研究表明,小区道路系统越复杂,犯罪率越高;道路系统越简单,犯罪率越低。通向小区的道路尽量要便捷、宽敞、平坦,遮挡物少,照明光线要充足,照明灯具要齐全,走廊、楼道光线要明亮,楼梯宽敞、梯缓,安装更为明亮的路灯、走廊灯,这样不仅对住户的通行带来更好的住户体验,而且也会增强安全性,可以有效地减少容易发生犯罪的阴暗角落。

资料来源:

邓勇胜,王佳琦:《居民住宅小区"死角"与犯罪预防》,《中国房地产》2019 年第 4 期。

第2节　房地产业与国民经济的关系

一、房地产业:国民经济行业分类中的细分行业

根据我国《国民经济行业分类》(GB/T 4754—2017),房地产业是一个包括房地产开发经营、物业管理、房地产中介服务、房地产租赁经营和其他房地产业等五个细分行业的一种服务业(见表 1-1)。

表 1-1　国民经济行业分类中房地产业的细分行业

代码			类别名称
门类	大类	小类	
K	70	7010	(1)房地产开发经营
		7020	(2)物业管理
		7030	(3)房地产中介服务
		7040	(4)房地产租赁经营
		7090	(5)其他房地产业

二、房地产业的产业定位

(一)房地产业的产业性质

房地产业以提供房地产相关服务为特色,它本质上属于服务业的一个门类,在三次产业分类中属于第三产业。房地产业与建筑业相关,但与建筑业根本不同,建筑业属于第二产业。房地产与金融业也有密切联系,二者同属于第三产业或服务业,但两者的服务内容彼此不同。

(二)房地产业的产业功能

学术界关于房地产业的产业功能有很多不同的说法。比如,认为房地产业是国民经济的基础产业,房地产业是先导产业,房地产业是国民经济的支柱产业等。房地产业是不是国民经济的先导产业,主要还需从房地产周期与宏观经济周期关系的角度考察(此问题将在本书第 5 讲"房地产周期理论"中讨论)。至于房地产业是否为国民经济的支柱产业,我们还应从投入、产出和财政收入等角度分别考察之后才能得出正确结论。

1. 房地产业的产出地位

统计数据表明,我国房地产业增加值在国内生产总值中的占比大致从 2007

年才开始超过 5%,2007—2013 年均在 7% 上下波动,与金融业和建筑业增加值在 GDP 中的占比不相上下(见表 1-2)。

表 1-2 房地产业增加值、建筑业增加值、金融业增加值在国内生产总值中的占比

单位:%

年份	房地产业增加值占比	建筑业增加值占比	金融业增加值占比
2007	5.1	5.7	5.6
2017	6.9	7.0	7.8
2018	7.0	7.1	7.7
2019	7.1	7.2	7.7
2000	7.2	7.1	8.2
2021	6.7	6.9	7.9
2022	6.1	6.7	7.7
2023	5.8	6.8	8.0

数据来源:国家统计局《中国统计年鉴 2024》。

由此可以认为,房地产业已经成为我国国民经济中产出的支柱性产业,但与金融业和建筑业并驾齐驱,其支柱性地位目前并不突出。

2. 房地产投资的地位

分析历年房地产投资数据发现,我国房地产开发投资在固定资产投资中的占比从 2007 年开始超过 20%。最近几年里虽然有所下降,但仍然保持在 20% 以上(见表 1-3)。仅仅从房地产开发投资的角度来看,房地产业无疑是国民经济中投资的支柱性产业。

表 1-3 房地产开发投资在固定资产投资中的占比

年份	房地产投资占比/%
2007	21.37
2017	26.19
2018	26.96
2019	30.40
2000	29.26
2021	29.10
2022	24.97
2023	22.00

数据来源:国家统计局《中国统计年鉴 2024》。

3. 房地产作为财政收入来源的地位

大致说来,我国的房地产财政收入包括以下两个主要项目:一是房地产相关税收,这个是一般公共预算收入的组成部分;二是土地财政收入,以土地出让收入为主,是政府性基金收入的主体。二者均是地方可支配财力的重要来源。

此处我们仅用土地财政依赖度数据来评价房地产业对地方财政收入的贡献。根据已公布的官方统计数据计算,从 2013 年到 2023 年,我国地方政府土地财政依赖度在大多数年份均在 50％以上,2020 年达到了 84％的最高水平(见图 1-1)。可见,包括土地财政收入在内的房地产财政收入无疑是地方财政收入的支柱性来源。

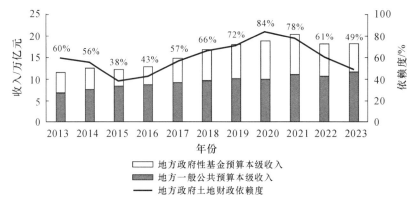

图 1-1　地方政府对土地财政的依赖度

数据来源:根据财政部发布的 2013—2023 年《财政收支情况》提供的数据整理、绘制。其中,地方政府土地财政依赖度＝土地出让收入/地方一般公共预算本级收入。

三、小　结

由以上分析可知,房地产业是国民经济的重要组成部分:①我国历年房地产业增加值占 GDP 的比重超过 5％,初步成为国民经济的产出支柱。②房地产投资占固定资产投资比重超过 20％,是国民经济的支柱性产业。③近十年来,在大多数年份里,土地财政收入相当于地方一般公共预算收入的 50％以上,是典型的地方财政支柱性产业。④与房地产投资的贡献比较,房地产业的产出贡献过低,产出支柱地位并不明显。

从理论上看,房地产业的增长可以推动国民经济的增长,国民经济的增长也会反过来刺激房地产业的增长。二者是相互依存、相互影响的关系(关于房地产业与国民经济景气循环之间的关系等内容,参见第 5 讲"房地产周期理论"中的有关讨论)。

第 3 节　房地产市场概述

一、房地产市场的特殊性

狭义的房地产市场是指房地产产权交易的场所。从广义角度看,房地产市场是指买卖双方讨价还价决定房地产交易数量和价格的机制或房地产交易或交换关系之总和。区别于普通商品市场,房地产市场的特殊性主要表现在以下几个方面。

(一)房地产市场是不完全竞争的市场

依据经济学关于市场结构类型划分的标准来考察房地产市场结构特征。第一,房地产市场上交易的商品为非同质商品。第二,房地产市场上交易者的数量对增量住宅市场来说,一般是卖方少、买方多(相对而言)。[①] 第三,房地产市场上关于商品的信息,一般而言是卖方信息多于买方,卖方具有信息优势,即存在信息不对称。因此,房地产市场,尤其是增量商品房市场,一般为不完全竞争市场,卖方具有垄断势力。

(二)房地产市场价格高且波动剧烈

房地产市场上交易的土地和商品房,与其他普通商品比较,具有价格高、波动大的突出特征:①市场价格高。以深圳市为例,根据"克而瑞"提供的房地产数据,2024 年 1 月深圳市普通住宅项目网签成交价中,福田区为 103185 元/米^2,南山区为 100522 元/米^2,价格之高由此可见一斑。②市场价格波动大。以日本东京为例,假设 1983 年的土地价格为 100,1988 年商业用地价格增长到 350;1997 年 7 月商业地价剧降为 96.3,低于 1983 年的地价水平。[②]

(三)房地产市场的政府管制多于普通商品市场

为什么房地产市场的政府管制多于普通商品市场? 一般认为,房地产市场的不完全竞争性、房地产开发利用中的外部性、市场信息的不对称等导致房地产市场存在严重的市场失灵。特别地,住宅还具有社会属性/必需品属性,住宅权属于基本人权之一,而住房市场分配导致住房不平等加剧也是住宅市场失灵的重要表现形式。为保障居民的基本居住权利,政府必然要介入住房

---

① 对于二手房市场来说,卖方、买方数量均较多,比较接近竞争市场,但并非完全竞争市场。

② 徐滇庆等:《泡沫经济与金融危机》,中国人民大学出版社,2000 年,第 183-184 页。

的供应与分配。

不仅如此,房地产还具有浓厚的金融属性,房地产市场与金融市场密切关联,房地产市场不稳定也会严重威胁金融稳定与经济稳定。上述几个理由决定了房地产市场是政府介入程度较高、管制最多的市场之一。

二、房地产市场分类

我们可以多角度对房地产市场进行分类。例如,可以按照交易对象分类:土地市场、房产市场;按照用途分类:住宅市场、工业地产市场、商业地产市场和其他地产市场;按照市场交易层次分类:土地一级市场和次级市场等。房地产经济学分析中最重要的分类则是按照房地产的经济属性或用途进行分类:房地产空间市场和房地产资产市场。[①]

(一)房地产空间市场

房地产空间市场是指为了使用而租赁房地产空间所形成的市场,又称为房地产使用(权)市场或者物业市场。其需求来源是空间使用者(家庭和企业等),其供给取决于物业空间的出租者的行为。

房地产空间市场的价格即租金或虚拟租金。以房屋为例,所谓虚拟租金,就是指包括购房首付款的存款利息、抵押贷款的还本付息支出以及物业管理费用等在内的总费用。虚拟租金是我们判断租购是否平衡的重要信号,也是房地产市场调节的重要手段。

(二)房地产资产市场

房地产资产市场是指房地产作为资产被买卖而形成的市场。其需求主要来源于房地产投资者或投机者;供给来源于房地产资产的建设者和出售者。

房地产资产市场有两个价格:一是交易价格:由房地产资产供求关系决定。二是资产理论价格,由房地产的预期收益贴现值决定。

(三)房地产空间市场与资产市场的联系

一般而言,房地产空间市场决定的租金影响着资产市场的需求。租金越高,资产需求也就越大。资产市场供给增加,房地产资产价格下降,空间市场租金也会下降。

[①] 刘洪玉,郑思齐:《城市与房地产经济学》,中国建筑工业出版社,2007年,第11-14页。

三、房地产市场的短期与长期运行特征

(一)短期运行特征

房地产市场的短期运行特征主要表现在以下两个方面:一是房地产短期供给低弹性(甚至是零弹性);二是房地产交易价格主要取决于房地产需求(这个特征其实是第一个特征的推论)。影响房地产市场短期运行的主要因素有以下几个。[①]

(1)货币政策因素。假设其他因素不变,如果利率上升,房地产资产性需求和消费性需求下降,房地产价格下降;货币供应量增加、房地产需求增加(房地产供给也会增加,但房地产供给增加存在滞后性),房地产价格上升。

(2)投机资金。一般而言,房地产市场上投机资金数量的突然增加,会推动房地产需求的急剧增长,市场价格也会快速上升。

(3)预期因素。预期经济衰退,房地产需求下降,房地产价格下降。

(4)季节性因素。如商品住宅市场上的"金九银十"现象,即每年从9月初开始到10月黄金周,住宅销售达到顶峰。

(二)长期运行特征

房地产市场的长期运行特征主要表现在以下两个方面:一是房地产供给有一定弹性;二是房地产需求和供给共同决定价格。影响房地产市场供求的长期因素都会导致房地产价格变动,主要有以下几个。

(1)工业化与城市化发展阶段。某地区处于工业化、城市化的加速期,房地产需求增加,推动房地产价格长期上升。

(2)人口因素。如果人口数量增加,将促进房地产市场需求增加,房地产市场价格趋于上升。当然,人口增减(特别是人口的迁移性增减)又与地区产业结构变迁、就业机会的增减以及经济增长的长期趋势直接关联。

(3)产业结构变迁与地区经济增长趋势。如果某地区以夕阳产业为主,经济衰退、收入减少、失业率上升,人口迁出,房地产需求减少,房地产价格迅速下降。反之,如果一个地区以朝阳产业为主,就业率上升、经济持续增长、居民收入稳定上升,人口净迁入,房地产需求稳定增长,房地产市场趋于繁荣。例如,美国底特律因汽车工业的衰落和中国资源型城市鹤岗因资源型产业的衰退导致了房地产市场的趋势性的景气衰退(参考本讲的案例分析)。

---

① 刘洪玉,郑思齐:《城市与房地产经济学》,中国建筑工业出版社,2007年,第15页。

案例分析 1　决定房价的长期因素有哪些?

讨论的问题:

1. 由材料 1 可知,影响底特律房价的主要因素有哪些?

2. 由材料 2 可知,鹤岗房价为什么如此低? 你是否同意材料中作者的说法?

3. 根据材料 1 和材料 2,房价要想获得长期稳定增长,需要满足哪些条件?

习　题

1. 房地产属性及其对房地产市场分析的意义有哪些?

2. 根据住房属性讨论,为什么住房市场需要干预?

3. 房地产业在国民经济中的地位如何?

4. 房地产市场有哪些特殊性?

5. 房地产空间市场与资产市场关系如何?

6. 房地产市场的短期和长期运行特征有哪些差异?

第 2 讲　房地产企业理论

第 1 节　房地产企业概述

一、房地产企业的概念

房地产企业是指从事房地产开发、经营、管理和服务等相关活动，以营利为目的进行自主经营、独立核算的经济组织。房地产是指土地、建筑物及固着在土地、建筑物上不可分离的部分及其附带的各种权益。

二、房地产企业的类型

根据我国《国民经济行业分类》，房地产业包括房地产开发经营、物业管理、房地产中介服务、房地产租赁经营和其他房地产业等五类与房地产相关的经济活动，基于这些活动的不同，就形成了五类不同的房地产企业。

第一类是房地产开发企业，即以营利为目的，从事房地产开发和经营的企业。主要业务范围包括城镇土地开发、房屋营造、基础设施建设，以及房地产营销等经营活动。这类企业又被称为房地产开发经营企业或房地产开发商。

第二类是物业管理企业，即以住宅小区、商业楼宇、大中型企事业单位等大型物业管理为核心的经营服务型企业。这类企业的业务范围包括售后或租赁物业的维修保养、住宅小区的清洁绿化、治安保卫、房屋租赁、居室装修、商业服务、搬家服务，以及其他经营性服务活动等。

第三类是房地产中介服务企业，具体又可以区分为房地产咨询企业、房地产价格评估企业和房地产经纪企业等。

第四类是房地产租赁经营企业，指从事营利性房地产租赁活动的企业。

第五类是其他房地产企业。

三、房地产企业的特征

(一)服务对象的固定性

无论是房地产开发、中介服务还是物业管理,这些房地产企业经营或服务的对象都是不动产,具有固定性和不可移动性。这个特性决定了房地产企业的经营活动受周围环境和不动产的区位特征影响巨大。

(二)经济活动的服务性

无论是房地产开发、房地产中介、房地产咨询,还是物业管理,从其业务活动的性质来看,主要是提供各种各样围绕着不动产的开发、经营、交易、管理等的各项服务,与商品房的建筑等生产性活动有根本的不同。以房地产开发活动为例,房地产开发过程中就涉及征地、拆迁、土地开发、土地出让和转让、房屋开发、出售、出租、转租、房地产抵押等各类事务,这些均属于服务性活动。对于房地产中介服务和物业管理活动来说,其服务性的特征就更加突出。房地产中介活动就是围绕房地产产品而进行的咨询、筹划、代理和服务活动。物业管理活动其实就是对物业及其附属设施和周边环境进行管理并提供秩序维护、环境维护、设备和设施维修、保养等各项服务。

(三)企业的业态多样性

房地产本身具有用途上的多样性,即房地产既可以用于工业生产,可以用于商业经营活动及写字楼等,亦可作为城市居民居住空间等,这种特征就决定了房地产企业的服务对象具有多样性。

房地产活动的类型具有多样性,即围绕房地产会发生房屋的开发、出售、出租、转租、房地产价格评估、房地产抵押、房地产咨询、物业管理与服务、房地产与土地交易的磋商等一系列活动。这些以房地产为中心而产生的各种服务活动的专门化发展,就产生了各式各样的房地产企业。

第2节 房地产开发企业

鉴于房地产开发企业和物业管理企业在我国房地产行业中的重要地位,本讲着重介绍这两类企业。

一、房地产开发企业的概念

房地产开发企业是指按照《中华人民共和国城市房地产管理法》等法律、法规的规定,以营利为目的,从事房地产开发和经营活动的企业。根据《国民经济行业分类》,房地产开发企业的开发和经营活动包括房屋、基础设施建设等的开发,以及转让房地产开发项目或者销售房屋等活动。

二、房地产开发企业的类型

(一)依据企业的资质等级划分

2022 年 3 月 2 日中华人民共和国住房和城乡建设部令第 54 号《住房和城乡建设部关于修改〈房地产开发企业资质管理规定〉的决定》第三次修正的《房地产开发企业资质管理规定》指出,房地产开发企业按照企业条件可分为一、二两个资质等级。各资质等级企业的条件如下:

一级资质:(1)从事房地产开发经营 5 年以上;(2)近 3 年房屋建筑面积累计竣工 30 万平方米以上,或者累计完成与此相当的房地产开发投资额;(3)连续 5 年建筑工程质量合格率达 100%;(4)上一年房屋建筑施工面积 15 万平方米以上,或者完成与此相当的房地产开发投资额;(5)有职称的建筑、结构、财务、房地产及有关经济类的专业管理人员不少于 40 人,其中具有中级以上职称的管理人员不少于 20 人,持有专职会计人员不少于 4 人;(6)工程技术、财务、统计等业务负责人具有相应专业中级以上职称;(7)具有完善的质量保证体系,商品住宅销售中实行了《住宅质量保证书》和《住宅使用说明书》制度;(8)未发生过重大工程质量事故。

二级资质:(1)有职称的建筑、结构、财务、房地产及有关经济类的专业管理人员不少于 5 人,其中专职会计人员不少于 2 人;(2)工程技术负责人具有相应专业中级以上职称,财务负责人具有相应专业初级以上职称,配有统计人员;(3)具有完善的质量保证体系。

(二)依据开发经营的主营业务类型划分

第一类是专门进行土地开发与经营的企业。这类企业将有偿获得的土地开发完成后,再有偿转让给其他单位使用。

第二类是主要从事房屋开发与经营的企业。房屋的开发指房屋的建造;房屋的经营指房屋的销售与出租。企业可以在开发完成的土地上继续开发房屋,开发完成后,可作为商品作价出售或出租。企业开发的房屋,按用途可分为商品房、出租房、周转房、安置房和代建房等。

第三类是主要从事城市基础设施和公共配套设施的开发。

第四类是专门从事代建工程开发。代建工程的开发是企业接受政府和其他单位委托,代为开发的工程。

第五类是综合性业务,涵盖以上几类房地产开发、经营业务中的两类以上。

三、房地产开发企业的组织结构

(一)U型组织结构

根据企业组织设计原则,房地产开发企业适用的组织结构是 U 型组织结构,又叫功能垂直型结构(见图 2-1)。

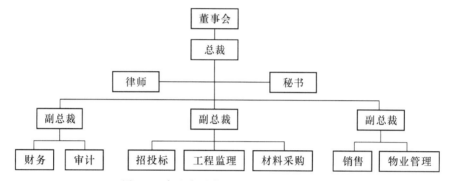

图 2-1 房地产开发企业的 U 型组织结构

资料来源:曹振良等:《房地产经济学通论》,北京大学出版社,2003 年,第 32 页。

U 型组织结构的突出优点包括:一是决策较为集中、统一,各部门间容易协调;二是总部直控和调配资源,有利于提高资源的利用效率;三是决策效率较高。主要缺点则是企业领导者缺乏足够的时间和精力去考虑企业长远的战略发展规划。随着企业规模的扩大,企业管理成本将快速上升。

(二)M型组织结构

M 型组织结构以企业高层管理者与中层管理者之间的分权为特征。房地产开发企业根据开发项目确定若干项目经理,企业最高管理层授予项目经理较大的经营自主权,全权负责项目开发过程的组织和管理工作;项目经理下设几个职能部门,如销售、工程技术等。企业的最高领导层只负责企业的战略决策,项目经理直接对公司总经理负责(见图 2-2)。

M 型组织结构的突出优点有两个:第一,企业领导者可以集中力量策划企业长期发展战略。第二,具体经营决策由相对独立的项目经理负责。一般而言,M 型组织结构更适合于规模较大、拥有多个开发项目的房地产开发企业。M 型组织结构的主要缺点有四个:第一,沟通协调难度大、管理复杂。第二,权责边界较为模糊。第三,风险管理难度增加,容易失控。第四,机构易重叠且容易发生本位主义问题。

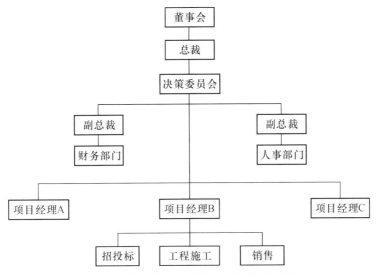

图 2-2　房地产开发企业的 M 型组织结构

四、房地产开发企业的经营模式变革

(一)房地产开发企业的传统经营模式

长期以来,我国房地产开发企业的主导性经营模式是"高负债、高周转模式",这种模式在房价持续上涨期间,尚难以发现问题,一旦房价停止上涨,房地产市场景气衰退,房地产开发商的偿债能力就会受到严重影响,导致资金链断裂、债务违约等风险逐渐暴露,此模式就再难维系(参见专栏 2-1)。

 专栏 2-1　我国房地产开发企业的"高负债、高周转"经营模式

(1)房地产开发企业的高负债。统计全部非金融行业的 A 股及 H 股上市、主营业务在内地的公司资产负债情况,发现房地产行业的资产负债率在所有非金融行业中为最高,2020 年达到 79.3%。从国际比较来看,中国上市房企的资产负债率也大幅高于主要发达国家,2020 年分别高于日本、美国、德国、法国和英国 10.6 个、22.7 个、24.9 个、41.0 个和 42.0 个百分点。从上市公司的有息债务存量来看,主营业务在内地的港股上市房企和 A 股上市房企的有息债务合计占主营业务在内地的全部港股上市企业和全部 A 股上市企业合计的比例从 2010 年的 12.3% 升至 2020 年的 21.5%。中国房地产开发企业的资产负债率,以 2010 年前后为分界点,房地产业的债务水平不再大幅波动,而是一路迅速走高。2000—2010 年,房地产业整体负债率在波动中整体下降了 1.1 个百分点;2010—2020 年,资产负债率整体上升了 6.2 个百分点。

（2）房地产开发企业的高周转。2010年后房地产行业债务水平持续攀升，与这一现象同时存在的是房地产行业的"高周转"模式。"高周转"模式是指房地产开发商通过加快前期的开发进度，快速获取预售资格，然后用购房者提供的预付款支撑下一阶段的购地支出和新开工项目。高周转模式可以追溯到2010年，万科等房企率先运用高周转模式创造了前所未有的销售额，这一年也被称为高业绩和高周转的"元年"。"高周转"模式在业内并没有立刻流行起来。直到2016年，房地产行业重新开启"高周转"模式，碧桂园等企业将这种模式发挥到了极致。随后，全国范围内的各类房地产企业逐步接受这种房地产开发经营模式。至此，速度成为房企之间相互竞争的关键——拿地的速度、新开工到拿预售证的速度、卖房回款的速度。房企转向"高周转"的背景是土地价格已涨至较高水平的同时，房价上涨的空间也已经十分有限，行业毛利率随之降低，房企开始通过高速周转来扩大收入和利润。其实现的条件是房企可以通过大量预售房屋也即销售"期房"来获取资金。现有的统计数据也可以证明"高周转"是现实存在的：2008—2021年，商品房销售中的期房比例大幅提高，从64.4%升至87.0%；同时，房地产开发资金中来自预收款的比例也从24.6%升至36.8%。

资料来源：

张晓慧等：《金融促进高质量发展之路——CF40中国金融改革报告》，中信出版集团，2022年。

（二）房地产开发企业经营模式变革的方向

1. 拓展业务范围

房地产开发企业可以探索住房租赁、存量住房更新和资产管理等新领域。随着共享经济的兴起，住房租赁市场快速发展。房地产开发企业可以通过租赁房屋获得稳定的租金收入，并通过专业化的租赁管理，提供更优质的租赁服务。房地产开发企业还可以通过资产管理业务，将自身的房地产资产进行有效配置和管理，获得稳定的资本回报。

2. 注重专业化分工

房地产开发一直存在着"高负债、高周转、高风险"问题。为了规避"三高"风险，企业需要加强专业化分工，将开发、销售、物业管理等环节进行细化和专业化，提高效率和管理水平。通过引入专业的第三方服务机构，如物业服务公司、租赁管理公司等，房地产开发企业则可以将精力更多地集中在核心业务上，减少风险，增加收入。

3. 产品向"高质量＋新科技＋好服务"转型

最近的 20 多年里,我国房地产市场发展主要是解决"有没有"房子的问题,2025 年之后,国家重点要解决居住"好不好"的问题。[①] 因此,房地产开发企业的开发经营目标需要向提供"高质量＋新科技＋好服务"商品房这种新的房地产开发经营模式转变。

第 3 节　物业管理企业

一、物业管理企业的相关概念

(一)物业

根据中华人民共和国行业标准《房地产业基本术语标准》(JGJ/T 30—2015)的规定,"物业"(property)特指"已经竣工和正在使用中的各类建筑物、构筑物及附属设备、配套设施、相关场地等组成的房地产实体以及依托于该实体上的权益"。因此,完整的物业一般应包括以下几个组成部分:建筑物、附属设备、配套设施、相关场地及相关的权益。

(二)物业管理

物业管理有广义和狭义之分。广义的物业管理,是不动产管理活动的总称,是指业主通过自行管理、委托其他管理人或者物业服务企业等方式,对其所有的建筑物及其附属设施设备进行维修、养护、管理及维护相关权益的活动。狭义的物业管理,是指业主通过选聘物业服务企业,由业主和物业服务企业按照物业服务合同约定,对房屋及配套的设施设备和相关场地进行维修、养护、管理,维护相关区域内的环境卫生和秩序的活动。[②]

(三)物业管理企业

按照《国民经济行业分类》(GB/T 4754—2017),物业管理企业是指按照物业服务合同的约定,对房屋及配套的设施设备和相关场地进行维修、养护、管理,维护环境卫生和相关秩序的活动的房地产企业。[③]

---

① 中华人民共和国中央人民政府《政府工作报告》(2025 年)中提出"适应人民群众高品质居住需要,完善标准规范,推动建设安全、舒适、绿色、智慧的好房子"。自 2025 年 5 月 1 日起实施的住房和城乡建设部公告 2025 年第 39 号《住宅项目规范》(编号为 GB 55038-2025),提高了我国住宅项目的建设标准,为我国"好房子"建设提供了依据。

② 季如进:《物业管理理论与实务》,中国建筑工业出版社,2022 年,第 3 页。

③ 本书中物业管理企业和物业服务企业是两个可以通用的概念。

二、物业管理企业的服务内容

(一)物业管理企业提供物业服务的法律依据

主要法律依据有:《物业管理条例》第三十四条和第三十五条,其中,第三十四条规定:"业主委员会应当与业主大会选聘的物业服务企业订立书面的物业服务合同。物业服务合同应当对物业管理事项、服务质量、服务费用、双方的权利义务、专项维修资金的管理与使用、物业管理用房、合同期限、违约责任等内容进行约定。"《物业管理条例》第三十五条规定:"物业服务企业应当按照物业服务合同的约定,提供相应的服务。物业服务企业未能履行物业服务合同的约定,导致业主人身、财产安全受到损害的,应当依法承担相应的法律责任。"

(二)物业管理企业的服务内容

《物业管理条例》所称物业管理,是指业主通过选聘物业服务企业,由业主和物业服务企业按照物业服务合同约定,对房屋及配套的设施设备和相关场地进行维修、养护、管理,维护物业管理区域内的环境卫生和相关秩序的活动。

据此可以认为,物业管理企业的主要服务内容有以下八个方面:①房屋及其设备的维护管理服务;②绿化管理服务;③卫生管理服务;④治安管理服务;⑤小区内交通组织与管理服务;⑥公用市政设施管理服务;⑦消防管理服务和违章建筑管理服务;⑧其他由业主或业主委员会委托给物业管理企业提供的服务。

三、物业管理企业基本理论:委托代理理论

(一)委托代理理论概述

在经济学上,委托代理问题是指受委托人(如股东)的委托,代理人(如企业经理)采取行动,为委托人达成目标的过程中,由于代理人与委托人之间的利益目标冲突,在委托人处于信息劣势(即存在着信息不对称)且不能对代理人进行完全监督(或监督成本很高)的情况下,代理人有动机为了自身利益,做出有损于委托人利益的行为,或者其努力程度不足以达到委托人期望的利益目标的现象。

对于企业来说,委托代理问题产生的原因则可以表述为:①两权分离:企业经营权与企业所有权的分离,并且经理人员对于厂商的利润没有或只有有限的索取权。②目标冲突:股东们可能要求尽可能多的经济利润,但经理们可能希望清闲、安全和高工资。③信息不对称:股东们是委托人,而经理们是代理人,后者在管理企业方面具有信息优势。在两权分离的情形下,上述两个利益集团之间的目标冲突、在信息不对称条件下终将导致委托—代理问题的产生(即事后信息不对称导致所谓的"道德风险")。

信息不对称和委托代理问题不仅广泛存在于企业股东与经理人之间,也广泛存在于其他社会经济活动中,特别是存在契约关系的企业与其他经济主体之间的经济活动中,如物业管理企业与业主之间的委托代理问题。

(二)物业服务中的委托代理问题及其治理思路

1. 主要的委托代理问题

在物业管理活动中,主要存在以下几类委托代理关系。①成立业主大会选出业主委员会之前,前期物业管理中主要存在着房地产开发商与物业服务企业之间的委托代理关系。②成立业主大会选出业主委员会后业主大会委托业主委员会负责日常工作,业主与业主委员会之间也是委托代理关系。③成立业委会后,业主和业主委员会与物业服务企业之间存在着委托代理关系。在物业管理问题上,业主和业主委员会处于信息劣势一方、物业服务企业处于信息优势一方,就很容易出现物业服务企业没有尽心管理物业、服务业主的现象,此即物业管理中的委托代理问题(也属于事后信息不对称导致的道德风险问题)。

2. 解决之道

解决物业管理中的委托代理问题,经济学提供了两种可能的基本思路:一是设法让业主或业主委员会在选聘物业服务企业之前尽可能多地了解物业服务企业的相关信息。二是引入第三方参与交易或监督。第三方参与市场有以下几种主要形式。①资质管理。目前中国的物业服务企业已经取消了资质评定,现在主要采用动态的物业服务企业信用等级评定。这也是一种解决委托代理关系中的信息不对称问题的方法。②第三方独立的物业服务评价。③政府主管部门或物业行业协会的信息服务。④物业服务保险。

四、物业管理的发展趋势:智能化发展

在数字化背景下,我国物业管理的智能化正在加速发展,目前已初步形成了三种典型模式,分别为服务智能化提供模式、资源智能化整合模式和服务智能化生态模式,三种模式各有优缺点。为推动物业管理企业的智能化发展,政府和企业在优化技术、人才和资金等要素供给结构的同时,还应加快数字标准化建设、构建产业互联互通环境,并为物业管理企业智能化发展提供必要的税收优惠支持(参见专题分析 2-1)。

专题分析 2-1　物业管理智能化发展的三种典型模式[1]

　　总体来看,目前我国物业管理的智能化转型尚处于起步阶段,但智能化发展正在成为当下物业管理企业转型与发展的迫切要求。智能化物业管理不仅能有效提高客户的满意度,还为物业服务企业带来了新的利润源泉,优化企业的收入结构。以上市公司新希望服务为例,从 2019 年到 2021 年,以智能化为特色的生活服务业收入占比从 10.2% 上升到 27.4%;传统的物业服务费收入占比从 37% 下降到 34.3%[2]。根据调研资料,将我国物业管理智能化发展模式划分为以下三类,具体特征如表 2-1 所示。

表 2-1　我国物业管理智能化发展模式特征对比

特征	服务智能化提供模式	资源智能化整合模式	服务智能化生态模式
智能化的目的	降本增效	增加利润,提高市场竞争力	增加利润,实现多方互利共赢
服务内容	基础物业管理为主	增值服务内容不断拓展	多方利益相关者资源共享
服务定位	以服务为中心	以人为中心	以人为中心,服务所有企业
价值属性	以交换价值为主	以客户的使用价值为主	通过资源整合创造共生、共享的价值
核心主体	企业—业主	企业—业主	所有利益相关主体
代表性企业	开元物业	绿城服务、碧桂园服务、龙湖物业	万科物业、长城物业

一、服务智能化提供模式

(一)模式特征

　　在服务智能化提供模式下,数字技术被广泛应用于物业管理之中。如图 2-3 所示,电子巡更系统、智能闸道系统等智能化设施设备为居民提供了优质高效的基础物业管理服务,平台终端 App 则帮助物业工作人员、业主和客服人员随时随地完成沟通、提供服务、获取信息,物业管理运营控制中心则通过数字平台对智能

---

　　[1]　陈多长,王一敏:《数字经济背景下物业服务智能化发展模式与实现路径研究》,《浙江工业大学学报(社会科学版)》2022 年第 3 期。

　　[2]　数据来源:2022 年中指研究院 CREIS 物业版《物业公司年报及业绩公告》。

设备、App 等子系统收集到的数据信息进行实时反馈和处理。智能化设备的应用不仅提高了企业的管理能力,还极大提高了员工的工作舒适度和客户的服务满意度。此模式下,物业管理企业的价值属性仍以交易价值为主,即广大居民缴纳物业费,以此换取美好舒适的生活居住环境。企业的主要业务仍是提供基础物业管理服务,涉及的增值服务内容较少。

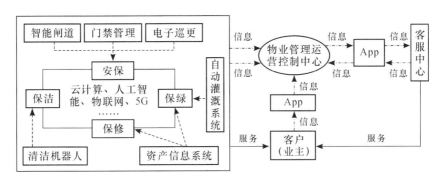

图 2-3　服务智能化提供模式示意

(二)代表性企业——开元物业

目前,大部分物业管理企业(尤其是中小型物业管理企业)的智能化发展都属于服务智能化提供模式。我国中小型物业管理企业受资金和技术限制,通常选择引入部分智能化设施设备实现智能化转型。据不完全统计,截至 2000 年 5 月,有 300 余家中小物业管理企业在物业管理中都引入了同一款智能集中运营中心平台,利用 AI 技术将物业管理业务进行集中运营,按需分配,实现了企业服务智能化[1]。除了中小型物业管理企业,一些大型物业企业在探索智能化转型实践的前期,也属于服务智能化提供模式。而开元物业一直以"开元酒店式物业管理"为特色[2],致力于深化大数据、人工智能等技术为业主提供高品质的物业管理。开元物业通过无人机巡航、天网远程摄录系统等各类智能设施设备,全方位立体打造了智慧化物业管理体系,还通过信息系统对企业各部门的工作内容进行细化监管,对客户信息进行收集分析,最后使用数字平台,将物业管理和企业管理的各个流程联通,实现了企业的全产业链智能服务。

---

① 侯义古:《科技赋能中小物业,从智能集中运营开始》,《城市开发》2020 年第 13 期,第 2 页。
② 2020 年 5 月,融创物业服务集团有限公司(简称融创服务)成功并购了浙江开元物业服务有限公司(简称开元物业)。

二、资源智能化整合模式

(一)模式特征

在资源智能化整合模式下,物业管理智能化不仅表现为服务管理手段的智能化,还表现为运营模式的智能化。物业管理企业通过数字平台,将各类社会资源进行整合,企业与业主之间通过信息交换和服务提供实现价值共创(见图 2-4)。业主是整个服务链的服务中心,物业管理企业在整个服务链中扮演着服务中心、信息中心、财务中心三个重要角色。业主向物业管理企业交纳物业费(包含基础物业管理费、增值服务费),物业管理企业则通过自营、外包、招租等方式向业主提供相应服务。在该模式下,数字平台作为资源整合和交易的媒介及空间,对物业管理企业和其他服务供应商所提供的产品信息、定价、交易情况等信息与居民需求进行匹配,从而快速、能动地响应业主的服务需求。这类模式下的物业管理企业仍以满足业主需求为主要目标,并通过业主对智能化设施设备的使用获取信息创造新的价值。

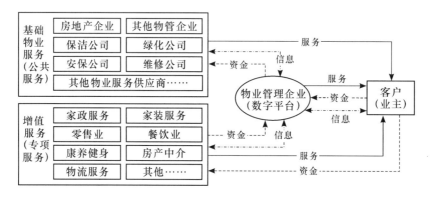

图 2-4 资源智能化整合模式

(二)代表性企业——绿城服务、碧桂园服务

资源智能化整合模式对平台数据收集处理和分析的能力要求较高,通常需要企业有足够的资金进行智能设备以及信息系统的研发引进(尤其是 App 的开发),故而大多是资金雄厚且规模较大的物业管理企业在进行资源智能化整合模式的探索,例如绿城物业服务集团有限公司(简称绿城服务)和碧桂园服务控股有限公司(简称碧桂园服务)等。

(1)绿城服务。绿城服务旨在通过科技渠道拓宽企业可盈利业态、提高服务质量与品质,从而形成行业竞争优势。自从 2013 年绿城服务向智能化物业管理转型以来,平均每年投入 5000 万元用于科研开发[1]。根据 2021 年对杭州绿城服务总部的调研,发现绿城服务通过其服务平台的各类终端系统来收集数据,再利用这些数据分析业主的兴趣爱好和消费习惯,并以此指导企业完成社区商业招商和个性化增值服务内容。目前绿城服务 App 在为业主提供家政、园区超市等增值服务的同时,还按需全面丰富了友邻社交、业主自治、园区健康、园区学院、园区金融等五大服务板块。从 2013 年至 2021 年,企业总体盈利空间不断扩展,营收明显增加,园区服务收入占比从 7% 不断攀升至 22.6%。[2]

（2）碧桂园服务。碧桂园服务致力于成为"国际领先的新物业服务集团",在数字技术助力下,碧桂园服务完成了从被动响应业主需求到主动了解业主需求的转变。碧桂园服务通过物联网＋人工智能技术提升业主在社区生活中的便捷与安全体验,同时通过线上线下的各类触点获取业主需求信息,再利用算法深挖业主需求,实现增值创收。目前其增值服务内容已在线上 App 中规模化地形成了到家服务、家装服务、社区传媒服务、本地生活服务、房产经纪服务等板块。2019—2021 年,碧桂园服务的科技投入已累计超过 7 亿元,企业营业收入屡创新高,2021年碧桂园服务营收达 288 亿元,稳坐行业前列,其社区增值服务收入更是突破 33.2 亿元,同比增长 92.2%;非业主增值服务收入达 26.8 亿元,同比增长 95.3%。[3]

三、服务智能化生态模式

（一）模式特征

在互联网等数字技术的支撑下,各类资源跨界融合使得物业管理企业的边界变得模糊且开放,在此基础上,市场、私人和公共部门等各方参与者相互耦合,共同制定制度共享信息、共创价值,这就是服务智能化生态模式（见图 2-5）。在此模式下,物业管理企业通过数字平台,将各个企业在服务生产过程中产生的大量数据信息进行整合连接,打破信息壁垒,实现所有参与者的数据共享、价值共创和利益共赢。在此模式中,多方利益相关者通过数字平台交互协作,数字平台既是信息整合和交易的媒介及空间,又是各参与方价值共创、秩序传导的通道,各参与方在平台上连接、互动、形成价值共创秩序甚至实现重构。在服务智能化生态模式中,所有参与者的角色并非一成不变,同一主体既可以是消费者也可以是服务提

---

[1]　数据来源:国家税务总局杭州市税务局第一税务分局《行业归属对物业管理企业减轻疫情影响和发展的调研报告》,2020 年 3 月 4 日。

[2]　数据来源:《绿城物业服务集团有限公司 2013 年度报告》《绿城物业服务集团有限公司 2021 年度报告》。

[3]　数据来源:《碧桂园服务控股有限公司 2021 年度报告》。

供者,还能成为服务推广者。

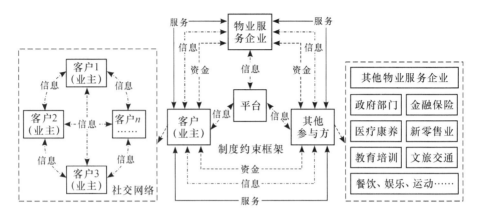

图 2-5　服务智能化生态模式

(二)代表性企业——万科物业、长城物业

在完成基础物业管理的智能化设备引进以后,还有一些资金雄厚的物业管理企业开始了服务智能化生态模式的实践,如万科物业和长城物业。相较于资源智能化整合模式,服务智能化生态模式更加侧重于资源的共享,对平台建设、数据处理能力的要求也更高。

(1)万物云(万科物业)[①]。万物云的企业定位是"城市配套服务商",目前已转型为以空间服务为根基的平台型企业。万物云提出构建开放数据平台,实现平台成员企业之间的服务扩张、资源共享和产业互联,让物业管理企业之间的关系从竞争者变为合作者。与此同时,万物云还将设施、设备、资产、人和商业活动均接入系统平台中,让物业管理企业、供应链上下游、各类生态合作伙伴都能从中获取万科物业积累的技术、流程和标准等核心服务产品与服务能力,从而促进整个生态系统的共生、共享、共赢。万物云每年保持投入营收的 1.5% 作为研发资金,目前营收能力已超过 18.5 亿元且仍保持着强劲的增长势头。[②]

(2)长城物业。长城物业是中国最大的独立第三方全业态物业管理机构,一直推崇包容式整合社区资源,共创共享行业社区生态圈价值的理念。长城物业通过"一应云"智慧平台面向全国各地的品牌物业管理企业和优质商家/供应商,以契约合作、股权合作等方式将其连接为跨行业的商业联盟,通过平台与联盟企业(商户)共创共享资源。目前,"一应云联盟"已吸引超过 560 家企业加盟,覆盖 140

---

① 2020 年 10 月,万科物业更名为"万物云空间科技服务股份有限公司",简称万物云。

② 数据来源:万科集团 2021 年度业绩推介会。

多个城市,物业管理面积超过 11.5 亿平方米①,是我国物业管理行业最大的联盟组织之一。

　　基于智能化发展模式的特征,本书将不同模式的优缺点以及推进过程中发现的问题归纳如表 2-2 所示。

表 2-2　我国物业管理智能化发展模式优缺点对比

比较维度	服务智能化提供模式	资源智能化整合模式	服务智能化生态模式
优点	(1)提高服务效率和业主满意度; (2)实现业务流程自动化; (3)有效降低企业成本,改善成本结构	(1)满足业主多元化、个性化服务需求; (2)实现企业降本增效; (3)有效对接业主需求、商家供应,拉动社区商圈发展	(1)最大程度、最低成本满足业主多元化需求; (2)打破信息壁垒,降低协调成本,实现生态圈内资源共享、价值共创、利益共赢
缺点	(1)前期一次性投入成本高; (2)后期需要对智能设备进行日常维护、运营和修理,还要按需不断更新换代; (3)对物业从业人员的素质要求高	(1)技术研发投入高,对专业技术和复合型人才需求高; (2)数据剧增,易出现信息过载、有效信息被淹没等情况; (3)存在业主信息泄露的风险	(1)平台技术要求高,存在安全性不足,数据泄露等风险; (2)企业过度的信息开放会增加竞争中的反对风险; (3)理论研究不足、暂无建设规范和评价标准
问题	(1)部分企业盲目追求先进设备和技术,忽略业主实际需求; (2)许多智能化社区"重建设、轻管理",智能化设备闲置,或者使用维护不当,导致业主智能体验效果不佳	(1)数据易过载,一些企业缺乏足够的分析与处理能力,数据价值没有得到真正体现; (2)社区物业 App 覆盖率高但业主使用率普遍较低	(1)处于探索阶段,没有完善的法律制度依据,容易出现纠纷; (2)企业间无统一的数字标准,相互间的兼容性差,相关资源整合应用难度较大

案例分析 2　恒大债务危机

讨论的问题:

1. 造成恒大债务危机的主要原因是什么?

2. 恒大房地产开发经营的模式特征是什么?

---

　　①　数据来源:长城物业官方网站,http://www.cc-pg.cn/enterprise.aspx? type=14,访问日期:2024 年 12 月 28 日。

习　题

1. 基于中国当前的房地产市场形势,如何创新房地产开发企业的开发经营模式?

2. 查询资料,比较分析万科地产和龙湖地产的组织结构特征。

3. 物业管理企业与业主之间的委托代理问题是如何产生的? 如何解决?

4. 查询资料,分析物业管理行业在房地产业中的地位及其对国民经济的贡献。

第 3 讲　房地产区位理论

第 1 节　区位理论概述

区位理论是房地产经济学的核心理论之一。区位理论主要包括农业区位论、工业区位论、中心地说(中心地理论)、廖什的市场区位理论、帕兰德的区位理论、艾萨德的区位理论和住宅区位论等。从土地利用的角度来看,区位理论又是关于土地如何进行区位利用的理论。

古典区位论虽然产生于 19 世纪末 20 世纪初,而且当时研究问题所提出的理论假设过于苛刻且研究范围也比较简单,但这些理论的基本思想至今仍具有重要的指导意义。随着社会经济的发展,区位理论也不断得到更新和完善,并对解决实际问题发挥了重要的作用。本节重点介绍几个关于区位论的基本概念,包括区位、区位因素和区位论等。

一、区位及特征

区位是指某一经济事物或经济活动所占据的空间场所以及该场所与其周围事物之间的经济地理关系。[①] 区位的主要特征如下。

1. 概念的双重性

区位既是一个地理学概念,它以自然地理位置为依托;又是一个经济学概念,它以人类经济活动、经济联系以及人类对经济活动的选择和设计为内容。

2. 动态性

区位的自然地理位置是固定不变的,但区位由于具有了经济学内涵而又处于动态变化之中。

---

① 　曹振良等:《房地产经济学通论》,北京大学出版社,2003 年,第 96 页。

3. 层次性

区位可以分为宏观区位和微观区位。宏观区位是指某项经济活动从宏观区域尺度上看,应当选择在哪个地方。微观区位是指某经济活动拟在选定的区域或城市中的哪个地段展开。

4. 等级性

即区位质量的等级性。区位质量是指某一区位对特定经济活动带来的社会经济效益的高低。区位质量的优劣往往由区位效益来衡量。区位效益则是指区位因素为某项经济活动带来的直接和间接的经济效果。因此,所谓区位等级性,是指对某一类经济活动而言,区位效益的好坏,进而区位质量的高低呈现出因地点不同而不同的差异性。

5. 相对性

第一,对某一类经济活动有利的所谓优良区位,随着时间的推移会发生区位质量的变化,因而是相对的;第二,同一区位会因区位经济活动类型的差异而产生不同的区位效益,因而区位质量的好坏亦具有相对性。

6. 设计性

区位的设计性是指区位的被动性,即区位具有典型的人为设计色彩。换言之,从理论上讲,人类可以根据自身经济活动的需要,发挥主观能动性,在不违背生态和经济规律的前提下改善区位质量、提高区位效益。

二、区位因素

区位因素是指构成区位或者影响区位经济活动的诸种因素。不同类型的区位其区位因素的组合不同;同一区位因素在不同经济活动的区位决策中重要性不同。区位因素大致有以下几类。

1. 自然因素

主要指影响区位质量的自然资源或自然条件。例如,对农业经济活动来讲,土地的自然地理位置和土地的肥力状况构成了农业区位的主要的自然因素;对工业经济活动来讲,矿产资源的赋存状况则构成了工业区位的主要自然因素。

2. 劳动因素

包括劳动力数量、质量、组合以及地区工资水平等。

3. 基础设施因素

包括电力的供应及其价格、供排水条件、交通运输的便捷程度等。这是一种构成并影响区位质量的普遍性因素。

4. 地价因素

地价水平对工业、商业和住宅业区位均有很大影响。但就承受能力而言,商业活动因其赢利水平较高而承受地价的能力也相对较强;工业和住宅业的承受力则较弱,因而二者对区域地价水平的高低最为敏感。

5. 集聚因素

主要指产业布局的区域集聚规模及其发展趋势。这是决定工业区位质量优劣的一个重要因素。

6. 科学技术因素

指科技发展水平及其发展趋势。科学技术的发展可以大大扩展人类经济活动对区位选择的范围,突破或减轻传统区位因素对区位选择的限制,提高经济活动区位决策的灵活性。

7. 制度因素

包括经济制度(如土地制度、税收制度等)、政治制度和法律制度等。

8. 市场因素

包括决定区域市场规模、结构、分布及其发展潜力的诸多因素,特别是决定区域市场规模的居民收入水平及其分布特征。

9. 文化行为因素

指区域文化观念、风俗习惯和居民的行为偏好。

10. 资金因素

指影响区位经济活动的资金供给条件。

11. 信息因素

搜集区位经济活动所需的各种信息的成本会直接影响区位经济效益,进而影响经济主体对区位质量的评价与选择。相对地,工商业区位经济活动比农业区位和住宅区位经济活动对信息因素更为敏感。

三、区位理论及其发展

(一)区位理论

所谓区位理论,是指关于人类经济活动的空间分布及其在空间中的相互作用的学说。区位理论主要研究人类经济行为的空间区位选择及空间区位内经济活动优化组合问题,特别关注人类活动(包括企业经营活动、公共团体活动和个人活动等)的空间分布特征和相互作用,以及影响投资者区位选择的关键因素。

(二)区位理论的发展

1. 农业区位论

农业区位论发端于 19 世纪 20 年代的德国,以农业经济学家约翰·冯·杜能

(Johan Heinrich von Thunnen)的《孤立国同农业和国民经济的关系》(简称《孤立国》)为代表。

2. 工业区位论

当人类社会进入工业经济时代以后,为适应工业经济活动区位决策的实际需要,工业区位论于1909年产生并得到了迅速的发展。古典工业区位论以德国经济学家韦伯的《工业区位论:区位的纯理论》为代表。

3. 商业区位论

随着工业化进程的快速推进,社会生产活动开始更多地受到市场因素的直接制约,市场作为区位经济决策的一个重要的变量也开始在区位经济决策中受到格外的关注。适应这种需要,不仅工业区位论得到进一步的完善和发展,以研究商业经济活动区位特征与决策的商业区位论也就应运而生。

4. 住宅区位论

20世纪20年代开始,由于城市化进程的迅速推进,伴随着城市人口的急剧增加,住房问题日益得到各国政府的重视。在这种社会经济背景下,产生了研究城市住宅区位形成、变化规律,探讨住宅区位决策依据的住宅区位论。

5. 现代区位论

从20世纪40年代开始,随着经济活动范围的不断扩大,人类判别经济活动成败的价值标准亦发生了很大的变化,区位理论研究及区位决策实践都出现了许多新的特点。比如,单一的经济性因素已不能完全和准确地解释区位决策的现实,非经济性因素在各类区位质量评价与区位经济决策实践中日益得到重视;区位决策的目标函数已不仅仅是经济利润的最大化,次优化思想开始在区位分析中得到广泛的应用。区位理论由此开始了由古典、新古典区位理论向现代区位理论的转变。

第2节　主要的区位理论

一、农业区位论

鉴于杜能在农业区位论研究领域中的开创者地位及其对现代农业区位论和土地经济学的深远影响,此处我们重点介绍杜能的农业区位论。

(一)理论假设

基本假设:孤立国是假设的一个与世隔绝的国家。①这里只有一个中心城市,全国各地农产品均以此城市为主要销售市场。②土壤肥力相同,气候、地形等完全一致。③城乡间唯一的运输手段是马车。④各地农业经营者的能力和技术条件均相同。⑤平原四周是未经开垦的荒野,使孤立国与外界隔离。⑥农作物的经营目的是牟取最大利润。⑦运输费用与农产品重量和生产地到消费市场的距离成正比。⑧市场上农产品的价格、农业劳动者的工资和资本的利息等都固定不变。

(二)杜能农业区位论的主要结论

1. 农业土地利用的圈层模型

如图 3-1 所示,第一圈为自由农业区,主要提供蔬菜、牛奶等,土地利用的集约化程度最高。第二圈为林业区,主要提供薪炭和木材等。第三圈为轮作农业区,提供牲畜、土豆及谷物等。第四圈为谷草农业区,主要提供小麦、玉米、稻谷及畜产品等。第五圈为三圃式农作区,耕地被划分为三块,分别种植黑麦、大麦及休闲地①。第六圈为畜牧业纯牧区,其土地利用的集约程度最低。

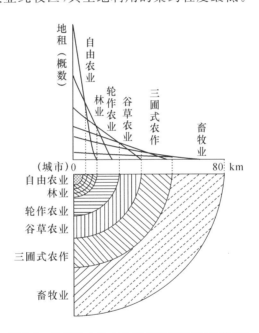

图 3-1　杜能的土地农业利用圈层模型(杜能圈)

2. 位置级差地租模型

杜能基于一系列严格的理论假设,按照利润最大化的原则,推导出了位置地租的理论模型,这构成了杜能农业区位论的一个核心。

---

① 这里所说的三圃式农作是一种典型的西方农庄的土地轮耕制度。在这种制度下,耕地被划为条形,封建主的土地和农奴的土地互相交错。耕地大致被分为春耕、秋耕和休闲三部分,轮流用于春播、秋播和休闲。每块地在连续耕种两年后,可休闲一年。

$$R = (p - c - sk)Q \qquad (3\text{-}1)$$

R：地租量；

p：农产品价格；

c：单位农产品生产费用；

s：农产品产地与市场的距离；

k：单位重量农产品运输单位距离的费用，即运费率；

Q：农产品产量（假设其等于实际的农产品销售量）。

根据级差地租模型，可以得到以下两个重要推论。①对于同一种农作物而言，由于运费率保持不变，由竞争性市场决定的农产品价格则随着与市场距离的增大、总运费的增加，地租量也会相应地减少。因此，从理论上看必然存在着一个距离使地租量降低为零。地租为零处是该农作物种植的经济性极限。②对不同的农作物而言，土地产出能力、产品价格、单位产出的生产费用以及运费率等均不相同。因此，同一区位选择不同农作物所获得的地租量也会不同。这就意味着，同一区位上的土地事实上还面临着不同农业利用方式的选择。

（三）杜能理论的贡献与缺陷

1. 杜能理论的贡献

杜能对农业区位论的研究从位置级差地租出发，阐明了市场距离对于农业生产集约程度和土地利用类型的影响，并得出如下重要结论：农业布局应该按由近到远配置不同的作物，其经营方式也应由集约到粗放渐次变化。因此，杜能的农业区位论实际上是关于土地农业区位利用或者农业布局的理论。

2. 杜能理论的缺陷

杜能理论的缺陷主要表现在以下三个方面。①自给性农业的生产决策的目标是产量最大化和品种多样化，而不是利润最大化。决策目标的变化将导致农地利用的区位格局严重偏离杜能模式。②杜能分析仅限于静态分析，未加考虑技术进步对区位决策的影响。事实上，技术进步不仅可以大大提高土地的产出效率、直接节约生产费用，同时还可以大大地缩短时空距离、克服时间摩擦和距离摩擦对农业区位选择的限制，从而导致实际的土地利用空间分布形态与杜能圈层模型的再次偏离。③杜能农业区位论无法有效解释发达国家城市周围的土地利用格局。辛克莱尔（Robert Sinclair）通过研究美国中西部许多大城市周围的土地利用格局,提出了与杜能圈层模式完全相反的土地利用模式,即所谓的"逆杜能圈"①。

二、工业区位论

1909 年,德国经济学家、社会学家阿尔弗雷德·韦伯第一个完整提出了工业区位论,并在当时产生了相当广泛的影响,被公认为是工业区位论的奠基者,其代表作为《工业区位论》(*Industrial Location Theory*)。韦伯的工业区位论是古典工业区位论的代表作,同时又是 20 世纪 40 年代以后,现代工业区位论研究的重要理论基础,时至今日,它在整个工业区位论体系中仍然处于核心地位。本书重点介绍韦伯的工业区位论。

韦伯发表工业区位论的时代,德国已经开始了产业革命,近代工业有了充分的发展,从而伴随着大规模的人口的地域间移动,尤其是产业与人口向大城市集中的现象较为显著的时代。在此背景下,韦伯从经济区位的角度,探索资本、人口向大城市移动(大城市产业与人口集聚现象)背后的空间机制。韦伯在经济活动的生产、流通与消费三个环节中,选择了工业生产活动作为研究对象。通过探索工业生产活动的区位原理,试图解释人口在地域间大规模移动以及城市人口与产业集聚的原因。

(一)理论假设

韦伯的工业区位论有三个重要理论假设,这些假设来自对现实经济世界的抽象和简化,它们分别是:①已知工业生产原料产地的地理分布,这些原料属非普遍存在性原料。②已知产品的消费地及市场规模,且市场由许多分散的地点组成。这里隐含的假设是竞争性的市场结构。③存在几个固定的劳动力供应地,劳动力供给无限且不具流动性,工资率已知。

基于这三个理论假设,韦伯又定义了影响工业区位的三个基本因子:①运输费用;②劳动成本;③集聚与分散因子。韦伯又将这三个区位因子中的劳动成本因子和运费因子称作一般区域性因子;把集聚与分散因子称作地方性因子。

---

① 美国地理学家辛克莱尔于 1964 年发现,在不断扩张的大都市边缘,土地集约程度的空间分布与杜能环模式相反。辛克莱尔认为都市化不断提高,都市规模不断扩张的情况下,大都市的都市用地与都市边缘地带的农业用地形成竞争。由于作为都市地带的土地用地,如建工厂或购物中心等,通常比作为农业利用更能获得更高的利润,因此,都市边缘地带的农民在期待土地转为都市用地和随时准备抛售土地的心理下,大多不愿在土地上投入大量的资金或劳动,而使农业经营趋于粗放。这种现象越接近都市越明显,直到都市扩大或发展潜力终止的地带,这里的农业用地近期已不可能转化为都市用地,才由此向外恢复杜能模式。

（二）主要结论

韦伯基于前述理论假设和定义,按照由简单到复杂的逻辑顺序分三步构造其工业区位论。

1. 运费指向论

韦伯将运费看作决定工业区位的首要的区位因子(运费是运量与运距的函数)。仅考虑运费因子,区位决策的准则是"运费最小原理"。

2. 劳动指向论

韦伯认为,劳动费用低廉使运费指向的工厂区位发生偏移的条件是:劳动费用的节约大于由于区位偏移而需要增加的运输费用。

3. 集聚和分散因子指向论

集聚与分散因子使运费和劳动力综合指向的区位再次发生偏离。分散的产生是过度集中的经济活动产生了负向外部效应,导致区位质量的恶化。韦伯认为,集聚布局所节约的费用大于因离开运费和劳动费用综合最低区位所需增加的费用时,集聚布局在经济上才是可行的。

（三）韦伯理论的贡献与缺陷

1. 韦伯理论的贡献

韦伯理论是古典工业区位论的基石和现代工业区位论的开端。韦伯的理论贡献主要体现在以下五个方面。①韦伯提出成本最低的最优化思想。其追求"成本费用最低点"的最优化思想仍是现代产业活动追求经济效益的核心。②韦伯将数学方法应用于土地规划、土地经济学等领域,是运用现代计量方法研究土地经济问题的先驱。他提出的三要素(运费、劳动成本和集聚)目前仍是土地利用规划、城市规划和土地利用规划要考虑的核心因素。③韦伯提出了区位论的基本概念,成为现代区位分析中常用的概念,比如原料指数、等费用线等。④韦伯的实证研究框架的理论意义。艾萨德曾经指出,正是运用韦氏方法,他才对美国钢铁工业的区位问题作了有意义的探讨。⑤与杜能的农业区位论一样,韦伯采用抽象和演绎的逻辑分析方法,不仅对现代工业区位论与实践有深刻的影响力,而且对其他产业的区位理论与实践同样具有重要借鉴价值。

专栏 3-1　韦伯工业区位论应用实例

1. 日本重化工企业布局。第二次世界大战之后，日本在"三湾一海"形成了高度密集的重化学工业集聚带，其主要原因之一就是这一集聚带接近日本国内消费地。其次，日本的工业原料几乎 100％依靠进口，而大的港口无疑便成为原料供给地。用韦伯的理论来讲，这种布局是接近原料地，使原料运费最小化。也就是说，是由"运费指向"带来工业向"消费地集聚"和向"原料供给地集聚"的"偶然集聚"。20 世纪 70 年代以后，这种集聚有所缓和，特别是京滨工业地带的临海型工业的集聚出现停滞。其原因则是由于地价和劳动费上升，造成生产费用的增加。用韦伯的理论来讲是"分散因子"削弱了集聚因子和运费指向因素在区位决策中的作用。

2. 越南辰星水泥厂的布局。越南辰星水泥厂位于越南境内建江省，它与瑞士霍尔德班克公司联合投资建了一座新厂，即 Ho Chong 水泥厂。在距新建的 Ho Chong 水泥厂 5～6 公里处有三座石灰石矿山，一座黏土矿和一个海运港口，该水泥厂使用的石灰石来自靠近该厂的三座矿山，其他原料中黏土来自工厂附近的黏土矿。根据韦伯区位论，这是接近原料地，使原料运费最小化的例子。其他的原料，如铁矾土年用量 7 万吨来自东南省 Bien Hoa 城；年用量 7 万吨的石膏来自泰国，15 万吨的煤则来自越南本国北部，这些原料都是用船运抵现场的。由于靠近海运港口，原材料运费也较低，同时生产的水泥运到港口运费也低，水泥的生产效率和销售成本均大大降低，提高了辰星水泥的市场竞争力。

2. 韦伯理论的缺陷

韦伯的古典工业区位论发表于 100 多年以前，其间经历了许多批评，包括其"理论假设的非现实性"、区位决策准则的"最优化思想的片面性"以及"研究方法的间接性"等。①理论假设的非现实性。韦伯的理论假设，包括完全竞争的市场结构、需求条件的空间一致性和运费率的一致性。这些假设均与现实相差太大，这严重地影响了韦伯理论对现实的解释力。②最优化思想的片面性。认为韦伯的工业区位决策的最高准则是成本最低，忽略了厂商决策有时以利润最大为最高准则的现实。在现实的工业区位决策实践面前，韦伯的古典最优化思想需要修正。③研究方法的间接性。韦伯分三步来确定工业区位：先找运费最低点，然后再考察劳动成本因子和集聚与分散因子所导致的运费指向区位的两度偏移，最后才可以确定目标区位。如果一开始就考虑所有影响产品成本的因素，直接求解总成本最低点,以确定最佳区位就更加科学。

此外,还有人认为,韦伯的工业区位论忽视和掩盖了社会经济因素的作用,对社会科学的应用重视不够。

三、商业区位论

在古典农业区位论和工业区位论产生以后,经济学者和经济地理学者在研究工业区位和城市区位问题的过程中提出了商业区位论。20世纪30年代初,德国经济地理学家克里斯塔勒在系统研究中心地理论,即城市区位问题时对城市商业职能的分化、市场区域界限等商业区位问题都进行了大量开创性的探讨,因而被视为商业区位论的奠基者。

德国经济地理学家克里斯塔勒(Walter Christaller)于1933年出版《德国南部的中心地:关于具有城市职能聚落的分布与发展规律的经济地理学研究》(中译本《德国南部的中心地原理》,商务印书馆2010年版),建立了中心地理论。克里斯塔勒在探索城市区位过程及其规律时,也对商业区位活动的许多问题,如城市商业活动的等级、商业服务的范围和服务类型的空间分异等都进行了深入探讨,为商业区位研究提供了理论基础。因此,克里斯塔勒的中心地理论又可以看作商业区位论。此处简要介绍克里斯塔勒的商业区位论。

(一)基本范畴与理论假设

1. 基本范畴

(1)中心地:指相对于一个区域而言的中心点,不是一般泛指的城镇或居民点。更确切地说,是指区域内向其周围地域的居民点居民提供各种货物和服务的中心城市或中心居民点。由中心地提供的商品和服务就称为中心地职能。中心地职能主要以商业、服务业方面的活动为主,同时还包括了社会和文化等方面的活动,但不包括中心地制造业类的经济活动。

(2)需求门槛:需求门槛是指某中心地能维持供应某种商品和劳务所需的最低购买力和服务水平。在实际应用中,需求门槛多用能维持一家商业服务企业的最低收入所需的最低人口数来表示。这里的最低人口数,就被称为门槛人口。

(3)商业服务半径(或商品销售范围):是指消费者为获取商品和服务所希望通达的最远路程,或者是指中心地提供商品和劳务的最大销售距离和服务半径。

2. 理论假设

(1)假设研究的区域是一块均质平原,其上的人口均匀分布,居民的收入水平和消费方式完全一致。

(2)有一个统一的交通系统,对同一等级规模的城市的便捷性相同,交通费用和距离成正比。

(3)厂商和消费者都是理性人(可利用最优化原理进行生产决策和消费决策)。消费者在离他们居住地最近的中心地购买他们所需的货物和服务,他们为此付出的实际价格等于货物的销售价格加上来往的交通费用。

(4)平原上的货物可以完全自由地向各个方向流动,不受任何关税或非关税壁垒的限制。

(二)主要结论

1. 商业经济活动的范围呈现出六边形的网格

克里斯塔勒根据周边最短而面积最大和"不留空白"的原则,认为最合理、最有效的商业活动的市场区图形是正六边形体系。中心地按照以下三种原则布局:第一,以市场最优为原则,中心地要以最有利于商品和服务销售,即中心地以最大的市场服务区为出发点。第二,中心地分布应以交通为最优原则,即各级中心地都应位于高级中心地之间的交通线上,小城镇应该位于较大城市间的交通线上,因此,各级中心地均应分布在高级中心地六边形市场区边界的中点处。第三,中心地应以行政职能为最优原则,每一个次一级的中心地必须在高一级中心地行政管辖范围内,不能像市场一样同时接受两个或三个高一级中心地的影响。

2. 商业活动的市场区域具有一定的等级性

不同货物和服务的提供点都能够按照一定的规则排列成有序的等级体系,提供的商业服务内容和商业辐射范围亦存在差异。一般而言,高级的中心地,如规模较大的城市,有能力和必要向全区提供较全面、较高级的商业服务。低级中心地,如小城市仅可以提供档次较低、种类较少的商品和服务。

3. 商业活动的空间范围由商品和服务供应的上限和下限决定

所谓上限,是指中心地商品和服务的最大半径,该最大半径是由中心地所在区域对该商品或服务的现实需求所决定的。所谓下限,是指为维持正常利润,中心地提供某种商品或服务所必须达到的空间范围,这是以商业企业的供给力量为中心地的商业活动所要求的空间范围。

(三)克里斯塔勒商业区位论评价

1. 主要贡献

克里斯塔勒提出了商业区位分析的主要概念并对商业区位的宏观布局进行了卓有成效的研究,这些成果对商业区位论、城市区位论发展均具有十分深远的影响。克里斯塔勒是商业区位论和城市区位论的重要开创者之一。

专栏 3-2　克里斯塔勒的商业区位论的应用实例

北京城商业中心的服务范围大致可以划分为许多个正六边形。旧城区内中间是一个政治中心,其余 6 个商业中心分别是西四、西单、前门、王府井、东四和鼓楼(见图 3-2)。

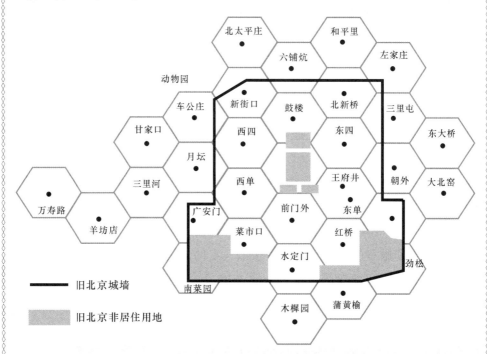

图 3-2　北京市商业中心及六边形服务区示意

资料来源:https://max. book118.com/html/2018/1020/7033036131001153. shtm,访问日期:2024 年 10 月 16 日。

2. 主要缺陷

主要的理论缺陷表现在以下四个方面。

(1)理论假设过于严苛。克里斯塔勒的理论主要建立在理想化的平原和均匀资源分布之上,未能充分考虑地形、资源分布和交通条件等的现实多样性和复杂性。

(2)对消费者行为复杂性的考虑较为欠缺。根据克里斯塔勒的理论假设,消费者是具有单目标行为的理性人,他会以成本最低为原则首选最近的中心地消费,因而忽视了实际生活中消费者具有多目的外出行为对中心地系统和商业活动范围的影响。例如,在现实中,消费者外出更倾向于高级中心地。

（3）仅注重静态分析，较少关注动态特征。

（4）未关注集聚经济效益。未充分认识到基础设施集聚产生的规模经济效应，然而，中心地布局应考虑设施数量和质量的综合优化。

四、住宅区位论

所谓住宅区位理论，是指研究住宅（区）的空间分布规律、探讨住宅开发和建设活动所应遵循的空间经济法则的理论。从土地利用的角度看，住宅区位论也可以表述为："研究土地的住宅区位利用规律的理论。"住宅区位论的产生与商业区位论大致处于同一个时代，即大约在 20 世纪 20 年代。与商业区位论一样，住宅区位论也是与城市区位论相伴而生的。对住宅区位论的产生和发展贡献较大的代表性学者主要有以下几个[①]：城市经济学家伯吉斯提出的"同心圆状"住宅区位论；城市经济学家霍伊特提出的"扇形住宅区位论"；城市经济学家哈里斯和乌尔曼提出的"多核心城市结构下的住宅区位论"；狄更逊提出的"三个地带住宅区位论"；爱里克森提出的"折中住宅区位论"；温哥和阿兰索提出的"费用替代住宅区位论"；伊文思提出的"社会集聚住宅区位论"。此处仅介绍前三个住宅区位经典模型。

（一）伯吉斯的同心圆状住宅区位论

1. 主要观点

美国社会学家伯吉斯（Burgess）于 1923 年提出同心圆状住宅区分布学说。此前杜能曾提出同心圆土地利用模式（即"杜能圈"），赫德（Hurd）和加比恩（Garpin）提出自市中心向外扩散和沿交通线自市中心向外推进的城市土地利用分布模型。

伯吉斯住宅区位论的核心观点如下：城市住宅分布呈现出以城市中心商务区的几何中心为圆心的同心圆带状结构；从市中心到市郊，住宅档次由低到高、居民家庭收入由低到高渐次变化。这就是伯吉斯的收入因子影响下的城市住宅区位分异模型。

2. 理论贡献与缺陷

（1）主要贡献。伯吉斯的同心圆状住宅区位论为其后的城市经济学者探讨包括住宅在内的城市经济、城市地理问题提供了一种分析框架，这是伯吉斯理论最重要的贡献。

（2）主要缺陷。伯吉斯理论的主要缺陷有：第一，伯吉斯从人文生态学角度提出了住宅分布的同心圆模式，把人类的竞争行为简单地比作生物群落的竞争，但他忽略了人类除了生物属性之外尚有文化属性。因此，后来的学者虽沿用伯吉斯

[①] 前六种区位论参考了张文奎：《人文地理学概论》，东北师范大学出版社，1989 年，第 269-273 页的有关论述。

所提出的同心圆模式,但却赋予了土地经济学的新解释。第二,伯吉斯理论所阐明的城市住宅区空间分布结构与大多数城市现实的住宅区分布结构不符,其关于住宅区位格局形成机制论对现实的解释力不高。

(二)霍伊特的扇形住宅区位论

1. 主要观点

1939年,霍伊特发表《美国城市住宅附近的结构与增长》,在批评伯吉斯同心圆理论的基础上,提出了扇形住宅区位论。扇形学说是由霍伊特研究了64个城市的房租调查资料后提出的。该理论具有以下两个突出特点。第一,重视交通条件对功能区的影响。辐射状的交通线路为高级住宅区的发展提供了便利,使得高租金的住宅区不再是呈圆环状分布,而是呈扇形向外发展。第二,各级住宅区也不再呈同心圆状,而是中级住宅区位于高级住宅区的两侧,低级住宅区位于中级住宅区与工业区之间,或位于高级住宅区的相反方向上。换言之,高级住宅区与低级住宅区不会直接相邻为伴,中间会隔着中级住宅区。

2. 理论贡献

扇形学说是在同心圆学说的基础上,总结了64个城市的客观情况而抽象出来的,所以适用于较多的城市。该理论重点关注了联结中心商务区的放射状交通干线(如公路、铁路、河岸、湖岸、海岸线等)之影响。城市土地利用分区和不同收入阶层的住宅区,是由中心商务区向外放射形成不同职能的楔形地带。

3. 主要缺陷

一是该理论过分强调收入因素在城市住宅区分布中所起的作用;二是未对扇形给出明确的定义;三是扇形模式的理论推理建立在房屋租金的基础上,忽视了其他社会经济因素对形成城市内部住宅区分布结构所起的重要作用。

(三)哈里斯和乌尔曼的多核心住宅区位论

1. 主要观点

1945年,哈里斯(Harris)和乌尔曼(Ullman),基于美国大量城市调查资料,在同心圆理论和扇形理论的基础上,提出了关于住宅区分布的多中心理论。[①] 其核心观点如下。

---

① 在哈里斯和乌尔曼之前,1933年,麦肯齐(Mckenzie)最先提出了多中心理论。该理论强调,随着城市的发展,城市中会出现多个商业中心,其中一个主要商业中心为城市的核心,其余为次核心。这些核心不断地发挥着成长中心的作用,直到城市的中间地带被完全扩充为止。而在城市化的过程中,随着城市规模的扩大,新的极核中心又会产生。多中心理论也是基于地租理论,但它认为城市内土地并不是均质的,所以各种功能区的面积大小不同,空间布局具有较大的弹性。1945年,哈里斯和乌尔曼通过对美国大量城市的调查研究,对多中心理论进行了发展和完善。

（1）城市是由多个中心组成的，城市实际上是靠这些城市中心及其附近的工业、商业和住宅业的联合扩张来发展壮大的。

（2）在多个城市中心和城市总体扩张过程中，形成了与之规模和特点相适应的住宅区位格局。工人住宅区（一般为低级住宅区）仍然处于城市住宅总体格局中的最内层，只是分布的空间形态不太规则：既不是圆带状，也非扇形，而是一种块状结构。不过，仍然可以发现其大致的区位特征：低级住宅主要围绕商业区、工业产业区分布，这不仅因为这种住宅区的居民多为工人，其收入水平较低，无力购买高级住宅，还因为选择这种区位的住宅距离工作地点较近，可以有效地降低通勤成本。中级住宅区仍位于低级住宅区的外围，而高级住宅区的分布则更多地位于城市边缘区，甚至郊外。①

2. 理论贡献

多中心理论的突出贡献是考虑了城市地域发展和城市住宅区分布的多元结构，涉及的因素较多，比同心圆模式和扇形模式在结构上显得更为复杂。但仍基于地租理论，而且包括住宅区在内的功能区的空间布局并无一定的序列，规模也不一样，富有弹性，比较接近于实际，因而解释力大大地提高。

3. 主要缺陷

多中心理论的主要缺点是，对多核心间的职能联系和不同等级的核心在城市总体发展中的地位重视不够，尚不足以解释城市内部的结构形态。

五、区位论的发展

（一）廖什的市场区位论

德国经济学家奥古斯特·廖什（August Losch）在 1940 年出版英文译本《区位经济学》（德文本《经济空间秩序：经济财货与地理间的关系》），发展了古典区位理论。廖什的市场区位理论把市场需求作为空间变量来研究区位理论，进而探讨了市场区位体系和工业企业最大利润的区位，形成了市场区位理论。

廖什的区位理论有几个严格的假设，这与其之前的古典区位论本质上一致。①在均质平原上，沿着所有方向运输条件都相同；生产原料充足，且均等分布。②平原中均等地分布着农业人口，最初他们的生产是自给自足，且消费者的行为相同。③在整个平原中居民都具有相同的技术知识，所有的农民都可能得到生产机会。④只考虑经济因素的作用，其他因素都可不考虑。廖什提出的区位决策的核心逻辑/原则是，大多数工业区位是选择在能够获取最大利润的市场地域，区位的最终目标是寻取最大利润地点。最佳区位不是费用最小点，也不是收入最大点，而是

---

① 曹振良等：《房地产经济学通论》，北京大学出版社，2003 年，第 107-108 页。

收入和费用的差最大点,即利润最大点。基于前述理论假设和区位决策原则,廖什得到了以下结论:每个企业产品销售范围,最初是以产地为圆心、最大销售距离为半径的圆形区域,而产品价格又是需求量的递减函数,因此,单个企业的产品销售收入是需求线在销售区域旋转形成的圆锥体。企业竞争导致最终形成六边形的市场网络。该理论与克里斯塔勒的中心地理论极为相似,可看作是克里斯塔勒理论的补充和发展。

廖什理论的主要贡献表现在以下两个方面:①以简单的方程组来描述一般的空间关系,同时也设法表达出所有区位相互关系的抽象化系统,这是廖什将空间均衡的思想引入区位分析,研究了市场规模和市场需求结构对区位选择和产业配置的影响,这是其主要的贡献之处。②廖什的市场区位理论以市场需求作为空间变量对市场区位体系的解释,在区位理论的发展上具有重要的意义,进一步发展了市场和工业区位理论,解释了为什么区域会存在,它定义了依赖于市场区以及规模经济和交通成本之间的关系的节点区。这样,不仅使区位分析由单纯的生产扩展到了市场,而且开始从单个厂商为主扩展到了整个产业。

(二)帕兰德的区位论

瑞典经济学家帕兰德(Tord Palander)于1935年在其学位论文《区位理论研究》中,提出了自己的区位理论。帕兰德的区位论将不完全竞争引入到区位研究中,以价格为变量研究区位空间的均衡,同时在运费分析中提出"远距离运费递减规律",对区位论的发展做出了重要贡献。

帕兰德的区位理论重点关注两个基本问题:一是假设原材料供应地分布情况、原材料价格以及市场位置已经清楚地知道,工厂应该布局在哪里?二是假设已经知道工厂位置、竞争条件、工厂费用构成以及运费率,价格是如何影响工厂产品的销售范围的?如果某消费地的产品价格由工厂价格加上运费决定,那么,消费地价格就随着与工厂的距离增大而递增,地方价格呈现以工厂位置为底部的漏斗状。两个工厂的漏斗交叉处就构成了企业的市场边界(见图3-3)。

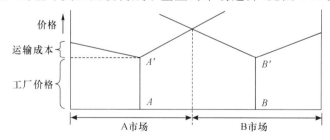

图 3-3 帕兰德理论中两个企业市场边界

资料来源:谢经荣等:《房地产经济学(第 3 版)》,中国人民大学出版社,2013 年,第 85 页。

帕兰德区位理论的主要贡献有以下两点：第一，他是第一个论及市场地区范围问题的经济学家。第二，把不完全竞争概念引入到区位分析中。尽管帕兰德企图把不完全竞争的概念引入区位论研究中，试图以价格为变量研究区位空间的均衡问题，但他是在需求一定、费用可变的条件下来分析企业间在空间竞争中市场地域的占有问题，因此，他仍未摆脱费用最小化的束缚[①]。这是其理论的局限性。

（三）沃尔特·艾萨德等人的区位理论

沃尔特·艾萨德（Walter Isard）被誉为西方区域科学和空间经济学的创始人。他于 1954 年创办了世界上第一个区域科学协会、第一个区域科学系、第一个区域科学研究所和第一本区域科学杂志。1960 年他又出版了《区域分析方法》一书，书中系统阐述了区域开发的理论和方法，这标志着区域科学的正式形成。

艾萨德认为，一般区位理论能以经济理论的方法来扩展，用以分析企业家做区位决策时各种不同的生产要素的任何组合。他借鉴经济学中两种生产要素的各种可能组合所形成的等产量曲线与各种等成本曲线相切，决定生产的特定生产量和生产要素的最低成本组合的分析方法，利用等产量曲线分析确定工厂的最优区位（见图 3-4）。

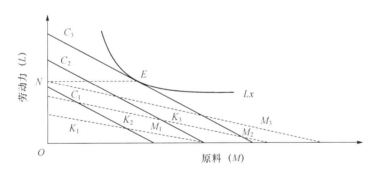

图 3-4　艾萨德利用等产量线和等成本线确定工厂区位

资料来源：谢经荣等：《房地产经济学（第 3 版）》，中国人民大学出版社，2013 年，第 86 页。

艾萨德的区位论及区域分析方法，不仅为区域科学理论和方法奠定了坚实的基础，还促进了现代空间经济学的形成；该理论不仅影响了一代又一代学者，也为理解和优化城市规划、经济发展策略提供了重要的理论指导。

（四）阿兰索的住宅区位的费用替代理论

住宅区位的费用替代论最早由温哥和阿兰索提出，后来穆斯（Muth）和伊文思

---

①　张文忠，张军涛：《经济学和地理学对区位论发展轨迹的影响》，《地理科学进展》1999 年第 1 期，第 54-59 页。

(Evans)等人对此进行了完善和发展。

费用替代论的基本观点可以概括为：城市居民通过对住房直接费用（即购、租一定区位的住房的费用）与通勤费用的比较以确定适当的住宅区位。理论假设有三个：一是所有上班人员的交通工具具有相同的通勤效率，二是各种区位上的城市住宅均适宜于居住，三是住宅密度等因素并不影响居民的住宅区位决策。

基于以上假设，阿兰索认为，居民住宅区位决策主要取决于选择一定区位住房的实际居住费用，具体如下：一是购买或租赁一定区位的城市住宅所需要支付的直接费用，二是由住宅区位到市区工作地点上班所需要的通勤费用，二者均取决于住宅区位与市中心的距离。居民会通过住宅直接费用与通勤费用的权衡取舍，选择可使综合费用最低的距离，由此距离就决定了适宜的住宅区位。

第3节　房地产区位理论的应用

一、区位理论在房地产经济学中的地位

诚如前文所述，区位论是探讨人类经济活动的空间分布规律的理论。由于人类经济活动的内容多样，包括农业经济、工业经济、商业经济、金融经济、交通经济和房地产经济等活动，于是，研究这些经济活动空间布局规律的理论也就形成了相应的部门区位理论。从区位论的发展历史来看，先后产生了农业区位论、工业区位论、商业区位论、住宅区位论和交通区位论和金融区位论等区位理论。[①]

在上述部门区位理论中，住宅区位理论属于纯粹的房地产区位理论的重要内容。但是，房地产区位理论远不止住宅区位论一个方面，它还包括其他区位理论中关于房地产区位分析和土地利用相关的内容。因为，尽管各种区位经济活动的区位因子组合及其对区位质量的影响不尽相同，区位决策的规则也有一定差异，但从本质上来看，它们都是为了追求特定区位土地的利用效益最优化。换言之，它们均是对土地的区位经济利用，只是土地利用方式、利用程度和利用效果不同而已。因此，无论是农业经济活动，工业经济活动、交通经济、金融经济、商业经济和住宅经济活动，其空间分布规律的分析与区位经济活动的决策均可以从土地的区位利用角度进行研究，而由此形成的关于这些部门的区位理论从土地利用角度看，无非是不同类型产业的土地区位利用规律的理论。因此，区位理论是土地经

---

① 本书未专门讨论交通区位论和金融区位论。有兴趣的读者可以阅读以下两个文献：(1)管楚度：《交通区位论及其应用》，人民交通出版社，2000年；(2)闫彦明：《金融区位导论：金融经济学的视角》，上海社会科学院出版社，2012年。

济学和房地产经济学的核心理论之一。

二、区位理论在房地产经济学中的应用

区位理论在房地产经济学中有很多方面的应用,其中,较为突出的领域有房地产价格评估和房地产投资决策等。

(一)区位理论与房地产价格评估

1. 不动产价格评估必须考虑的重要因素

不动产价格评估区位考虑以下三个重要因素。

(1)宏观区位的差异是导致房地产价格差异的重要因素。以我国省会城市和直辖市为例,处于我国东部地区的广州、上海、南京和杭州等城市,与处于西部地区的兰州、乌鲁木齐和西宁等城市相比,同样位于其城市 CBD 区域的房地产价格差异巨大。

(2)区位论中讨论的区位因素也是房地产价格评估要考虑的重要因素。在房地产价格评估中,通常把影响房地产价格的因素区分为一般因素、区域因素和个别因素。其中,一般因素包括人口、行政区划、地理位置与自然条件、社会经济状况、土地与住房制度、城市规划、土地利用计划和政策等;区域因素包括繁华程度、交通状况、城镇设施的完备程度、环境条件和政府对土地使用的限制等;个别因素则包括自然条件、市政设施、宗地形状、宗地长度、宽度、临街条件和房地产的使用限制等。从区位论的角度看,上述影响因素中很多都是区位论中讨论过的影响区位决策的重要"区位因子"。

(3)区位论为城市土地分等定级工作提供了重要的理论依据。城镇土地分等是通过对影响城镇土地质量的经济、社会和自然等因素进行综合分析,揭示城镇之间土地质量在不同地域之间的差异,选用定量和定性相结合的方法对城镇进行分类排队,评定城镇土地等。土地分等反映的是城镇与城镇之间土地质量的地域差异。分等的对象是城市市区、建制镇镇区土地。城镇土地定级是根据城镇土地的经济、自然两方面属性及其在社会经济活动中的地位、作用,对城镇土地使用价值进行综合分析,通过揭示城镇内部土地质量在不同地域的差异,评定城镇土地等级。土地等级反映的是城镇内部土地质量的差异。土地定级的对象是土地利用总体规划确定的城镇建设用地范围内的所有土地。根据上述土地分等定级的内涵,区位论关于影响区位决策的因素分析和区位决策原则的确定,为土地分等定级工作提供了基本的理论依据。

2. 房地产投资决策的重要理论依据

区位对于房产价值的确定及其实现至关重要。在房地产市场中,优越的地理位置意味着便捷的交通、成熟的周边配套、良好的教育资源以及更高的安全性等

多重优势。这些因素无疑会极大地提升居住的舒适度与便利性,自然也会成为房屋买卖和租赁市场上的热门选择。因而,位于优越地段上的房产往往价格更高,且更容易保值增值。不仅如此,区位还极大地影响着房产的流通速度。在好的地段,由于需求旺盛,房产通常能够更快地出售或出租。这不仅减少了投资者的资金占用时间,加速了资金周转,同时也降低了房地产市场波动带来的风险。因此,区位不仅对居住者有着巨大吸引力,对投资者来说也是实现资本增值的关键所在。因此,区位理论关于区位因子的分析为投资区位决策提供了重要理论依据。

在具体实施中,房地产开发商通常会依据房地产项目的要求选择投资区位。例如,养老地产项目的区位选择,会特别关注自然环境和医疗、购物等配套情况。此外,房地产开发项目的实施应符合城市规划和房地产开发规划的要求。城市规划与房地产开发规划对房地产项目的控制主要体现在区位的限制上和用地使用条件的限制上。城市规划通过对房地产开发项目进行严格的规划和管理,对项目选址进行控制,同时对项目的实施也进行约束。

3. 政府公共政策制定的理论依据

以住宅区位论为例,三大经典区位模型本质上反映了西方国家的住宅分异规律和居住隔离现象。居住隔离会导致社会冲突、威胁社会稳定。在社会主义国家,允许存在适当的住宅区位差异,但不允许显著的居住隔离现象广泛发生。政府可以基于住宅区空间分异规律和居住隔离的形成机制,从城市规划、土地利用管制,以及住宅保障等角度制定反居住隔离的公共政策。这是对住宅区位论的一个重要应用。

案例分析3 住宅区隔离与混合居住模式

讨论的问题:

1. 传统的住宅区位论能否解释目前的住宅区隔离(居住隔离)现象?

2. 中国的住宅区隔离成因及其治理思路与西方国家有何不同?

习　题

1. 分析杜能圈的形成机制和现实局限性。
2. 住宅区位论的主要内容是什么？
3. 请简要评价韦伯的工业区位论。
4. 区位理论在房地产经济学领域有哪些具体的应用？
5. 如果你想开一家洗车店，如何进行区位选择？

第4讲　房地产金融理论

第1节　房地产业与金融业的关系

房地产业与金融业之间存在密切的关系,主要体现在两个行业相互依赖、房地产市场和金融市场之间有联动关系、金融政策对房地产业有重大影响等方面。

一、房地产业的发展需要金融业的大力支持

房地产开发业是典型的资金密集型行业,房地产的开发、流通和消费过程中需要大量的资金支持。不仅如此,房地产开发项目具有开发周期长、资金占用时间久的特点,通常需要通过融资来解决资金的需求问题。金融业通过提供贷款、发行债券等方式,支持房地产业的发展,促进其资金的良性循环。以中国的情况为例,房地产开发、土地储备和房地产销售等均需要银行等金融机构的信贷资金支持(见图 4-1)。就商品房的开发而言,房地产开发商从购买土地开始,一直到商品房开发完成,全程离不开金融机构的贷款支持(此即房地产开发贷款)。商品房开发完成之后的商品房销售阶段,购房者仍需要金融机构的信贷支持(商品房抵押贷款)才能完成交易(此即购房贷款)。

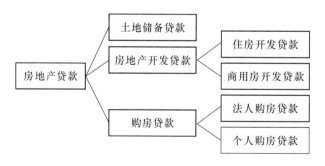

图 4-1　房地产贷款的类型

　　根据国家统计局提供的数据,2005 年全国房地产开发企业国内贷款占到位资金的比例高达 18.31%,之后逐渐下降,但到 2022 年仍有 11.70%。从个人按揭贷款占房地产开发企业到位资金的比例来看,2005 年为 6.27%,2022 年增长为 16.02%。以上两种类型贷款合计,国内贷款占房地产开发企业到位资金比例从 2005 年的 24.58% 增长到 2022 年的 27.72%。由此可见,信贷支持对房地产开发企业十分重要。

二、金融业高度依赖房地产业

　　房地产业的发展也为金融业发展提供了机会,房地产贷款是金融机构主要业务。仅以房地产贷款为例,从 2013 年到 2024 年第三季度末,中国房地产贷款期末余额从 14.61 万亿元增长到 52.9 万亿元;房地产贷款余额占金融机构各项贷款余额的比例从 20.32% 增长到 20.86%(2023 年末为 22.15%,见图 4-2)。

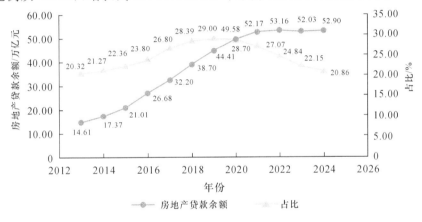

图 4-2　房地产贷款年末余额及其占比

数据来源:中国人民银行。

三、房地产市场波动与金融市场波动紧密关联

　　房地产市场与金融市场具有高度的互动关联性,一个市场的波动会深刻影响甚至引发另一个市场的波动。具体而言,金融市场的波动会直接影响房地产市场的资金供应和需求,进而影响房地产市场的价格和交易量。例如,当金融市场出现不稳定时,投资者可能会减少对房地产的投资,导致房地产市场的资金减少,市场交易量下降。同样,房地产市场的波动,比如房地产市场价格严重下滑,会导致金融风险的累积,诱发金融危机(参见专栏 4-1)。

专栏 4-1 马来西亚房地产市场波动与金融危机

马来西亚长期实行外向型的经济政策,对外贸易在经济结构中举足轻重。1990—1996 年,马来西亚出口年均增长率高达 18%,比同期 GDP 增速高出约 10 个百分点。马来西亚希望在 2020 年迈入发达国家行列。为此,马来西亚政府采取了用高投入拉动经济发展的政策,为了弥补投资资金的不足,马来西亚实行了经济金融自由化政策,包括资本项目可自由兑换。从此以后,国际资本大量涌入国内,到 1997 年 6 月,马来西亚外债总额已经高达 452 亿美元,其中短期外债占 30% 左右。

与泰国类似,大量的外债并未投入到实体经济中去,而是转到了房地产业和股票市场,从而使资产泡沫迅速形成。随着投资和信贷的膨胀,整个房地产市场出现了异常的繁荣。由于马来西亚金融监管体系的缺陷,中央银行未能有效监管资本的流向,大量资本进入了投机性较高的房地产业和股票市场,这导致房地产价格迅速上升。以首都吉隆坡为例,在金融危机爆发前的 1995 年,住宅租金和住宅价格分别上涨了 55% 和 66%。价格上涨使得写字楼空置率由 1990—1995 年的平均 5%～6% 的正常水平上升到 1998 年的 25%。

金融危机爆发后,马来西亚的经济泡沫迅速崩溃。马来西亚货币汇率从 1997 年 7 月的 1 美元兑 2.5247 林吉特猛跌至 1998 年 1 月的 1 美元兑 4.88 林吉特,货币贬值近 1 倍。股票市场大幅崩溃,金融和房地产类股票甚至下跌了 70%～90%。房地产市场泡沫也随之破裂,1997 年下半年,马来西亚房地产的平均交易量下降了 37%,各项房价指数开始大幅回落。

资料来源:

任泽平等:《房地产周期》,人民出版社,2017 年,第 167-168 页。

四、金融政策变化将深刻影响房地产市场运行

金融政策对房地产市场有重要影响,金融政策的任何变化都会深刻地影响到房地产市场并引起房地产市场的波动。

政府实施的金融政策,包括抵押贷款利率、首付比例等的增减,都会直接影响房地产市场的供求关系,进而引起房地产价格的波动。例如,降低抵押贷款利率和降低首付款比例均会减轻购房者的负担,放大购房需求,从而导致房地产市场价格上升(参见专栏 4-2)。

专栏 4-2 金融支持与 1923—1926 年美国佛罗里达州的房地产泡沫

20 世纪 20 年代的美国经济欣欣向荣,工作机会多,待遇优厚,除了本薪外又有休假。人人都在享受经济发达带来的繁荣,同时中产阶级也开始买得起私家车,可以自由驾车旅行。而在这种繁荣状态下,拜金主义、享乐主义开始流行。

1925—1927 年,由于经济繁荣、人口增加以及城市化进程等因素的多重推动,房地产业经历了疯狂扩张。这期间,房地产投资占 GDP 的比例平均达到 10.52%。与 1919 年相比,1925 年美国新房建筑许可证发放量上升了 208%。而佛罗里达州在这期间对房地产的鼓励尤为激进。佛罗里达州政府和各地方当局都全力以赴地改善当地的交通和公共设施,甚至不惜以高息大举借债来兴建基础设施,以吸引旅游者和投资者。同时当地商业银行推出宽松的贷款政策鼓励购房,一般人在购房时只需支付 10% 的首付,其余 90% 的房款完全来自银行贷款。

1923—1926 年,佛罗里达的人口呈几何级数增长,而房价的涨幅更是惊人,一幢房子在一年内涨四倍的情况比比皆是,迈阿密地区的房价在 3 年内上涨了 5~6 倍。房价不断上涨,羊群效应使"炒房"成了一件正确的事。据统计,到 1925 年,迈阿密市居然出现了两千多家地产公司,当时该市仅有 7.5 万人口,其中竟有 2.5 万名地产经纪人。

谁曾想到,1926 年 9 月的一场飓风成为引发佛罗里达州房地产泡沫破碎的导火线。天灾摧毁了 13000 座房屋,415 人丧生。1926 年底,不可避免的崩溃终于来临了,迈阿密的房产交易量从 1925 年的 10.7 亿美元急剧萎缩到了 1926 年的 1.4 亿美元。许多后来投入房市的人开始付不起每个月的房贷,最终连锁反应下,佛罗里达州房地产泡沫破灭。

资料来源:

任泽平等:《房地产周期》,人民出版社,2017 年,第 140-145 页。

综合以上讨论可见,房地产业与金融业是相互促进、相互制约的关系。金融业为房地产业提供资金支持,促进其发展;而房地产业的发展也会带动金融业的相关业务增长。然而,房地产业的发展过度依赖金融支持、金融业过度依赖房地产信贷业务,均也会引发系统性风险,影响国民经济的持续、健康运行。

第 2 节　房地产金融体系

所谓房地产金融,是指通过各种金融方式、方法及工具,为房地产及相关部门融资资金的行为。[1] 特伦斯·M. 克劳瑞特则把房地产金融定义为"转移资金和信用以开发和购买房地产"的行为。[2] 也有人把房地产金融定义为:与房地产有关的资金融通活动,围绕房地产生产、流通和消费过程所进行的货币流通和信用活动及相关的经济活动的总称,包括房地产筹资、融资、信托、保险和有价证券的发行和转让等。[3] 本节主要介绍房地产的主要融资方式和房地产金融市场结构。

一、房地产融资方式

房地产融资方式可以从不同的角度进行分类。[4]

(一)从担保物的类型角度

从担保物的类型角度看,房地产融资可以区分为:房(地)产融资与土地融资。前者是以房产(或房地产)为抵押品,后者则是以土地为抵押品或信用保证的融通资金方式。

(二)从获取资金的渠道角度

从获取资金的渠道角度,可以把房地产融资区分为直接融资与间接融资。

1. 房地产直接融资

房地产直接融资是房地产间接融资的对称,即没有通过金融中介机构所进行的资金融通方式。在此融资方式下,在一定时期内,资金盈余单位通过直接与有资金需求的房地产企业签订协议,或在金融市场上购买有资金需求的房地产企业所发行的有价证券,将货币资金提供给有资金需求的房地产企业使用。房地产企业的商业信用、房地产企业发行债券或发行股票[5],以及企业之间、个人之间的直接借贷,均属于直接融资。直接融资是资金直供方式,与间接金融相比,投融资双方都有较多的选择自由。而且,对投资者来说收益较高,对筹资者来说成本却又比较低。但由于筹资人——房地产企业的资信程度差异很大,债权人承担的风险

---

[1]　丰雷等:《房地产经济学》,中国建筑工业出版社,2022 年,第 149 页。

[2]　特伦斯·M. 克劳瑞特:《房地产金融:原理与实践》,王晓霞等译,中国人民大学出版社,2012 年。

[3]　张红:《房地产金融学(第 2 版)》,清华大学出版社,2013 年。

[4]　丰雷等:《房地产经济学》,中国建筑工业出版社,2022 年,第 150-152 页。

[5]　此即所谓的房地产证券化。它是通过上市或发行房地产投资信托(REITs)等方式,迅速筹集巨额资金并作为注册资本永久使用,同时还可以扩大规模、化解风险、降低融资成本。

程度各不相同,且部分直接金融资金具有不可逆性。

2. 房地产间接融资

所谓房地产间接融资,是指资金盈余单位与资金短缺的房地产企业之间并不发生直接关系,而是分别与银行等金融机构各自发生一笔独立的交易,即资金盈余单位通过存款,或者购买银行、信托、保险等金融机构发行的有价证券,将其暂时闲置的资金先行提供给这些金融中介机构,然后再由这些金融机构以贷款、贴现等形式,或通过购买需要资金的房地产企业所发行的有价证券等形式,把资金提供给这些房地产企业使用,从而实现资金融通的过程。最简单的一种房地产间接融资方式是房地产企业直接向商业银行进行贷款,这也是中国房地产企业的主流融资方式之一。

(三) 从房地产资金的权益关系角度

从房地产资金涉及的权益关系角度,房地产融资可以分为权益融资与债务融资。前者,出资者参与利润分配;后者,出资者只获得本息,不参与房地产企业利润分配。

1. 房地产权益融资

房地产权益融资(equity financing)是通过扩大房地产企业的所有权益,如吸引新的投资者,发行新股,追加投资等方式来实现,而不是出让所有权益或出卖股票。权益融资的直接后果是稀释了原有投资者对房地产企业的控制权。权益资本的主要渠道有自有资本、朋友和亲人或风险投资公司。为了改善经营状况或进行扩张,特许人可以利用多种权益融资方式获得所需的资本。

2. 房地产债务融资

房地产债务融资(debt financing)是指房地产企业通过向个人或机构投资者出售债券、票据等方式来筹集营运资金或资本开支。个人或机构投资者借出资金,成为公司的债权人,并获得该公司还本付息的承诺。房地产企业的融资决策都是要考虑融资渠道和融资成本的,由此产生了一系列的融资理论。

房地产债务融资可进一步细分为直接债务融资和间接债务融资两种模式。一般来说,股权融资方式预期收益较高,需要承担较高的融资成本,而经营风险较小;而债务融资方式,经营风险比较大,预期收益较小。

国家统计局对房地产企业到位资金来源的分类如下:国内贷款、利用外资、自筹资金、定金及预收款、个人按揭贷款和其他到位资金。其中,国内贷款、个人按揭贷款等均属于债务融资,也是间接融资。

二、房地产金融市场

(一)房地产金融市场体系

1. 房地产金融市场结构

房地产金融市场包括一级市场和二级市场。其中,房地产金融一级市场是指借款人通过房地产中介机构(间接融资)或直接从资本市场进行资金融通(直接融资)的行为。房地产金融二级市场是指房地产金融机构将持有的房地产贷款直接出售,或者以证券形式出售给二级市场的过程,以及房地产有价证券的再转让过程(见图4-3)。

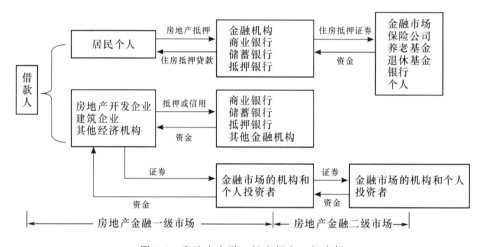

图 4-3 房地产金融一级市场和二级市场

2. 房地产金融机构分类

(1)公营房地产金融机构。包括国有银行、相关政策金融机构及有政府担保的私人金融机构。以美国为例,公营房地产金融机构包括美国联邦住宅管理局(Federal Housing Administration,FHA)、吉利美(Government National Mortgage Association,GNMA)和房利美(Federal National Mortgage Association,FNMA)等。

(2)合作房地产金融机构。例如,德国和英国的住房储蓄银行。

(3)私营房地产金融机构。例如,商业银行、保险公司,私营储蓄银行等。

(二)房地产金融市场的特点

房地产金融市场具有以下几个突出的特点。

1. 信贷资金来源的短期性和资金运用的长期性:"短贷长投"

当房地产信贷资产规模占银行信贷资产规模总量达到一定程度(如25%～30%),银行可能面临资金的流动性约束的问题。

2. 房地产金融对担保的依赖性

设定抵押权是房地产金融体系的重要基础之一。金融机构对房地产抵押品的过度依赖意味着在发放贷款时，银行过度依赖房产、土地等抵押品来缓解信用风险。这种情况导致贷款风险集中在房地产市场，一旦房地产市场出现波动或下跌，银行等金融机构将面临较大的信用风险。

3. 住房金融的政府干预性

住房问题具有个人问题和社会问题的双重特性，需要建立合理而稳定的政策性金融措施。包括政府对住房抵押贷款实施担保、贴息和减免税制度等。例如，新加坡的住房公积金制度就是在政府主导下制定的住房金融制度（参见专栏 4-3）。

专栏 4-3 新加坡的住房公积金制度

作为社会保障体系的重要组成部分，新加坡的中央公积金制度中包含着住房公积金制度，旨在为国民提供住房资金支持。新加坡中央公积金（Central Provident Fund，CPF）制度建立于 1955 年，是一个强制性的储蓄计划，旨在为新加坡公民和永久居民提供退休、医疗和住房等方面的财务支持。其中，住房公积金制度是其重要组成部分，通过公积金储蓄为国民购房或偿还住房贷款提供资金支持。1968 年，新加坡颁布《中央公积金修改法令》。中央公积金局将大约 80% 的公积金通过购买政府债券的方式转移给中央政府，政府再以拨款和贷款的形式用于保障房的建设和补贴。

新加坡住房公积金制度的具体内容主要包括以下三个方面：(1)公积金储蓄与住房购买。新加坡公民和永久居民在购房时，可以使用其公积金储蓄支付部分或全部购房款项。公积金储蓄包括普通账户（ordinary Account）、特别账户（special Account）和医疗储蓄账户（medisave account）等，其中普通账户和特别账户可用于住房相关支出。(2)住房贷款与公积金提取。购房者如选择贷款购房，可向公积金局申请使用公积金储蓄偿还住房贷款。公积金局规定了相应的提取条件和额度，以确保公积金的合理使用和购房者的还款能力。(3)政府补贴与优惠政策。新加坡政府为鼓励国民购房，提供了一系列补贴和优惠政策。例如，首次购房者可享受政府提供的额外公积金补贴，以及购房印花税减免等优惠政策。

新加坡住房公积金制度的主要特点与优势如下：(1)强制性储蓄与长期规划。新加坡中央公积金制度采用强制性储蓄方式，确保国民在购房时有足够的资金支持。同时,长期规划的理念有助于国民提前为住房需求做好准备。(2)公积金实行"存贷分离"、"高存低贷"。中央公积金局负责征缴,国家发展部建屋发展局负责发放购房贷款,在公积金存款利率基础上,上浮0.1%发放低息购房贷款。(3)政府引导与市场调节相结合。政府在制定住房公积金制度时,既考虑了国民的住房需求,又充分发挥了市场机制的调节作用。通过政府补贴和优惠政策,引导国民合理购房,同时保持房地产市场的稳定发展。(4)公平与效率并重。新加坡中央公积金住房制度在保障国民住房权益的同时,也注重提高资金的使用效率。通过合理的提取条件和额度限制,确保公积金的公平分配和有效利用。

新加坡住房公积金制度具有政府强力干预的特点和优势,为新加坡国民提供了有力的住房资金支持。这一制度不仅有助于解决国民的住房问题,还促进了新加坡房地产市场的持续稳定发展。

资料来源:

陈功、郑秉文:《新加坡中央公积金:为国民提供各类社会保障》,《中国经济时报》2020年11月26日;李志明、邢梓琳:《新加坡的中央公积金制度》,《学习时报》2014年6月16日。

4. 房地产金融业务成本较高,但收益较好

房地产金融收益较好的原因如下:一是房地产金融杠杆效应。房地产行业是一个资金密集型行业,金融杠杆的运用对于加速盈利具有关键作用。房地产开发商通过银行贷款、预售款等方式筹集资金,实现项目的快速开发和销售。这种资本运作方式不仅降低了资金成本,还提高了资金的使用效率,从而加速了盈利的实现。二是规模经济效应。房地产融资具有规模大的特征,房地产融资少则几千万,多则近百亿,而且房地产开发企业的利润率相对较高,融资成本也相对较高,但对于金融机构来说,这种高收益的房地产融资业务却能够带来可观的收入。

(三)个人住房抵押贷款市场

1. 个人住房抵押贷款一级市场

(1)定义:个人住房抵押贷款是以住房为抵押物、以分期付款为特征实现住房购买的融资机制。个人住房抵押贷款的意义主要体现在以下几个方面:一是对金融机构:违约率较低、盈利率较高的资产。二是对地产商来说,是实现投资资金快速回笼的重要机制。三是对购买者而言,提高了现期购买力,实现了提前消费。

(2)要素:个人住房抵押贷款的核心要素包括首付比例、抵押期限、还款方式(如等额本金和等额本息)和利率(固定利率和可变利率)。此处重点介绍利率和

还款方式。①利率类型：固定利率贷款与可变利率贷款。固定利率贷款(fixed rate mortgage)是在整个贷款期内，按照事先确定的利率计算全部贷款利息的贷款方式。其优点是利息收入可以计算出来；缺点是在通货膨胀期内，市场利率上升情况下，风险也较大。可变利率贷款是在贷款合同期内，利息收入随市场利率水平浮动的贷款方式，通常起始利率会低于同期的固定贷款利率。②还款方式：主要有四种类型。① 第一，等额还款抵押贷款(constant payment mortgage，CPM)：在整个贷款期内以固定利率按月均等偿还贷款。第二，等额本金抵押贷款(constant amortization mortgage，CAM)：借款人在整个贷款期内均匀地偿还本金，而每期的利息按剩余本金余额和约定的利率支付。第三，分级还款抵押贷款(graduated payment mortgage，GPM)：月还款额在最初若干年里按照约定的比率逐年递增，若干年后月还款额均等，直至贷款全部还清。第四，气球式抵押贷款(balloon mortgage)：在贷款前几年月还款均等，最后一次偿还所有贷款余额，且最后一次还款额巨大、超过以往历次还款数额。适用家庭：对于目前与将来收入差距巨大的家庭可以采用以上方式。

2. 住房抵押贷款二级市场

(1)定义：金融中介机构将持有的住房抵押贷款直接出售或以证券的形式转让给二级市场机构，以及二级市场上住房有价证券再转让的过程。在美国，可证券化的住房抵押贷款品种包括美国联邦住房管理局(FHA)担保的贷款、美国退伍军人管理局(VA)担保的贷款和利用传统融资方法的抵押贷款。②

(2)运行模式：住房抵押贷款二级市场的运行模式如图 4-4 所示。

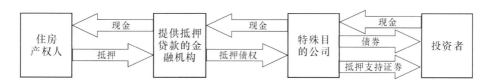

图 4-4 住房抵押贷款二级市场运行示意

(3)发展条件：住房抵押贷款二级市场发展需要满足以下几个条件：第一，具有健全的住房抵押贷款一级市场，有商业银行愿意提供住房抵押贷款。第二，产权登记和产权保护体系完善。第三，支撑住房抵押贷款二级市场发育的条件：促进住房抵押资产证券化的优惠税收政策、会计法规和配套的法律框架，不需要借款人同意就可转让抵押贷款权益；稳健的宏观经济环境。③

① 刘洪玉，郑思齐：《城市与房地产经济学》，中国建筑工业出版社，2007 年，第 86-87 页。
② 张超英：《资产证券化》，经济科学出版社，1998 年。
③ 刘洪玉，郑思齐：《城市与房地产经济学》，中国建筑工业出版社，2007 年，第 89 页。

第 3 节　房地产金融创新

房地产金融创新是指在房地产融资、投资和管理过程中,采用区别于传统融资模式的新颖金融工具和方法,以提高资金使用效率、降低融资成本、分散风险等。

一、房地产投资信托基金

所谓房地产投资信托基金(real estate investment trusts,REITs),是指通过发行收益凭证归集众多投资者的资金,由专门机构经营管理,投资于可产生稳定现金流的不动产,在有效降低投资风险的同时将出租不动产所产生的收益以派息方式分配给投资人,从而为投资者提供长期、持续和稳定的投资收益的一种投融资方式,它是资本市场和房地产市场深度融合的产物。[①] 因此,从投资者角度看,REITs 是一种将资金集中投资于房地产资产的金融工具。投资者可通过购买REITs 股份,间接投资于多种房地产项目,分享租金收入和资本增值。REITs 的创新是流动性大、透明度高、分散投资风险等特点。

二、证券化的信托基金

通过公开发行信托基金(securitized trust funds)向筹集资金单位投资,主要投资于提供稳定收入的成熟房地产资产,比如写字楼、酒店、购物中心、停车场、物流地产、养老地产等。投资者仅需较少的资金,也能够参与房地产投资并分享长期稳定的收益,从而打破房地产投资的高资金门槛的限制。

从运作方式看,信托公司募集资金后,向房地产项目公司进行股权投资或发放贷款,房地产项目公司向信托公司支付利息和收益。信托的缺点,一是利率较高,回报率普遍要求在 10%以上,甚至是 15%以上;二是期限较短,一般是 1~2 年。

与普通的房地产上市公司的区别:一是投资对象不同。主要投资于运营成熟物业,而非集资进行房地产开发。二是派息政策不同。强制性要求派发大部分的收益。

与 REITs 相比的相同点:二者均是在信托法律关系上发展起来的。不同之处在于:一是流通性不同。信托产品不能在证交所流通,无二级市场。二是业务范围不同。信托可以是土地或房屋,也可以通过信托存款等方式收存信托资金,REITs 是通过发行受益凭证。三是收益方式不同。房地产信托持有人的收益仅

---

① 梁凯文等:《全球 REITS 投资手册》,中信出版社,2021 年;孟明毅等:《REITS 实现公共资产证券化的金融模式》,中国经济出版社,2022 年。

与产品风险有关。

三、资产证券化

所谓资产证券化(asset-backed securities,ABS),是指以基础资产未来所产生的现金流为偿付支持,通过结构化设计进行信用增级,在此基础上发行资产支持证券的融资模式。

实践中,ABS 通常是以特定资产组合或特定现金流为支持,发行可交易证券的一种融资形式。自 1970 年美国的政府国民抵押协会首次发行以抵押贷款组合为基础资产的抵押支持证券——房贷转付证券,完成首笔资产证券化交易以来,资产证券化逐渐成为一种被广泛采用的金融创新工具而得到了迅猛发展,在此基础上,又衍生出如风险证券化产品。

作为房地产融资的一种模式,ABS 就是将房地产资产或相关收入流转化为证券进行融资的过程。此方式可将未来的现金流折现为现值,从而获得资金。其优点是 ABS 可以将传统房地产项目的流动性风险分散,并可以提供灵活的融资选择。

四、众筹融资

众筹融资(crowd funding)是在互联网上面向大众筹集资金,以帮助筹款人完成某个有特定意义的项目。2012 年 12 月 8 日,美国网站 Fundrise 率先将众筹概念植入房地产中,诞生了"房地产众筹"模式。Fundrise 提供住宅地产、商业地产及旅游地产等各种类型的不动产项目,投资门槛 100 美元。

所谓房地产众筹融资,是指借助互联网平台,把小额投资者的资金汇聚起来,用于房地产项目的投资。此种方式可以分散投资风险,并为中小投资者提供参与高质量房地产项目的机会。在房地产项目的开发过程中,选择众筹融资可以吸引大量投资者参与,通过众筹平台,项目方可以在短时间内获得所需的资金,同时可以扩大项目的市场知名度。

五、金融科技

金融科技(fin tech)通过利用大数据、人工智能和区块链等技术,提高金融服务的效率和安全性[①]。在房地产金融中,金融科技可以优化贷款审批流程、提高风险管理水平、增强数据分析能力。在实际的融资操作中引入金融科技工具。例如,借助人工智能进行风险评估,利用区块链技术确保交易的透明和安全。金融科技的应用不仅提高了融资效率,还降低了运营成本。

---

① 　岳华等:《金融科技与商业银行盈利能力:冲击抑或助推?》,《东南大学学报(哲学社会科学版)》2022 年第 4 期。

六、绿色金融

绿色金融（green finance/sustainable finance）有两层含义：一是金融业如何促进环保和经济社会的可持续发展，另一个则是指金融业自身的可持续发展。前者指明"绿色金融"旨在引导资金流向节约资源技术开发和生态环境保护产业，引导企业生产注重绿色环保，引导消费者形成绿色消费理念；后者则强调金融业要保持可持续发展，避免过度关注短期利益的投机行为。

根据2016年8月31日中国人民银行等七部委发布的《关于构建绿色金融体系的指导意见》，绿色金融是指，为支持环境改善、应对气候变化和资源节约高效利用的经济活动，即对环保、节能、清洁能源、绿色交通、绿色建筑等领域的项目投融资、项目运营、风险管理等所提供的金融服务。金融工具涵盖绿色信贷、绿色债券、绿色股票指数和相关产品、绿色发展基金、绿色保险和"碳金融"等。由此可见，我国的绿色金融是前述第一层涵义。

绿色金融专注于支持环保和可持续发展的融资项目，提供绿色债券、绿色贷款等金融产品。绿色金融的创新在于其对环境效益的关注和对投资回报的平衡。在房地产项目开发过程中可以发行绿色债券或申请绿色贷款，以支持环保建筑和节能改造。绿色金融的引入不仅能提升项目的环保价值，还能够吸引对绿色投资感兴趣的资金来源（参见专栏4-4）。

 专栏 4-4　绿色房地产金融与房地产资产管理

2016年8月，中国人民银行等七部委发布《关于构建绿色金融体系的指导意见》，中国成为全球首个由政府推动并发布政策明确支持"绿色金融体系"建设的国家。

绿色房地产金融

《关于构建绿色金融体系的指导意见》发布以后，国家多个部委出台法律法规，推动和鼓励利用绿色金融工具在绿色地产项目进行融资试点。2015年12月，中国人民银行发布《关于在银行间债券市场发行绿色金融债的公告》和《绿色债券支持项目目录（2015年版）》，开启绿色金融债发行序幕。2016年，国家发展改革委印发《绿色债券发行指引》，明确将绿色建筑发展、建筑工业化、既有建筑节能改造、海绵城市建设、智慧城市建设和低碳省市试点、低碳城（镇）试点、低碳社区试点、低碳园区试点的低碳能源、低碳工业、低碳交通、低碳建筑等低碳基础设施建设及碳管理平台建设项目列为重点支持项目。2017年,中国证监会发布的《关于支持绿色债券发展的指导意见》中表示,重点支持长期专注于绿色产业的成熟企业;在绿色产业领域具有领先技术或独特优势潜力的企业。绿色公司债券申报受理及审核实行"专人对接、专项审核",适用"即报即审"政策,并且开通"绿色通道"制度安排,提升企业发行绿色债券的便利性。

2018年,中国证券投资基金业协会正式发布《中国上市公司 ESG 评价体系研究报告》和《绿色投资指引(试行)》,ESG 指的是环境(environmental)、社会(social)和企业治理(governance)。ESG 投资引导,将推动机构落实绿色主题基金投资,既注重投资回报,也兼顾投资的社会影响与环境保护。除了绿色债券、绿色信贷、绿色基金外,还有如绿色保险等金融工具。"从全球市场来看,美国、欧洲国家对绿色投资需求非常大。"甘启善表示,在亚洲市场,新加坡金管局于2017年推出绿色债券津贴计划,以此推动当地绿色债券市场发展。

在境内融资偏紧的背景下,绿色债券受到越来越多的上市公司追捧。房企从鲜有尝试到发行踊跃,绿色债券成为低成本融资的一条重要渠道。龙湖集团、当代置业、中国金茂、朗诗绿色集团和华发股份均已成功发行绿色债券。"对于大部分融资主体来讲,发行绿色债券要比发行普通债券利率要低,这对发行人而言非常具有吸引力。"甘启善说,3A 级资质的房企,发行绿色债券利率要比普通债券低 10~20 个 BP(债券利率度量单位,1 个 BP 是 0.01%)。通常情况下会促使房企更加注重绿色地产的发展,这反过来更容易获得低成本融资。

绿色金融提升房地产资产管理

"在房地产领域,绿色金融会加速绿色建筑的发展,反过来提升建筑在商业层面的收益,包括租金提升、资产的保值升值。"甘启善说。

越来越多的房企在新建写字楼、商业综合体中注重项目本身的绿色建筑质量。而绿色建筑本身的评定和评级成为鉴别资产的标签。目前在中国较为广泛的有"三星级绿色建筑标准",对场地、材料、能源、水资源、室内环境质量、创新与性能改进六个方面进行评价,是中国绿色建筑评价体系中最高级别的绿色建筑标准,分为一星、二星、三星,其中三星是最高级别。适用于评价住宅、办公、商场、宾馆等多种类型的建筑。"绿色认证对于资产管理而言,具有标签效应,提示这个物业是一个优质产品,也证明资产发行人注重对资产的维护。"甘启善说,业主希望资产未来以更好的状态经营下去,从而让绿色投资更有前景可期。

世界绿色建筑委员会发布的报告显示,绿色建筑的一个关键优势是降低运营成本,特别是在能源成本和总生命周期成本方面,一年内降低运营成本8%~9%,五年内降低运营成本13%~15%。绿色改造项目可以节约13%的运营成本,而新建绿色建筑可以节约15%的运营成本。

甘启善说,具备绿色认证的资产,在租金回报上具有一定溢价,通常在10%~15%;而在出租率上,具有认证的资产要比没有认证的要高6%~8%。为什么会有这样大的差异?甘启善解释,绿色建筑认证过的写字楼,一方面,面向租户时,更加关注租户的使用体验,会让租户满意度提升,保障出租率;另一方面,从投资角度来讲,往往重视用怎样的工具来判断资产价值,绿色认证的标准恰好吻合金融化的要求,进而通过金融工具发行债券或者出售,能够改变资产持有人的收入结构、资产运营结构,让资产估值得到提升。

"从目前市场情况来看,开发商、业主开始慢慢改变观念,懂得如何持有资产和维护资产,以及利用绿色金融工具来优化提升资产的估值。"甘启善认为,对于持有人而言,绿色金融有两重概念,第一重是利用绿色金融的融资,进一步提升资产的能耗效率和环保标准,让资产能够符合环保和节能减排要求;第二重是通过提升资产的绿色星级,让运营成本降低、租金提高,从而改善资产的现金流,更为资产提升市场竞争力。从全球市场来看,中国香港注重在房地产领域发展绿色金融——不动产投资信托基金(REITs),强调发行资产的可持续发展、健康、环保、低碳,为资产创造价值。领展房地产投资信托基金(0823.HK)2016年发行5亿美元绿色债券,票面利率2.87%,是亚洲第一家发行绿色债券的房地产企业。2019年3月,成功发行香港首只绿色可转换债券,募资40亿元,年息率1.6%,为五年来亚洲房地产企业发行债券中最低。

甘启善评价,领展发行绿色债券,可以看到发行人对资产管理非常有信心,使用更为低成本的资金,来发展绿色地产,能更好地发挥企业资产管理能力,也能更直接地帮助企业投资更多的绿色资产,形成最佳的投资闭环。"我们预期房企以及资产持有人,未来将会改变粗放式的发展模式,引入资产管理、绿色金融等手段,推动房企向绿色地产、可持续发展的目标迈进。"甘启善说。

资料来源:

李珍:《绿色金融:"赋能"房地产资产管理》,《中国房地产金融》2019年第4期,第50-53页。

案例分析 4　住房金融创新、金融支持过度与美国次贷危机

讨论的问题：

1. 美国次贷危机的根源是什么？给中国提供了哪些重要的经验教训？

2. 根据以上材料，分析美国次贷危机对中国造成的直接损失是什么？

3. 为什么持有美国资产（包括美国政府债券和公司债券，如美国两房债券等）非常危险？中国应如何降低美国资产风险？请提出你的建议。

习　题

1. 金融业与房地产业是什么关系？

2. 中国是否具备发展住房抵押贷款二级市场的主要条件？中国与美国制度环境的最重要的差异是什么？

3. 查询历年《全国住房公积金年度报告》，比较分析我国住房公积金缴存、提取及公积金增值收益、支出的变化情况，发现其中存在的突出问题。

4. 有人大代表提出取消中国住房公积金制度，你是否支持？为什么？你认为中国住房公积金制度改革的方向是什么？

第5讲　房地产周期理论

　　房地产周期是城市经济学和土地经济学中的重要议题。房地产周期的波动受到多种因素的影响,涉及宏观经济运行、人口增长、土地供应和金融管制与放松管制等诸多方面;房地产周期波动也会深刻影响到其他产业(如金融业、建筑业等),进而影响宏观经济的周期性波动。任泽平甚至认为,"房地产是财富的象征、经济周期之母、金融危机策源地、大类资产配置的核心"[①]。周金涛把房地产周期作为康波周期的子周期,认为其一定存在一个"康波"内部的波动规律。[②] 从逻辑上看,"康波"增长除作为技术革命的主导产业外,增长的核心载体即房地产周期,这对国别经济增长至关重要。可以把房地产周期视作是技术革命的引致增长,由于技术是从主导国逐步向外围传递的,从而增长亦是如此,这决定了房地产周期将从主导国向外围国家依次传递的过程。这种各国房地产周期之间的传递关系,会决定商品周期的出现,以及美元周期等问题。[③] 由此可见,研究房地产周期不仅对房地产经济十分重要,对国家/地区宏观经济增长也异常重要。

第1节　房地产周期的概念和测度

一、房地产周期的概念

(一)经济周期

　　经济周期(business cycle),也称作商业周期、景气循环。经济周期一般是指经济活动沿着经济发展的总体趋势所经历的有规律的扩张和收缩。

---

　　① 　任泽平:《房地产周期》,人民出版社,2017年,第1-2页。
　　② 　周金涛:《"周期天王"眼中的房地产,逃不出"康波"命数》,2016年9月6日,https://weibo.com/1708922835/E6XLY5HbR,访问日期:2024年11月27日。
　　③ 　周金涛:《"周期天王"眼中的房地产,逃不出"康波"命数》,2016年9月6日,https://weibo.com/1708922835/E6XLY5HbR,访问日期:2024年11月27日。

宏观经济发展呈现出一定的周期性规律,但不同经济体或不同因素引起的周期长度可能不同。经济学家按照周期长度把经济周期分为以下四种:一是基钦周期(存货周期),认为经济发展受企业存货增减的影响,从而引起的投资数据的变动,主要与市场商品可供量和企业存货量的变化有关。周期长度大约 40 个月。二是朱格拉周期(固定资产周期),是指工商业固定投资变动起主导作用引发的周期,基于对英、美、法等国家工业设备投资的变动情况,周期长度为 9～10 年。三是库兹涅茨周期(建筑周期)。该周期与建筑业扩张和收缩的关系密切,周期长度为 15～25 年。四是熊彼特周期(综合性周期)。熊彼特周期是以技术创新为基础研究经济周期运动的理论。1936 年,熊彼特以他的"创新理论"为基础,对各种周期理论进行了综合分析后提出的。熊彼特认为,每个长周期包括 6 个中周期,每个中周期又包括三个短周期。短周期为 40 个月,中周期约为 9～10 年,长周期为 48～60 年。他以重大的创新为标志,划分了三个周期。

(二)房地产周期

关于房地产周期,学术界有多种表述不同但核心内容并无实质性差异的定义。代表性定义如下:第一种观点认为,房地产周期是指房地产经济活动水平起伏波动、周期循环的经济现象,表现为房地产业在经济运行过程中交替出现扩张与收缩两大阶段、循环往复的复苏—繁荣—衰退—萧条四个环节。[①] 第二种观点认为,房地产周期即房地产景气循环,是指所有类型房地产的总收益率的重复性的波动(英国皇家测量师协会 RICS)。第三种观点认为,房地产周期是指房地产业在发展过程中,在一系列因素冲击下,随着时间的变化而出现的扩张和收缩交替反复运动的过程。[②]

不同国家或地区房地产周期长度不同。例如,美国房地产从 1870 年开始大致按照 18～20 年的频率完成一个周期循环波动,与库兹涅茨长周期(18～20 年)基本一致。日本房地产基本是 7 年一个周期。

二、房地产周期的测度指标

房地产周期可从不同角度、用不同指标度量(见表 5-1)。目前学术界通常会采用一种或几种指标的合成指标来划分房地产周期,然后再用其他指标考察各个阶段房地产经济运行特征。当然,利用不同的指标刻画房地产周期可能会得到彼此不同的结果,这些方法各有优劣,可互相取长补短,配合使用。

[①]　曹振良等:《房地产经济学通论》,北京大学出版社,2003 年,第 126 页。
[②]　丰雷等:《房地产经济学(第 4 版)》,中国建筑工业出版社,2022 年,第 187 页。

表 5-1　刻画房地产周期可供选择的指标

备选指标	指标含义	指标用途
房地产业增加值	房地产业产出或收入	衡量该产业产出贡献
房地产价格①	房地产要素或产品价格	衡量房地产市场运行稳定性
房地产租金	房地产服务的价格	衡量房地产服务市场稳定性
房地产投资	房地产供给	衡量房地产投入总水平
商品房销售面积	实现的房地产需求	衡量房地产需求规模
商品房空置率	房地产本身的供求平衡	衡量增量房地产市场景气状态
商品房空关率	房地产服务供求平衡	衡量存量房地产市场景气状态

资料来源:陈多长,王美红:《1991—2006 年浙江房地产业发展特征——基于房地产周期理论的实证研究》,《浙江工业大学学报(社会科学版)》2007 年第 3 期。

三、房地产周期理论

(一)经济周期的代表性理论

关于经济周期成因的代表性理论如表 5-2 所示。

表 5-2　经济周期理论

理论	产生时间	主要内容	代表人物
凯恩斯经济周期理论	20 世纪 30 年代	以投资分析变动的心理因素角度来探讨经济周期形成的原因、过程和影响	凯恩斯,卡尔多,萨缪尔森
货币主义经济周期理论	20 世纪 50 年代中期	强调货币因素的作用,从货币量变动对经济的影响解释经济周期	弗里德曼
新古典经济周期理论	20 世纪 70 年代早期	强调理性预期以及非预期的货币因素导致经济周期波动	卢卡斯
实际经济周期理论(RBC)	20 世纪 80 年代初	模型以 DSGE 为基本框架,以新古典增长模型为基础,引入实际因素随机扰动	基德兰德,普利斯科特,罗伯曼·金
广义经济周期理论(GBC)	20 世纪 90 年代	实际派与凯恩斯主义派的结合	贝哈鲍比,法墨
金融经济周期理论(FBC)	20 世纪 90 年代末至今	在周期研究中考虑了金融和信贷市场因素	伯南克,格特勒,摩尔

---

① 此处的房地产价格是指房价和地价。相应地,周期的测度也就分为房价和地价的周期性波动的测度。例如,美国的霍默·霍伊特对 1830—1933 年芝加哥城市土地价值的周期性波动进行了系统研究(霍默·霍伊特:《房地产周期百年史》,贾祖国译,经济科学出版社,2014 年)。

(二)房地产周期的代表性文献

第二次世界大战前后经济大萧条引发了周期研究,20 世纪 60 至 70 年代进入沉寂阶段,20 世纪 80 年代随房地产泡沫出现而蓬勃发展,20 世纪 90 年代后三个新的经济现实改变了传统研究范式,房地产周期研究也进入了多样化深入发展阶段[①](参见表 5-3、表 5-4)。

表 5-3　房地产市场周期的代表性文献

研究内容	代表文献	作者
房地产市场周期的定义和分类	The Long Cycle in Real Estate; 《房地产业的周期波动》《中国房地产业周期研究》; Real estate cycles and their strategic implications for investors and portfolio managers in the global economy	Kaiser; 谭刚;何国钊、曹振良、李晟; Born、Roulac、Pyhrr
房地产市场周期的识别、与经济周期的关系	The Real Estate Gamble; Construction Cycles in the United States since World War Ⅱ; The Cyclic Behavior of the National Office Market; 《国外房地产周期研究综述》; 《房地产业周期与经济周期的互动关系》	Rabinowitz; Grebler、Burns; Wheaton; 刘学成; 周志春、李征、毛捷
房地产市场周期成因的解释	Real Estate Investment; Japanese land prices：Explaining the Boom-Bust Cycle; 《房地产经济学》	Pyhrr、Cooper; Edelstein、Paul; 丁芸、武永春

表 5-4　关于区域房地产周期和滤波方法应用研究的代表性文献

研究内容	代表文献	作者
区域房地产市场周期研究	Regional Business Cyele and Real Estate Cycle Analysis and the Role of Federalgoverment in Regional Stability; 《深圳房地产周期波动研究》; 《1991—2006 年浙江房地产业发展特征——基于房地产周期理论的实证研究》; 《基于主成分分析法与谱分析的房地产市场周期研究》; 《中国房地产市场周期波动分析》	Mona、Kyoko; 谭刚; 陈多长、王美红; 张红; 齐锡晶等
滤波方法应用周期研究	International Evidence on the Historical Properties on Business Cyeles; Measuring Business Cycles：Approximate Band-pass Filters for Economictime Series; 《中国经济周期波动特征分析：滤波方法的应用》; 《基于 HP 滤波方法的我国房地产市场波动同宏观经济波动关系研究》; 《基于 HP 滤波法的我国房地产周期与房地产政策关联性研究》	Backus、Kehoe; Baxter、King; 陈昆亭、周炎、龚六堂; 周达; 焦继文、陈文天

[①]　朱菁:《浙江省房地产市场周期波动研究 1990—2013 年》,浙江工业大学硕士学位论文,2014 年。

第2节　房地产周期的特征

与宏观经济周期波动规律类似,房地产周期也可以划分为复苏(recovery)、扩张(expansion)、收缩(contraction)和衰退(recession)等四个阶段,这四个阶段的房地产市场特征如图 5-1 所示。

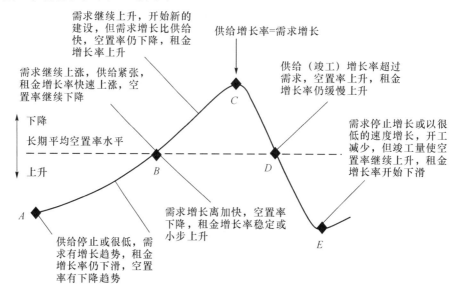

图 5-1　房地产周期各阶段市场特征

资料来源:刘洪玉、郑思齐:《城市与房地产经济学》,中国建筑工业出版社,2007 年,第 107-108 页。

一、复苏阶段

复苏阶段房地产的空置率最高,市场处于供给过剩状态。当最低点过后,房地产需求开始增长,空置率则逐步下降,市场租金开始恢复性增长,最后市场达到长期均衡的入住或者空置水平,此时,租金增长率和通胀率相等。

二、扩张阶段

需求继续增长,当空置率下降到自然空置率之下时,供给开始紧张,租金开始快速上涨。开发商开始投入建设,由于建设时滞,需求增长比供给增长快,空置率继续下降。在平衡点之前需求比供给的增长快,在平衡点之后,供给比需求的增长快。

三、收缩阶段

平衡点之后,进入收缩阶段,很多开发商仍热衷于进行建设,供给增长率高于需求增长率,空置率又开始上升,逐步接近平衡空置率,租金增长放缓,市场参与者发现市场已下滑,开始停止新的建设,但供给仍在上升,空置率上升到长期平均空置率之上,进入衰退阶段。

四、衰退阶段

衰退阶段,出租者降低租金来获得租客,新的建设逐步减少,当新的建设停止的时候,市场达到最低点,随后需求开始增长。

在实践中,判断房地产市场发展处于哪个阶段,除了上述空置率、租金水平等指标以外,对于商品房交易市场而言,销售量和房价的变化趋势也是最为直观、最常用的市场信号。以中国当前的房地产市场为例,从房地产市场上销售量和价格变化的趋势来看,我国房地产市场已经呈现出了复苏的迹象(参见专栏 5-1)。

 专栏 5-1　中国房地产市场回暖:复苏的信号与未来展望

过去几年,中国房地产市场经历了前所未有的挑战,从市场信心的崩溃到销售量的锐减,行业似乎一度陷入了低迷。但随着时间的推移,2024 年初的经济数据显示,这一领域逐渐走出阴霾,复苏的迹象开始显现。本专栏将探讨中国房地产市场的现状及其未来发展趋势。

近期,中国房地产市场的信息表明,销售量明显回升,价格趋于稳定。根据国家统计局的数据显示,2024 年第三季度,商品房销售面积同比增长了 15%,这在过去两年中是最显著的增幅。此外,多数大城市的房价在经历了长时间的下跌后,开始出现小幅回升的趋势。例如,北京和上海的二手房交易量在 9 月份上涨了 20% 以上,这些变化令人鼓舞。

分析这些数据会发现其背后不仅反映了购房者信心的恢复,还暗示了整个市场环境的改善。尤其是大城市,由于供应的相对紧张和结构性需求的存在,购房者的购房行为逐渐回暖。

除市场自身的恢复迹象外,政策支持也不可小觑。2024 年中国政府出台了一系列措施支持房地产市场复苏。这些措施包括减税降费、放宽限购政策、下调贷款利率等,以降低购房成本,促进市场活跃度。例如,某些城市已经取消了限购令,并修改了购房资格,使得更多的首次购房者能够进入市场。与此同时,针对房地产开发商的支持政策也相继出台,国家银行向信用良好的房地产开发公司提供了低利贷,帮助其渡过难关,这不仅保障了在建工程的顺利完成,也保障了购房者的合法权益。政府的这些有效举措无疑为市场注入了新的活力。

为了更深入地了解市场的现状,记者采访了一些业内人士和普通消费者。业内人士普遍认为,现在的市场环境比过去两年要好许多,"虽然仍有一些风险,但大部分开发商和购房者对未来持乐观态度。"一位房地产分析师指出,购房者开始慢慢回流,市场气氛有所好转。普通购房者的反馈同样积极。一位北京的购房者表示:"我在犹豫了很久后,决定购入一套小户型,感觉现在是个不错的时机,不像之前那么紧张和不安。"这种预期的改变进一步推动了市场的复苏。

展望未来,中国房地产市场的短期到中期发展前景依然充满希望。市场中不断涌现的积极因素,包括销售量的上升、价格的稳定,加上政策的支持,使得行业有望逐步回暖。专家预测,2024 年和 2025 年之间,房地产市场将实现平稳增长,年均售价有望上涨 5%～10% 的幅度。然而,市场的复苏仍可能面临诸多不确定性,例如全球经济波动、国内外政策变动及房地产开发供需关系的不平衡。因此,购房者仍应保持灵活和理性,深入分析市场动态并选择适合自己的购房时机。

资料来源:

搜狐网:《中国房地产市场回暖:复苏的信号与未来展望》,2024 年 10 月 22 日,https://www.sohu.com/a/818879553_121956422,访问日期:2024 年 11 月 26 日。

第3节　房地产周期的影响因素

一、地产投机导致房地产周期波动

关于房地产周期成因,美国学者亨利·乔治(Henry George)认为,地产投机是导致房地产业景气循环和房地产周期波动的主要原因。亨利·乔治认为,房地产市场存在着一定的周期性波动,这些波动可以分为四个阶段:繁荣期、衰退期、底部期和复苏期。繁荣期是房地产市场的高峰期,房价上涨,交易活跃,投资者信心高涨。衰退期是房地产市场的下降期,房价开始下跌,交易活动减少,投资者信心下降。底部期是房地产市场的最低点,房价触底反弹,交易活动相对较少,投资者对市场持观望态度。复苏期是房地产市场的回升期,房价开始上涨,交易活动逐渐增加,投资者信心恢复。

二、奥地利学派的房地产周期波动成因论

奥地利学派认为,中央银行放松信贷条件、降低利率将导致建筑投资的成本

降低、刺激房地产业景气上升;相反,加强信贷管制、提高银行利率则会导致建筑投资成本上升,引致房地产业景气衰退。奥地利学派本来是用银行体系对货币供应量和利率的调控行为来解释宏观经济景气波动的,但该学派对房地产业的景气循环也给予了极大的关注,因此,我们可以认为,这种理论也是关于房地产景气循环和房地产周期成因的理论。[①]

三、土地投机和金融因素综合作用论

弗雷德·弗里德瓦里(Fred E. Foldvary)认为,亨利·乔治的土地投机说和奥地利学派的金融管制说,在解释房地产景气循环和房地产周期的成因方面,均比古典经济周期理论有了很大的进步,但二者仍然都不完善。弗雷德·弗里德瓦里提出,应该把这两个学说结合起来,即综合土地投机和金融因素便可有效地解释房地产周期,甚至宏观经济周期之成因。[②]

四、多种因素综合作用论

多种因素综合作用论又可以分为以下三种代表性观点:第一,房地产市场同时受到许多不同循环周期因素的影响。如通货膨胀周期、总体经济周期、建设周期、抵押贷款周期和社会变革周期等。[③] 第二,房地产景气波动具有规律性,只有当强烈的经济成长、房地产供给短缺及银行信用扩张等特定因素组合下方能产生投机性景气复苏。第三,房地产经济周期主要影响因素可分为宏观经济因素(包括国民经济景气、货币供给、金融政策、其他宏观政策等)和心理预期影响因素(个体理性与集体非理性)等。

五、结论及经验证据

事实上,关于房地产周期成因的理论分歧,不仅是因为学术界对房地产周期的定义彼此不同,还由于房地产业具有很强的区域性,不同地区的房地产景气循环和房地产周期可能会有彼此不同的地方性原因;即使同一个地区,在不同的经济发展阶段上其房地产业景气循环及其周期的原因也可能彼此不同。本书认可房地产周期形成的多元因素论,同时也同意,货币政策是导致房地产周期波动众多因素中的关键因素。

此处仅以货币供给为例进行简要说明。从理论上看,经济中货币供给量增

---

① 陈多长,王美红:《1991—2006 年浙江房地产业发展特征——基于房地产周期理论的实证研究》,《浙江工业大学学报(社科版)》,2007 年第 3 期。

② 参考 Foldvary F E . The Real Estate Bubble,2004 年 11 月 27 日,http://www. progress. org/2004/fold364. htm,访问日期:2024 年 12 月 16 日。

③ 梁桂:《中国不动产经济波动与周期的实证研究》,《经济研究》1996 年第 7 期。

加,房地产投资与房地产销售均易于获取资金,这有助于促进房地产市场经济上升。不过,货币供应量的增加对房地产需求的拉升效应具有即时效应,而对房地产供给增加的促进效应则有一定的滞后性,由此导致房地产价格的上升。

观察 1988—2013 年中国 M2 增长率与房价增长率波动轨迹,可以发现,M2 增长拉动房价的上升,M2 增长率下降促动房价增长率的回落,两者之间呈现出高度的正相关性,且不存在货币政策的滞后性,也几乎看不到货币政策对房价影响的滞后效应(见图 5-2)。可见,货币供应量的增减是我国房价涨落的重要原因。

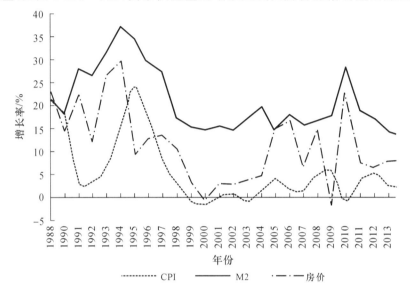

图 5-2　中国广义货币供给与房价波动(1988—2013)

资料来源:Wind 咨询。

第 4 节　房地产周期与宏观经济周期的关系

一、房地产周期与国民经济周期紧密关联

房地产业是国民经济的一个重要产业,房地产市场是国民经济大市场的一个重要组成部分(或子市场)。从理论上来看,房地产业与国民经济之间存在着互相促进、互相制约的辩证关系,房地产周期与国民经济周期也同样存在着相互影响的关系:国民经济周期波动会深刻影响甚至决定房地产周期波动规律;房地产周期波动也会反作用于国民经济系统,诱发或者干扰国民经济的周期性波动(例如,美国最近一轮房地产周期波动中的房地产大衰退,爆发了 2008 年的次级贷款危机,进而诱发了美国金融危机和经济危机。经验研究表明,国民经济周期与房地产周期紧密相关。

二、房地产周期波动滞后于国民经济周期波动

美国 1950—1978 年房地产总体建筑、公共建筑、私人建筑和住宅建筑的变动表明,GNP 领先房地产周期 11 个月达到峰值;对美国写字楼市场周期的研究表明,写字楼租金周期长度大约 12 年,短于国民经济周期[①];住宅市场周期比写字楼更接近国民经济周期[②]。

国民经济总体景气领先于房地产景气,因此,以往认为房地产业是火车头工业的说法是不正确的。

三、房地产周期影响国民经济周期的机制

在有关房地产周期的学术研究中,核心议题之一是房地产周期与国民经济周期之间的关系。从理论上讲,房地产具有实物资产和虚拟资产的双重属性,这决定了房地产周期与经济周期波动之间有着天然且密切的关系,房地产市场波动尤其是房地产价格波动会通过所谓的财富效应、托宾 Q 效应与信贷渠道效应等影响国民经济(参见专栏 5-2)。

 专栏 5-2　房地产价格波动影响国民经济的三大效应

第一个效应:财富效应。房地产的财富效应是指房地产价格上涨导致居民财富增加,居民财富的增加会使得居民消费信心和消费欲望增强,从而进一步导致居民消费和总产出增加。相比于股票、债券以及外汇等金融资产,房地产市场的波动性更小,同时在全社会也具有较高的普及率,因此具有更加显著的财富效应。

第二个效应:托宾 Q 效应。由托宾在 1969 年提出,其将资产价格和投资联系在了一起。托宾 Q 比率指公司股票的市场价值与其资产重置成本之比。当 Q 比率大于 1 时,股票市值高于重置成本,此时新增投资相比于购买公司股票更加划算,由此便会刺激投资增长。该比率可以引申至房地产价格,即 Q 比率可定义为房地产市场价值与房地产重置成本之比,当 Q 比率大于 1 时,房地产市场价值高于房屋重置成本,此时新建住房比购买现有住房更加有利。这会刺激房地产投资增长。

---

①　Wheaton W. The cycle behavior of the national office market,AREUEA Journal,1987(4).

②　Burns L S,Grebler L. The Housing of Nations,Palgrave Macmillan UK,1977.

第三个效应：信贷渠道效应。当房地产市场处于上升通道时，房地产价格的上涨便会导致投资增加，其传导渠道为"Q比率上升—投资增加—产出增加"。由于住房是居民和企业的重要抵押物，因此房地产价格上涨会使得居民和企业能够从金融中介机构获得更多的贷款额度，从而增加银行信贷投放，并进一步刺激消费和投资，最终推动经济增长。这被称为房地产的信贷渠道效应。

资料来源：

刘金全等：《房地产价格波动、经济周期与货币政策效应》，《当代经济研究》，2022年第1期。

专题分析 5-1 浙江省房地产市场周期滤波分析(1990—2013 年)[①]

HP滤波类似于一个高通滤波器，BK和CF滤波则都是带通滤波器。这三种滤波方法在国内外的周期研究中最为常用，也被研究得最多。本专题采用这三种滤波方法来分析浙江省房地产市场的周期波动情况。

(一)指标选择和主成分分析

1. 指标选择：房地产市场周期可从不同角度，选取不同指标来刻画

(1)单项指标法。此法具有简单可行、结果直观等优点。选择一个具有代表性、能够反映房地产市场运行兴衰的单个实证指标，通过指标数据的变化进而观察到房地产市场的波动状态。其缺点是观察角度单一，单项指标选择的恰当与否直接影响研究结果的准确性。西方国家最常用的单项指标是空置率，它一直被认为是能够充分反映市场行情的最优指标，但在中国，此数据难以获取。目前国内使用较多的单项指标是商品房销售面积增长率。与其他单一指标相比，销售面积增长率的变化波形具有代表性，波峰和波谷出现的时间和其他指标基本一致，波幅适中(见图5-3)，其波动不像投资增长率那么大也不像房价增长率那么平稳，比较适合于周期研究。与房价相比，销售面积的统计数据质量要好一点，不同类型和质地的房屋价格差异大，且价格易受通货膨胀影响，销售面积属于实物型指标，就没有这些方面的问题。

---

① 本专题分析由朱菁完成。参见朱菁：《浙江省房地产市场周期波动研究 1990—2013 年》，浙江工业大学硕士学位论文，2014 年。

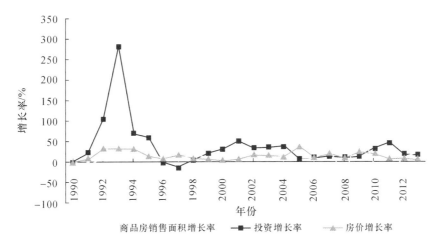

图 5-3　浙江省房地产周期波动——单项指标法

数据来源：根据历年《浙江省统计年鉴》提供的数据绘制。

（2）多项指标法。此法是通过对代表房地产发展多方面的数据进行数学加工后得到的一个反映市场运行态势的指数，用该指数刻画房地产市场波动轨迹。多项指标可涵盖房地产各个方面，考察范围更加全面，但同时因时滞问题容易出现规律性削弱现象。多项指标形成综合指标体系，常见的有扩散指数、合成指数、国房景气指数和中房指数系统等。

扩散指数（DI）是由美国经济研究局（NBER）的伯恩斯和摩尔在 20 世纪 50 年代编制的。该方法是在所选择的指标组基础上，计算每一时点处于扩张期的指标个数占组内全部指标个数的百分比。DI 能有效描述经济运行处于周期波动的哪个阶段，并指示出循环转折点，比单一指标更加可靠，但其本身的数值变化并不能表示经济周期波动的强弱程度。

合成指数（CI）是美国商务部的希斯金和 NBER 的摩尔在 20 世纪 60 年代末开发的。CI 完善了 DI 的不足，不但能描述经济周期的变动趋势和转折点，还能在一定程度上反映经济周期波动振幅。该方法是先求出每个指标的变化率，然后求各指标组内、组间的标准化平均变化率，适当进行趋势调整使其成为协调一致的整合系统，最后以某年为基年，计算其余各时点的相对指数。

国房景气指数和中房指数系统是目前中国房地产业内较有影响力的指标体系。国房景气指数主要从土地、资金、开发量、市场需求等角度显示全国房地产业基本运行状况，波动幅度，预测未来趋势。中房指数系统是一套以价格指数形式来反映房地产市场发展变化轨迹和当前市场状况的指标体系和分析方法。

结合国内学者的观点，本专题将常用指标分为以下两种体系：一是按照时序分为先行、同步和滞后指标（见表 5-5）；二是按性质分为表层、内层和外部指标（见表 5-6）。

表 5-5　房地产指标体系 1

先行指标	同步指标	滞后指标
全社会固定资产投资	国内生产总值	商品房竣工面积
房地产开发投资额	房地产业增加值	商品房空置率
土地购置面积	商品房销售面积	房企就业率
商品房新开工面积	房地产价格与租金	房地产投资收益率
商品房施工面积	物价指数与通货膨胀率	房企资金利润率
货币供给额	房企破产率与扩张率	
中长期贷款利率		

表 5-6　房地产指标体系 2

表层指标	内层指标	外部指标
房地产业增加值	房地产投资收益率	国民经济生产总值
房地产价格与租金	房企资金利润率	货币供给额
商品房销售面积	房企就业率与失业率	中长期贷款利率
土地购置面积	房企破产率与扩张率	物价指数与通货膨胀率
商品房空置率	房地产投机行为与房地产泡沫 房地产物业类型与结构变化	

　　基于相关研究,根据指标本身的全面性、稳定性、直观经济含义,以及数据的易获取性和可操作性,从上述备选指标中选取以下 6 个测度房地产市场周期波动的指标:房地产业增加值(X_1)、房地产开发投资额(X_2)、商品房施工面积(X_3)、商品房竣工面积(X_4)、商品房销售面积(X_5)、商品房价格(X_6)[①]。各个指标的定义参见表 5-7。

表 5-7　指标定义

指标	定义	用途
房地产业增加值	房地产业的产出或收入	直接刻画周期的最理想的总量指标
房地产开发投资额	以货币形式表现的房地产开发单位在一定时期内进行房屋建设及土地开发所完成的工作量及有关费用的总称	衡量房地产投入总水平,能提前预示市场景气状况
商品房施工面积	在报告期内施工的全部房屋建筑面积	提前反映房地产市场景气状况

---

　　①　商品房价格=商品房销售总额/商品房销售面积,即商品房的平均销售价格。

续表

指标	定义	用途
商品房竣工面积	在报告期内房屋建筑按照设计要求已全部完工,经验收鉴定合格后正式移交给使用单位的建筑面积	反映当期房地产市场的新增供给量
商品房销售面积	报告期已竣工的房屋面积中已正式交付给购房者或已签订合同的房屋面积	同步反映需求规模、市场景气状况
商品房价格	房产所有权转移时实际成交的价格	反映房地产市场波动最直接的指标

　　根据上述指标,收集浙江省房地产市场从 1990—2013 年的时间序列数据(数据主要来自历年的《浙江省统计年鉴》、《2013 年浙江省国民经济和社会发展统计公报》、新浪地产网和 365 房产网等)。

　　2. 主成分分析

　　主成分分析法能够在保证信息丢失最少的前提下,实现降维,用较少的彼此独立不相关的综合变量来反映原有变量的绝大部分信息。本专题通过 SPSS 软件进行主成分分析,根据累计方差贡献率大于 85% 时的特征根为主成分提取对象,形成综合指标体系。

　　首先要对 6 个指标的变量数据进行标准化处理(下同),然后进行 KMO(Kaiser-Meyer-Olkin)测量和巴特利特(Bartlett)球形检验。结果显示,KMO 值为 0.694,而 Bartlett 球形检验结果显著(拒绝变量相关系数为 0 的假设);主成分分析结果显示 6 个变量可以很好地归纳为一个因子,总共解释了总数据的 92.559%(见表 5-8、表 5-9),并得出因子载荷矩阵系数(见表 5-10)。

表 5-8　KMO 检验和 Bartlett 球形检验

取样足够度的 KMO 度量		0.694
Bartlett 球形检验	近似卡方	364.525
	df	15
	Sig.	0.000

表 5-9　解释的总方差

成分	初始特征值			提取平方和载入		
	合计	方差/%	累计/%	合计	方差/%	累计/%
1	5.554	92.559	92.559	5.554	92.559	92.559
2	0.334	5.572	98.131			
3	0.082	1.367	99.498			

续表

成分	初始特征值			提取平方和载入		
	合计	方差/%	累计/%	合计	方差/%	累计/%
4	0.023	0.383	99.880			
5	0.007	0.110	99.990			
6	0.001	0.010	100.000			

表 5-10 因子载荷矩阵系数

因子	系数值
X_1	0.984
X_2	0.954
X_3	0.993
X_4	0.927
X_5	0.927
X_6	0.986

由表 5-10 可得主成分表达式为：

$$Y_1 = 0.984X_1 + 0.954X_2 + 0.993X_3 + 0.927X_4 + 0.927X_5 + 0.986X_6$$

(5-1)

由式 5-1 可得浙江省房地产市场周期测度综合指标数值(见表 5-11)。

表 5-11 浙江综合指标数值

指标	1990 年	1991 年	1992 年	1993 年	1994 年	1995 年	1996 年	1997 年
Y_1	−6.1166	−6.1214	−5.9896	−5.4130	−4.8797	−4.2446	−4.0849	−4.0575
指标	1998 年	1999 年	2000 年	2001 年	2002 年	2003 年	2004 年	2005 年
Y_1	−4.0334	−3.7243	−3.4275	−2.7048	−1.6897	−0.4980	0.9566	2.1196
指标	2006 年	2007 年	2008 年	2009 年	2010 年	2011 年	2012 年	2013 年
Y_1	2.5727	4.0726	3.8605	5.9026	7.2734	8.4116	9.8435	11.9721

(二)滤波分析

1. HP 滤波

HP 滤波法是由霍德里克(Hodrick)和普雷斯科特(Prescott)在分析战后美国经济周期的论文中首次设计提出的。它将时间序列 Y_t 分离成一条趋势线和一条上下波动的周期线,设趋势成分为 Y_t^T,波动成分为 Y_t^C,具体计算公式如下:

$$\text{Min}\left\{\sum_{t=1}^{T}(Y_t-Y_t^T)^2+\lambda\sum_{t=1}^{T}\big[(Y_{t+1}^T-Y_t^T)-(Y_t^T-Y_{t-1}^T)\big]^2\right\}\qquad(5\text{-}2)$$

式 5-2 前半部分是度量波动成分,后半部分是度量趋势项的"平滑程度"。λ 为平滑参数或惩罚因子,最小化问题依赖于 λ 的选取。因此对于参数 λ 的取值问题成为了 HP 滤波应用研究的热点,在使用不同时间类型的数据时,需结合具体数据情况的不同,对 λ 的取值区别考虑。目前对于季度数据的研究,学术界基本达成共识,沿用霍德里克和普雷斯科特首次提出的取值 1600。但是在年度数据及月度数据以及其他频率的数据研究上,数值选取上存在分歧。一般对于年度数据的研究多采用 $\lambda=100$,月度数据 $\lambda=14400$。根据拉文(Ravn)和尤利格(Uhlig)的研究,λ 的取值应该是观测数据频率的 4 次方,即年度数据应取 $\lambda=6.25$,月度数据应取 $\lambda=129600$。该结论在后续很多研究中得到了证实,因此此处 HP 滤波的 λ 值取 6.25。

由于 HP 滤波需要明确序列的平稳性,所以在进行滤波之前先对 Y_1 进行 ADF 检验,结果如表 5-12 所示,Y_1 为一阶单整序列。

表 5-12　平稳性检验

	ADF 统计量	临界值	是否平稳
Y_1	0.034931	-4.416345 -3.622033 -3.248592	否
$d(Y_1)$	-5.100655	-4.440739 -3.632896 -3.254671	是

然后运用 EViews6.0 进行 HP 滤波分析,得到一阶差分 $D(Y_1)$ 的周期波动图(见图 5-4)。

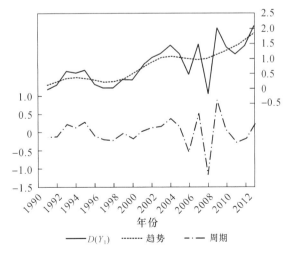

图 5-4　浙江省房地产市场周期 HP 滤波($\lambda=6.25$)

观察 HP 滤波图发现，由于一阶差分，1990 年的数据缺失。按照从复苏开始，经历繁荣、衰退至萧条为一个周期。浙江省从 1991—2013 年的房地产市场大致上可分为三个周期：1991—1998 年、1999—2008 年、2009—2013 年。最后一个周期应该尚未完成；这三个大周期内还包含着几个短周期，比如 2006—2008 年波动较为显著，经历波峰波谷。

2. BK 滤波

BK 滤波法最早是由巴克斯特（Baxter）和金（King）提出的一种近似带通滤波，它保留固定区间的周期成分，将低频趋势成分以及高频的不规则波动过滤掉。实质上是采用一个对称的固定加权移动平均滤波将时间序列 Y_t 的周期趋势成分 Y_t^T 分离出来，设 L 为滞后算子，在具体应用中最终形式如式 5-3 所示：

$$Y_t^T = \alpha(L)Y_t = \sum_{k=-K}^{K} \alpha_k Y_{t-k} \tag{5-3}$$

为保证 Y_t^T 是一个平稳时间序列，一般有 $\alpha(L) = \sum_{k=-K}^{K} \alpha_k = 0$，为不引起相位变化，滤波器是对称的，即 $\alpha_k = \alpha_{-k}$。截断点 k 可根据数据的频率和样本大小灵活选择。巴克斯特（Baxter）和金（King）认为，在年度数据下，最佳滤波为 BK(2,8)，即周期长度为 2~8 年，截断长度不小于 4。

与 HP 滤波相比，BK 滤波最大的优点就是避免了 λ 取值的随意性，是理想的带通滤波的最优近似，但其最大的缺点就是会损失样本观测个数，一般取定了 k 值就会损失样本两端的 $2k$ 个观测值，另外取较大的 k 值可以得到较好的滤波效果。陈昆亭和曾昭法等人在研究中国宏观经济年度数据时都将截断长度取为 5，但他们的研究时序较长，样本总量较大。本专题从 1990 年至 2013 年，时长 24 年，样本数量不够大，所以 k 值不宜取过大，然而要使滤波效果比较好，k 值也不能过小。所以本专题选择 BK(2,8) 取 $k=4$。对 Y_1 进行 BK 滤波处理，得到周期波动图（见图 5-5）。

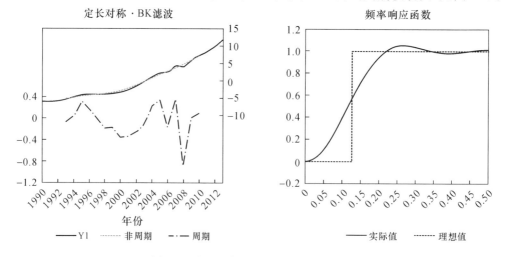

图 5-5　浙江省房地产市场周期 BK 滤波

观察 BK 滤波图可以发现,由于 k 值取 3,样本两端共损失了 6 个观测值,周期曲线从 1993 年开始至 2010 年结束。这段时间内浙江省房地产市场大致可分为两个完整周期和一个未完周期:1993—2000 年、2001—2008 年、2009—2010 年。

3. CF 滤波

CF 滤波是由克里斯蒂亚诺和菲茨杰拉德于 2003 年设计提出的一种带通滤波。其原理如下:

一个随机过程 Y_t 的正交分解为:

$$Y_t = X_t + Y_t^T \tag{5-4}$$

式 5-4 中,Y_t^T 是频率在 $A = \{(a,b) \bigcup (-b,-a)\} \in (-\pi,\pi)$ 的部分,其中 $0 < a \leqslant b \leqslant \pi$,$X_t$ 是频率在 $(-\pi,\pi)$ 上并属于 A 的补集的部分。

$$Y_t^T = B(L)Y_t = \sum_{j=-\infty}^{\infty} B_j L^j Y_t \tag{5-5}$$

式(5-5)中 $B(L)$ 是理想的带通滤波器,L 是滞后算子,Y_t^T 的估计值 Y_t^{T*} 为:

$$Y_t^{T*} = \sum_{j=-f}^{p} B_j^{pf} Y_{t-j} \tag{5-6}$$

其中,$f = T-t$,$p = t-1$,B_j^{pf} 是最优化问题 $\min\{E[(Y_t^T - Y_t^{T*})^2 | Y_t]\}$ 的解。

与另两种滤波方法相比,CF 滤波更为灵活,对不同性质的时间序列采用不同的滤波公式,对同一时间序列的不同时点估计也能选择不同的截断和权重。吕光明等人的研究认为,CF 滤波比另两种滤波结果更准确。CF 滤波虽然改善了 BK 滤波的缺点,提高了精确度但放弃了平稳性与对称性。另外它在理论上假设非平稳的时间序列是产生于随机游走的,这在实际运用中容易导致错误的结论。国内学者利用 CF 滤波做年度数据的统计分析时较多选择参数(2,8)。此处就选择 CF(2,8)对 Y_1 进行全样本 CF 滤波处理,结果如图 5-6 所示。

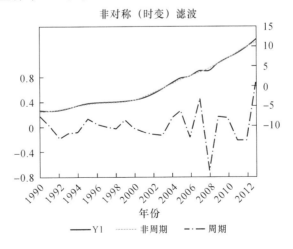

图 5-6　浙江省房地产市场周期 CF 滤波

观察 CF 滤波图可知,浙江省从 1990—2013 年房地产市场波动的情况,大致上分为三个周期(从波峰到波峰):1990—1995 年、1996—2007 年、2008—2013 年。2013 年市场应该达到了繁荣期,此时可能出现拐点。

(三)滤波结果分析

比较分析上述三种滤波处理的波动图以及结果可以发现,三者在总体波动趋势上大致相同,波动振幅也较为接近,周期长度大都在 8～10 年左右,与朱格拉周期相吻合。但针对本专题 24 年长度的房地产周期分析,BK 滤波损失了较多数据,滤波效果也不佳,不能进行完整的周期划分,与预期得到的结果不相符。因此,BK 滤波法不太适合用于本专题的周期分析。CF 滤波虽然克服了 BK 滤波的问题,得到的波动图形较为完整,周期划分结果也较为明确,但其平稳性较低。HP 滤波平稳性很好,虽然在 λ 取值的问题上有较多说法,而且序列若是一阶或是二阶单整过程可能包含虚假周期信息,但根据国内外学者多年来的研究经验,基本上可以确定最适合年度数据的 λ 值。综上所述,本专题以 HP 滤波法处理的结果为主,同时结合 CF 滤波结果进行分析,浙江省房地产市场基本上可以分为三个周期(见表 5-13)。

第一个周期:1990—1998 年。1990—1992 年实际上属于上一个周期衰退萧条阶段,浙江房地产市场较低迷,房价水平不高;1993—1994 年这两年为复苏阶段,市场景气度快速上升;1995 年前后处于繁荣阶段,房价大幅度上涨,市场出现过热现象;1996—1997 年这两年为衰退阶段,房地产泡沫破灭,市场景气回落;1998 年前后为萧条阶段,市场再次进入低潮期。

第二个周期:1999—2008 年。1999—2004 年为复苏阶段,为期 6 年,1999 年浙江省房地产市场走出低潮,景气开始平稳上升,2001—2004 年市场出现了高速增长状态,此时房价水平处于高位;2005—2007 年为繁荣期,也属于局部调整阶段,市场稍有回落后又强力反弹至原来水平。2008 年为衰退萧条阶段,市场大幅度衰退直至谷底。

第三个周期:2009—2013 年。此周期尚未结束,2009—2013 年都属于周期复苏阶段。2009 年浙江省房地产市场景气快速强劲上升,2010—2012 年市场处于调整降温期,2013 年市场便又回暖上升。

表 5-13　浙江省房地产市场周期测度指标数据

年份	房地产业增加值/亿元	房地产开发投资额/亿元	商品房施工面积/万平方米	商品房竣工面积/万平方米	商品房销售面积/万平方米	商品房价格/(元/平方米)
1990	17.21	9.54	517.46	271.25	207.19	468.17
1991	17.71	11.73	574.63	251.39	196.00	490.42

续表

年份	房地产业增加值/亿元	房地产开发投资额/亿元	商品房施工面积/万平方米	商品房竣工面积/万平方米	商品房销售面积/万平方米	商品房价格/（元/平方米）
1992	22.76	24.23	919.15	304.23	213.50	648.75
1993	32.57	93.15	1984.80	723.63	426.43	852.39
1994	40.65	155.82	2841.77	1065.00	656.76	1122.35
1995	56.05	246.38	4035.10	1547.43	867.47	1292.56
1996	64.18	243.54	3912.40	1697.30	932.00	1414.71
1997	67.51	215.44	3556.00	1617.02	1016.97	1666.18
1998	83.65	226.69	3420.43	1403.20	1192.36	1804.63
1999	92.87	271.99	3916.72	1608.74	1324.43	1907.98
2000	116.90	362.18	4612.54	1676.88	1502.23	1947.18
2001	146.31	544.91	6371.79	2053.89	1801.45	2050.30
2002	186.83	728.80	8190.27	2660.60	2219.30	2387.17
2003	238.50	980.05	10804.76	3214.85	2781.84	2736.68
2004	587.83	1353.07	14030.04	3563.73	3051.38	3107.79
2005	688.86	1456.49	15651.74	4130.80	3305.84	4279.97
2006	794.41	1574.28	16970.08	3877.47	3544.96	4774.45
2007	981.42	1821.67	18370.15	4100.13	4541.97	5786.02
2008	1052.03	2023.12	19273.33	4458.26	2992.20	6261.89
2009	1316.83	2254.27	19932.69	3843.82	5538.13	7825.71
2010	1618.17	3025.43	23781.86	4115.83	4816.53	9257.79
2011	1677.13	4474.35	29927.39	4528.59	3531.36	9838.05
2012	1927.93	5226.27	33422.97	4292.94	4005.29	10642.59
2013	2184.46	6216.00	37647.00	4692.00	4887.00	11041.54

数据来源：历年《浙江省统计年鉴》和《2013年浙江省国民经济和社会发展统计公报》。

案例分析 5　美国的降息周期与住房市场周期

讨论的问题：

1. 根据以上材料，分析美国 1970—2023 年住房市场周期波动特点。

2. 美国降息对其住房市场周期波动的影响如何？如何解释这种影响？

习　题

1. 你认为当前杭州房地产市场处于周期的哪个阶段,为什么?
2. 房地产周期与宏观经济周期的关系如何?
3. 哪些因素会导致房地产周期波动?
4. 试述房地产周期的波动传导机制?
5. 比较中国与美国等西方国家房地产周期特征和成因的异同。

第6讲 房地产泡沫理论

第1节 房地产泡沫的概念和特征

一、基本概念

(一)经济泡沫

所谓经济泡沫,是指一系列资产(特别是虚拟资本)的价格膨胀,即在一个连续过程中大幅度上涨,使其市场价格远远超过了它的实际价值,形成虚假繁荣和含有过多"泡沫"的经济总量。就一国的国民总资产来说,一般可区分为有形资产(包括房地产)和金融资产两个部分。在资产市场上,大量资产交易集中在股票和房地产上,因此,资产价格膨胀特别表现在股票和房地产上。产生经济泡沫的两个主要原因是:一是投机成为一种潮流,在它的推动下,资产价格持续上升。二是资产具有过度的、异常的评估收益。这种过高的评估收益使资产的市场价格远远脱离了它实际代表的价值即经济的真实基础。[1] 泡沫经济最早、也是最为经典的案例是 17 世纪发生于荷兰的郁金香泡沫和 18 世纪初法国的密西西比泡沫及其随后发生的伦敦泡沫。

(二)房地产泡沫

《新帕尔格雷夫经济学大辞典》对资产泡沫的定义:"一种资产或一系列资产价格在一个连续过程中的急剧上涨,初始的价格上涨使人们产生价格会进一步上涨的预期,从而吸引新的买者——这些人一般是以买卖资产牟利的投机者,其实对资产的使用及其盈利能力并不感兴趣。随着价格的上涨,常常是预期的逆转和价格的暴跌,由此通常导致金融危机。"

---

① 李伟民:《金融大辞典》,黑龙江人民出版社,2002 年。

基于以上定义,作为一种资产泡沫,房地产泡沫可以定义为:由过度投机造成的房地产价格脱离市场基础持续急剧上涨的现象,其本质是一种价格运动现象(依据此定义,可以找到房地产泡沫的检测方法"基础价格法")。可考证的最早的房地产泡沫是发生于 1923—1926 年美国的佛罗里达房地产泡沫(Property Bubbles)。这次房地产投资狂潮曾引发了华尔街股市大崩溃,并导致了以美国为中心的 20 世纪 30 年代的全球经济大危机。

二、房地产泡沫的特征

房地产泡沫具有以下四个典型特征。

第一,房地产泡沫是房地产价格运动的一种形态。房地产泡沫化的典型表现是房价居高、实际租金下降,售价远远偏离房地产租金决定的基础价格(即理论价格),也超出了实际使用者的支付能力(如果是住房市场,就是房价超过居民可支配收入的支撑能力)。

第二,房地产泡沫会伴随着房地产价格剧烈上升(泡沫化)和突然性地剧烈下降(泡沫破灭),剧升和剧降的振幅都很大。

第三,在发生房地产泡沫期间,房地产价格的波动一般缺乏连续性,也没有稳定的周期和爆发频率,因此,房地产泡沫化及泡沫的破灭均带有突然性、随机性和不可预测性。

第四,房地产市场投机盛行与房地产泡沫化相伴而生,且一般会有房地产市场上货币供应量短期内急剧增加的现象。事实上,金融过度支持、群体性投机是房地产泡沫化的关键性原因。如果缺乏宽松货币政策的支持,房地产投机规模就难以扩大,房地产泡沫化也就难以形成。

第 2 节 房地产泡沫的检测方法

一、理论价格(基础价格)法

1993 年,日本经济企划厅编制的经济白皮书中用房地产的理论价格来表示"真实经济基础",理论价格通过"收益还原模型"计算得出。如果资产的市场价格大幅超出理论价格而上涨,就形成了经济泡沫。[①]

$$价格泡沫＝市场价格—房地产理论价格(或基础价格) \qquad (6\text{-}1)$$

---

① 李伟民:《金融大辞典》,黑龙江人民出版社,2002 年。

理论价格的计算步骤：

(1)调查房地产租金收益、必要维修费用、物业服务费用和税收支出等。

(2)核算年房地产租金净收益。

(3)选择合理的贴现率。

(4)计算理论价格。

二、单一指标法

(一)房价收入比

对住房市场而言,判断其是否存在价格泡沫,可计算一个城市房价收入比,看它是否超出经验比值。所谓房价收入比(housing price-to-income ratio),是指城市居民家庭年收入与住房价格之比。

世界银行在衡量一个国家/地区的住房消费水平时,一般认为房价收入比在3～6 倍之间较为合适,低于 3 就会出现住房供不应求的局面,高于 6 就是超出了城镇居民的经济承受能力,这已成为对房价和家庭年收入进行相关分析的重要经验标准。只有在这个标准范围内,城镇居民才可能买得起住房。

(二)住房的租售比

住房租售比价是指在相同时期内同一类住房的租赁价格与出售价格之间的比值。它可以采取两种表示形式,具体计算公式如式 6-2 所示：

$$住房租售比价＝每平方米年租金/每平方米住房价格$$
$$住房租售比价＝每平方米月租金/每平方米住房价格$$

(6-2)

因为住房有出售和租赁两种形式,出售价格是住房一次性出售的单价,是住房商品价值的货币表现形式,体现着一定时期住房的供求关系;租赁价格则是住房服务的价格。两者的区别在于:住房价值回收的形式和时间不同。出售价格是即期一次性回收;租赁价格是延时分期多次回收。尽管它们存在一定差异,但两者都是对同一商品价值的货币表现,它们的相互作用机制主要表现为房租和房价的比例关系的相对变化。[1]

国外住房租售比价一般平均为 1∶8（每平方米年租金与每平方米房价之比）,换算成月租金与每平方米房价为 1∶96。从资产收益率角度考察,住房的租售比可以换算成年租金收益率,并与替代性资产收益率比较,以评估房价是否存在泡沫。如果该租金收益率显著低于替代性资产收益率（比如国债年收益率或定期存款年收益率）,就表明房价存在泡沫。

---

[1]　曹振良 等:《房地产经济学通论》,北京大学出版社,2003 年,第 364 页。

中国社会科学院财经战略研究院"住房大数据项目组"曾经计算了 2018 年 1 月我国 19 城市二手住房总价中位数、月租金中位数和租售比。结果发现，厦门市租售比为 1/1100，换算为年租金收益率 1.09%；上海为 1/644 和 1.86%；杭州市为 1/489 和 2.45%。均远远低于国际经验比值和 2018 年发行的 3 年期国债票面年利率 4%、5 年期国债票面年利率为 4.27%。表明当时的二手房价存在泡沫成分。

三、综合指数法

综合指数法的计算公式如式 6-3 所示[1]：

$$加权指数＝20\% × 房地产贷款占全部贷款比重＋房价租金比 \tag{6-3}$$
$$(25\%)＋房屋空置率(10\%)＋房价收入比(25\%)＋房价与 CPI 之$$
$$比(15\%)＋房价与上证收益指数(5\%)$$

利用此公式计算出每年的加权指数后，与一个基准年指数（即无泡沫年份的指数）进行比较，就可以得到一个泡沫指数。

四、检测方法的比较

第一种方法，理论价格法是基于房地产泡沫的定义而产生的，具有可靠的理论基础，较为科学、严谨。但由于计算理论价格时必须使用的贴现率的选择和资产净收益数据的收集均存在着一定的困难，因而可操作性不够强。

第二、第三种方法，即单一指标法和综合指数法，虽然比较容易操作，但缺乏直接的理论依据，因而存在着科学性、严谨性不够的瑕疵。特别地，综合指数法中各个指标之权重的取值具有一定的主观性、随意性。

由于目前我国房地产市场发展仍然不够成熟和稳定，合理的地价、费用、建设成本、利润以及未来收益等参数难以确定，数据的获得也存在着现实的困难；贴现率的确定也有一定的难度，理论价格测度法在实际操作中较难，在进行市场分析时，我们倾向于选择单一指标法来测度房地产价格的泡沫化程度。

第 3 节　房地产泡沫的成因

一、房地产价格泡沫化的机理：经济模型

解释房地产价格泡沫化的经济学模型大致有以下几个：理性预期模型、自我

---

[1]　参见中国人民银行营业管理部：《房地产价格与房地产泡沫问题》，中国社会科学出版社，2007 年，第 86 页。

实现的预期效应模型、投资者与金融信贷模型和银行房地产信贷集中程度模型等。

(一)理性预期模型

理性预期模型是建立在三个假说基础之上的:第一,信息是短缺的,并且经济系统一般是不浪费这种信息的。第二,预期的形成方式特别地依赖于描绘经济的相关系统结构。第三,一种公开的预测对于经济系统的运转将不会产生实质性的影响(除非这种预测是根据内部消息所做出的)。[①] 根据理性预期模型资产价格与资产理性泡沫的关系如式 6-4 所示:

$$AP_t(资产的市场价格) = EP_t(资产的基础价格) + B_t(理性泡沫) \quad (6\text{-}4)$$

基于上述公式,可得到三个结论或推论:

第一,在不破坏套利条件的情况下,市场价格也可能偏离市场的基准价格,虽然收益是常数,但房价将呈现指数增长。

第二,泡沫是市场价格相对于资产未来各期收益现金流的贴现值的偏离。

第三,理性人预期价格将进一步上涨,更高的资本收益率正好可以抵消当期收益率。经济能够愿意支付比对应于收益现值的价格更高的价格。

(二)自我实现的预期效应模型

该模型的理论依据是,房地产供给零弹性;房地产价格主要由房地产市场需求决定。当预期价格上涨时,需求曲线右移,价格自动上升,当上涨超过一定界限时,房地产价格泡沫化。其理论工具是 S-D 模型。推理如下:

(1)假设需求行为函数为:

$$Q_d = c^d - \alpha^d p + \beta^l p^e \quad (6\text{-}5)$$

含义:预期价格上涨,需求就会增加。

(2)供给行为函数:

$$Q_s = c^s + \alpha^s p - \beta^s p^e \quad (6\text{-}6)$$

含义:预期价格上涨,供给将会减少。

(3)当供求均衡时,可以得到:

$$p^* = \frac{c^d - c^s}{\alpha^d + \alpha^s} + \frac{\beta^l + \beta^s}{\alpha^d + \alpha^s} p^e \quad (6\text{-}7)$$

定义:

$$p^* = p \quad (6\text{-}8)$$

[①] Muth J F. Rational expectations and the theory of price movement,Econometrica,1961(29):316.

可见,当期均衡价格与未来预期价格具有同向变化关系,当预期价格上涨,均衡价格就会上涨。一旦超过合理界限,就意味着出现房地产价格泡沫。

(三)投资者和金融信贷模型

该模型要点如下:第一,泡沫产生的原因在于风险资产实际回报的不确定性以及信贷扩张的不确定性。第二,泡沫形成的内生性。在许多情形下,金融部门的行为使泡沫变得更为严重,由于资产价格是靠对未来资产价格更高和信贷数量更多的预期支持的。如果信贷扩张低于预期水平,投资者就有可能无法偿还贷款,危机就有可能产生。第三,信贷扩张不确定性的原因:中央银行不能完全控制信贷规模,以及金融自由化。第四,信贷紧缩是泡沫崩溃的催化剂。

(四)银行房地产信贷集中程度模型

银行向房地产业集中贷款,促使房地产价格上升,房地产价格泡沫生成。银行之所以会采用向房地产集中贷款,是其预期房地产贷款可以取得较高的收益。具体而言,银行自身所拥有的是以房地产为主要形式的资产。以房地产为抵押品的贷款的抵押市值的上升,使现有贷款组合中的损失风险下降了。当房地产贷款的期望收益提高或者最低资本规模要求下降时,银行将具有扩大房地产贷款规模的动力,而若违约率的上升或相关金融产品越加丰富,则可以降低银行贷款在房地产业中的集中程度。为了防控风险,银行会执行更高的银行最低资本规模的监管规定。

二、房地产价格泡沫化的成因

(一)房地产的自然属性、经济属性是内在原因

房地产的自然属性、经济属性是房地产市场泡沫化的内在原因。其作用机制可简单地描述如下:

土地资源稀缺性、房地产供给的低弹性(短期内接近于零弹性)→价格上涨预期→某种诱因引致需求突然增加→房地产价格会急剧上涨→强化房地产价格进一步上涨预期→需求进一步增加……→房地产价格泡沫化。

(二)投机扰动是直接诱因

在房价持续上涨的乐观预期下,投机扰动是导致房地产价格泡沫化的直接诱因。房地产需求可分为自用需求、投资需求(为他人用)和投机需求(以转手交易套利为目的)。其中,投机需求是导致房地产价格泡沫化的主要需求因素。

过度乐观和投机心理是资产泡沫形成的必要社会条件。在经济繁荣时期,人们对未来经济前景过度乐观,导致投资热情高涨,引发投机行为。投资者纷纷涌入市场,推动资产价格上涨。日本的泡沫经济就是在 20 世纪 80 年代经济高速发

展时期形成的虚假经济繁荣现象。

日本最突出的经济泡沫是股票和土地交易,尤其是土地交易。20 世纪 80 年代,日本人在土地价格的飞涨中,投机者制造了土地不会贬值的"土地神话",诱发了群体性投机,短期内获得了巨额利润。1987 年以后,日本的金融资产、土地资产以与 GDP 不成比例的速度急剧膨胀,其中土地资产占比很大。20 世纪 80 年代末到 20 世纪 90 年代初的日本泡沫经济的一个重要因素,就是土地价格的飞涨,而进行土地买卖,进行投机活动,以牟取暴利。银行通过炒作土地,以土地升值作为担保,向债务人提供大笔资金,这进一步促进了土地价值的膨胀,刺激了市场消费。1989 年左右,东京 23 区的土地总价值被炒到足以购买整个美国的水平。

由于"滚雪球式"的地产投机活动在日本大规模地展开,拥有土地的企业和个人,以土地为担保,向金融机构筹措资金,进行各种各样的投资活动,其中除少部分真正用于生产性投资外,绝大部分投资于国内外的不动产和证券市场。金融机构则利用持有巨大资产的企业和个人的担保价值进行投资,如此反复集中地投资,使土地和股票的价格跳跃式地上涨,从而更加提高了企业和个人持有资产的价值,形成连锁反应。这实际上是以巨大泡沫经济中产生的虚构的价值为担保,向国内外的不动产投资,通过这种投机活动实现了"土里取金"的梦想。

(三)金融放松管制是房地产泡沫化的必要条件

金融放松管制是房地产泡沫化的必要条件。如果没有这个条件的配合,巨大的房地产投机资金需求就无法满足。以美国为例,宽松的流动性环境、政策鼓励下的购房需求激增,共同促成了美国 2002—2006 年的房价泡沫(参见专栏 6-1)。

专栏 6-1 金融放松管制、宽松货币政策与美国楼市泡沫

2001 年,在互联网泡沫破灭之后,为了预防经济的严重衰退,美联储不断地降低利率。在宽松的货币政策下,房贷条件被不断地放松,而资产证券化又将贷款的风险从银行转移至"两房"等住房金融机构,这又进一步鼓励了银行发放更多的抵押贷款。

不仅如此,2001 年起小布什政府推出多项政策,旨在提高低收入阶层住房自有率,包括为无首付家庭提供抵押贷款的美国梦首付法案(American Dream Down Payment Act)、零首付倡议(Zero-Down payment Initiative)、家庭经济适用房税收抵免、增加住房贷款担保等政策,这使得美国居民,尤其是低收入家庭的购房需求日益增加。从 2000—2006 年,美国的房地产市场异常繁荣,居民的住房拥有率上升至 69% 的历史最高点,而房价指数也增长了 64%,尤其是 2004—2006 年,当季同比增速持续高于 10%。那时,美国的房价泡沫化已经相当严重。

从 2004 年起,美联储为抑制通胀而收紧货币政策,自 2004 年 6 月至 2006 年 6 月连续 17 次加息,基准利率由 1% 提高至 5.25%,这限制了居民新增贷款,从而使得购房需求明显减弱,刺破了积累已久的房地产泡沫,造成房价的下跌。2007 年开始,美国房价从高位一路走低,至 2008 年末,全国 OFHEO 房价指数下跌 8.5%,而衡量 20 个大中城市的标准普尔/CS 房价指数则下跌了 24.5%。

资料来源:

梁中华:《美国地产泡沫回忆录:房地产回落如何影响经济?》,2021 年 10 月 22 日,https://cj.sina.com.cn/articles/view/7426890874/1baad5c7a00100zzgj,访问日期:2024 年 12 月 1 日。

(四)房地产市场低税费政策助长了投机炒作

房地产低税费政策极大地降低了房地产投机交易的成本,推动了房地产投机需求的形成和放大,促进了房地产价格的加速泡沫化。仅以日本为例,低税费政策对日本房地产泡沫的形成起到了重要的推动作用(参考专栏 6-2)。

专栏 6-2　宽松的财税政策与日本的房地产泡沫

20 世纪 80 年代,日本实施低流转税、低保有税的不动产税制,再加上差别化的遗产继承税使得不动产成为"减税优惠工具",这些税制设计极大地刺激了房地产市场投机。

从不动产税制来看,20 世纪 80 年代日本具有低流转税、低保有税的特点。流转税方面,1981 年的税制改革,提高了土地交易的免征额并降低了税率;"置换更新特别优惠措施"的存在使得居民在置换 10 年以上的长居住宅时,可以享有一定税收优惠。在保有税方面,20 世纪 80 年代尚未开征地价税,主要的不动产保有税是固定资产税。固定资产税的标准税率虽然为 1.4%,但计税价格严重低于市场价格,导致实际税率偏低。东京都的固定资产税实效税率包括城市规划税在内也才只有 0.06% 左右[1],远低于法定税率,也低于其他国家水平。

---

[1]　野口悠纪雄:《泡沫经济学》,曾寅初译,生活・读书・新知三联书店,2005 年,第 127 页。

面向不动产征收遗产税时,计税价格只相当于市场价格的 50% 左右;而其他资产,如存款、证券等金融资产则按市价计税。因此,居民有足够动力将资产以土地的方式保有,不动产成为事实上的"遗产税减税优惠工具",刺激了不动产交易。

不仅如此,20 世纪 80 年代日本的"财政重建"计划,客观上将金融机构的资金从国债领域"驱赶"到不动产领域。"财政重建"计划下,政府追求平衡预算,大幅减少了国债发行。20 世纪 70 年代日本经济增长开始放缓,加上社会福利支出的增加,使得财政赤字不断扩大。到 1979 年,在第二次石油危机的冲击之下,政府再次采取扩张性的财政政策,赤字进一步增长,当年国债发行额已经相当于 GDP 的 60.8%。进入 20 世纪 80 年代之后,削减赤字才成为可能,1983 年开始提出"重建财政",通过减支增收的方式逐步缩小赤字,减少国债发行。1991 年,特别赤字融资国债终于降至 0,即使加上用于基建投资的建设国债,整体国债发行占 GDP 的比例也已经从 20 世纪 70 年代末的 60.8% 降到了 14.3%。

国债减少后,可投资资产的减少使得金融机构将更多资金转投不动产领域,导致房地产泡沫积累。"财政重建"使得金融机构减少了国债这一投资对象,从而必须改变资产配置组合,增加贷款比重。而前文已经提及,制造业增加了资本市场直接融资,减少了贷款需求,因此国债减少后,金融机构增加的贷款大多流向不动产领域。假如 1986 年以后国债占 GDP 的比重保持不变,则 20 世纪 90 年代末的国债余额应该比实际多出 20 万亿日元左右[1]。这正好与 20 世纪 80 年代后期对不动产业的现实贷款增加额规模相当。这说明如果不进行国债发行的削减,很有可能就不会产生对不动产业贷款的异常增加。

资料来源:

芦哲:《以日本为鉴:从住房短缺到房地产泡沫》,2023 年 7 月 30 日,https://www.sohu.com/a/707088916_352307,访问日期:2025 年 5 月 23 日。

第 4 节 房地产泡沫的危害和治理

一、房地产泡沫的危害

关于房地产泡沫的危害,可以从不同角度进行分析。例如,可以从房地产泡

---

[1] 野口悠纪雄:《泡沫经济学》,曾寅初译,生活·读书·新知三联书店,2005 年,第 104 页。

沫涉及的经济主体角度(即微观层次)来分析,它对家庭、企业(包括房地产企业、金融企业和其他企业特别是制造业企业)和政府等主体均造成严重的不良影响。从产业和国民经济角度来分析,房地产泡沫直接破坏的是房地产业、金融业,严重影响制造业等实体经济的健康发展,进而破坏了整体经济的健康运行。综合来看,房地产泡沫对社会经济的危害主要表现在以下几个方面。

第一,房地产泡沫经济直接破坏了房地产业的健康、可持续发展。房地产泡沫化过程中,大量资源(尤其资金)投入到房地产领域,引起房地产经济的虚假繁荣;房地产泡沫的破灭,大量资源撤出或沉淀到房地产领域,直接摧毁了房地产市场的正常运行,破坏了房地产业持续发展的能力。因此,房地产泡沫经济首先伤害的是房地产业本身。

第二,房地产泡沫直接导致金融机构破产,破坏了金融业的健康运行。房地产泡沫破裂会导致房价下跌,需求急剧下降,形成恶性循环。购房者多数高价按揭,房子变成负资产,很多人会抛售房产,银行接收的是贬值的房产,这会冲击整个金融体系,可能导致银行坏账增加,甚至引发金融危机。且看日本20世纪90年代日本房地产泡沫破灭对其金融业的破坏性影响(见表6-1)。

表 6-1　日本泡沫经济破灭期间金融机构破产或国有化事件

时间	事件
1995-08-30	日本冰库银行破产
1997-11-04	三洋证券因负债 3,736 亿日元,宣布破产倒闭
1997-11-24	日本四大证券公司之一的山一证券破产倒闭
1997-11-26	德阳都市银行发生经营危机
1998-10-23	日本大藏省宣布将日本长期信用银行国有化
1998-11-13	北海道拓殖银行正式宣布破产倒闭
1998-12-12	日本债券信用银行国有化
1999-04-11	国民银行纳入政府管理
1999-05-22	幸福银行纳入政府管理
1999-06-12	东京相和银行委托政府管理

数据来源:(1)蒋道鼎:《日本长期信用银行缘何破产》,《光明日报》1998 年 10 月 29 日;(2)野口悠纪雄:《失去的三十年:平成日本经济史》,机械工业出版社,2022 年,第 64-67 页;(3)野口悠纪雄:《战后日本经济史》,民主与建设出版社,2018 年,第 222-229 页;(4)钟正生等:《日本房地产泡沫如何走向破裂(金融篇)》(研究报告,2022 年 9 月 27 日)。

第三,对宏观经济整体健康运行的影响。房地产泡沫化及泡沫的破灭,不仅直接损害了房地产业和金融业,也导致关联行业如建筑业、建材、设计、装修和运输等行业大幅亏损,大量商家面临倒闭危机。创业型公司也会因为信贷紧缩、贷款利率上升而遭遇融资困境,寻求投资者遇到巨大难题,进一步影响整体经济的健康、持续发展。日本 20 世纪 90 年代的房地产泡沫破灭导致日本经济长期低迷，美国 2008 年的"次贷危机"导致美国宏观经济全面的急速衰退，均验证了房地产泡沫对宏观经济的破坏性影响。

第四，房地产泡沫对社会的不良影响。房地产泡沫化过程中，市场繁荣的假象吸引大量家庭和企业参与房地产市场投机，企业偏离主业，家庭和个人产生不劳而获、梦想一夜暴富的群体性投机心理。一旦房地产泡沫破裂，会导致房地产销售不畅，中介公司及关联企业倒闭，带来大面积失业问题；房地产投机者因资产缩水而陷入财务危机，社会不稳定性风险急剧增加。

二、房地产泡沫的防范与治理

基于房地产泡沫形成的主要原因，结合日本、美国等国家或地区应对房地产泡沫的经验，我们认为，防范和治理房地产泡沫的措施主要有以下几个方面。

(一)针对房地产市场必须进行严格的金融管制

严格金融管制：一是严格执行金融监管机构房地产抵押信贷门槛条件，以避免像美国次贷危机爆发前"零首付""负首付"那样极端放任的抵押贷款条件。二是加强房地产信贷总量控制，以避免大量资金流入房地产市场，参与房地产投机，催生房地产泡沫的可能。三是利率控制。几乎所有的房地产泡沫的形成都是在持续降低利率的货币政策环境下发生的，而房地产泡沫的破灭则是持续提高利率导致的。这警示我们，防范和治理房地产泡沫一定要注意房地产信贷利率的控制。

(二)建立打击房地产投机交易的房地产税制

打击房地产市场投机可以采取征收高额的房地产交易所得税或土地增值税、印花税等办法。新加坡政府实施差异化累进制税率，对本国公民、首套住房均实施减免优惠，鼓励居民购房自住，打击投机需求。以印花税为例，新加坡印花税抑制投机的作用，主要表现在以下三个方面：一是累进税率：买方印花税依据买卖合同价高低累进，买房印花税以持有年限长短累进，额外印花税依据房屋套数累进，总体呈现"房价越低、持有越久、拥屋越少，税率越低"的特点。二是歧视性税率设计：额外印花税对本国公民、永久居民、外国人、法人实体、房企实施阶梯式税率，本国公民享受低税率优惠。三是税率调整以稳房价为目标：印花税率的历次调整均与房价相关。从国际比较来看，新加坡印花税最高税率均显著高于美国、德国及中国等，通过交易环节征高税抑制投机。[1] 德国政府对于住宅的功能有着清楚

---

① 夏磊等：《新加坡是如何实现"居者有其屋"的？》，2018 年 9 月 21 日，http://www.sohu.com/a/255127127_467568，访问日期：2025 年 4 月 23 日。

而准确的定位:住宅功能在于居住而非投资。因此,德国房地产从流转到保有环节实行一系列税收政策,抑制房地产投机。在交易环节,德国法律对房屋出售牟利进行严厉防控。主要措施是,在德国买房的购房环节会征收公证费、房产购置税、中介费和登记费等一系列税费。其中,公证费一般占到总房价的 1.5% 左右,因德国各地政策不尽相同,房产购置税各地税率在 3.5%～5%。在房价之外各种税费有时候能占房价 10% 甚至更高。

(三)直接的交易管制与道义劝告

直接的交易管制,比如,限制土地交易区、公告房地产价格和限制房价等均属管控房地产市场价格泡沫的行政性工具。仍以日本为例,1987 年开始,日本开始出台各项收紧措施以抑制房地产泡沫进一步膨胀,主要措施之一便是 1987 年出台的地价监视制度(即土地交易的直接控制),地方政府对管制区域内土地交易价格进行监视,如果超过"合理地价水平",就立即进行改正劝告。再以德国为例。德国政府对房地产投机和暴利行为的直接管制甚至上升到了法律层面。按照德国法律,如果房地产商制定的房价超过"合理房价"的 20%,即为"超高房价",就构成了违法行为。如果房地产商制定的房价超过"合理房价"50% 则为"房价暴利",触犯刑法,出售者最高将被判处 3 年徒刑。德国的严刑峻法、打击地产开发商在住房上攫取暴利的做法很值得中国借鉴。

专题分析 6-1　住宅价格长期稳定上涨的理论界限[①]

在"住宅零空关"假设下,住宅的理论租金和理论价格均由宏观经济发展水平和住宅存量共同决定。合理的住宅租金上涨率等于国民收入增长率减住宅存量增长率。住宅价格的合理增长率则等于市场贴现率减去该时点住宅理论租金与住宅理论价格之比率,超过这个界限的住宅价格上涨均被看作含有泡沫成分。

(一)研究背景

20 世纪 90 年代末以来,随着住房制度改革的逐步完成,在区域实体经济持续繁荣的背景下,我国局部地区房地产业开始进入了新一轮高速增长状态,主要表现为房地产投资的持续高增长和房价的持续快速上涨,以长江三角洲地区的中心城市如上海、杭州、宁波、南京等地最为典型。房价的持续高速增长现象一度引起了各级政府的高度关注,也再次引发学术界关于房地产泡沫经济的大讨论。但令人遗憾的是,理论界至今仍然没有找到一个比较权威的甄别房地产泡沫的理论标

---

① 本专题内容来源于:陈多长,毛栋梁:《住宅价格长期稳定上涨的理论界限》,《财贸研究》2005 年第 3 期。

准。基于这种实践与理论背景,本专题把研究的主题定为:如何确定住宅租金和住宅价格上涨的合理界限,即旨在寻找一个关于租金和房价上涨的理论标准。如果找到这些标准,便可以利用实证数据来检验某地区是否存在住宅市场泡沫。整个研究基于以下假设。

假设 1:住宅市场泡沫是一个价格高速增长现象,而价格上涨是否过快的标准参照系是地区宏观经济发展水平和替代性资产投资收益率(用贴现率表示)。于是,我们可以得到这样的判断:合理的住宅价格上涨一定是由宏观经济发展水平所支撑或与之相协调的上涨,并且这种上涨所产生的住宅资产收益率在长期内一定不会超过替代性投资的平均收益率。

假设 2:就住宅的经济功能而言,尽管它具有资产品和消费品双重功能,但对于一个健康发展的住宅市场而言,住宅的资产功能应当主要通过其提供住宅服务(租赁)的消费功能来实现。因此,判断住宅市场价格合理性有两个定性的理论标准:一是住宅的消费功能是否完全实现,它以存量住宅是否"零空关率"为标志。二是住宅价格和住宅租金是否完全由地区宏观经济发展水平和住宅存量所决定。于是,定义"零空关率"假设下的住宅租金为住宅理论租金,由住宅理论租金所决定的住宅价格为住宅理论价格。

假设 3:住宅价格上涨与住宅市场泡沫的形成在我国更为常见的是一种地区性现象。根据国际经验,幅员辽阔、经济发展水平地区差异巨大的经济体系中,通常不会形成全局性房地产泡沫。因此,如果要进行经验实证研究,应选择一个地区或一个城市的房地产市场作为检验对象,而不适宜于选择全国性数据。

本专题的主要工作是探讨长期均衡状态下,住宅租金和住宅价格上涨的理论标准,属于理论实证研究的范畴。

(二)地区宏观经济发展水平决定住宅理论租金

从住宅业或房地产业应当与地区宏观经济协调发展的视角出发,我们认为,地区宏观经济发展状况决定了该地区住宅价格的合理水平。这种逻辑关系可以表示为:地区宏观经济发展水平(用 GDP 度量,以字母 Y 表示)→居民可支配收入(用 Y_d 表示)→住宅租赁消费(用 C_R 表示,决定于可支配收入和住宅租赁的边际消费倾向 $MPC_R = \dfrac{dC_R}{dY_d}$)→租赁市场上以货币数量表示的住宅租赁需求(用 M_R 表示)与租赁市场上以面积单位表示的住宅租赁供给(用 Q_R 表示)共同决定租赁价格(即 $R = \dfrac{M_R}{Q_R}$,这是一个不考虑外来住房租赁需求的城市住宅平均租金)。

这就是地区宏观经济(或实体经济)发展作用于住宅租赁市场的传导过程①。通常情况下,居民可通过抵押贷款实现住宅购买,因而住宅销售市场的发展完全可能在一定时期内、一定程度上脱离实体经济的发展而出现"超前繁荣"(其实质是透支未来经济发展所支撑的消费潜力)。但在住宅租赁市场上,利用借贷实现住宅租赁消费是不正常的。换言之,一个城市住宅租赁市场上租赁需求与收入水平、进而与地区实体经济发展水平的关联程度要高于住宅销售市场。这就为我们以住宅租赁价格的正常变动为标准判断住宅销售价格是否有泡沫提供了理论可能。

基于以上分析,我们可以给出如下定义:一个城市合理的住宅租赁价格就是与该城市宏观经济发展水平、居民可支配收入水平相适应的价格,也就是我们前文定义的住宅理论租金。

此外,本专题的研究中还有以下几个重要的理论假设:一是假设不在该城市工作但却在该城市租住的外地人口数量为零或比例很小。如果该比例很大,则地方住宅租赁需求(用货币表示的真实需求)与该地方居民的可支配收入乃至宏观经济的关联度将降低。二是假设在一个城市工作或有持续收入(如退休以后领取退休金)的人口满足其居住需求的方式都是租赁,居住自己购买住房的人口被看作租赁自己的房屋。三是城市空关房数量为零。这就排除了以空关形式持有住宅而企图获取投机收益的行为存在的可能性。毫无疑问,这也是判断一个城市住宅市场是否健康的一个重要标准。

在住宅租赁价格公式 $R = \dfrac{M_R}{Q_R}$ 中,我们加入时间因子并进行恒等变形得到:

$$M_R(t) = R(t)Q_R(t) \tag{6-9}$$

定义住宅租赁边际消费倾向为居民居住支出占个人可支配收入的比例,用 $b(t)$ 表示;同时定义国民收入的边际税率为国民收入中未被纳入个人可支配收入部分占全部国民收入的比重,用 θ 表示。

如果假设国民收入为 $Y(t)$,则可支配收入可表示为 $Y_d(t) = (1-\theta)Y(t)$。

于是有:

$$M_R(t) = b(t)(1-\theta)Y(t) \tag{6-10}$$

① 作为地区国民经济的重要组成部分,住宅产业乃至整个房地产业与地区整体经济发展之间存在着一种密切的互动关系。这种关系可以利用时间序列数据通过计量分析得到验证。从本专题研究的目的出发,首先认可这种密切互动关系,然后基于此互动关系重点考察与宏观经济发展水平相适应的住宅价格和租金的决定。

根据式 6-9 和式 6-10,住宅租赁市场与宏观经济的内在联系可以描述为式 6-11:

$$R(t)Q_R(t) = b(t)(1-\theta)Y(t) \tag{6-11}$$

城市住宅的合理租金水平就可表示为:

$$R(t) = \frac{b(t)(1-\theta)Y(t)}{Q_R(t)} \tag{6-12}$$

式 6-12 表明,如果其他因素保持不变,则一个城市的住宅租金价格与国民收入和住宅租赁边际消费倾向正相关,与住宅租赁供给和边际税率反相关。

那么,合理的住宅租金上涨率如何确定呢?我们可以先对式 6-12 两边取自然对数,然后求取各个变量对时间的导数,可以得到:

$$\frac{dR(t)/dt}{R(t)} = \frac{dY(t)/dt}{Y(t)} + \frac{db(t)/dt}{b(t)} - \frac{d\theta(t)/dt}{(1-\theta(t))} - \frac{dQ_R(t)/dt}{Q_R(t)} \tag{6-13}$$

显然,住宅租金变化率决定于国民收入增长率、住宅租赁边际消费倾向的变化率、边际税率变化率和住宅存量的变化率。如果假设国民收入的边际税率和居民住宅租赁的边际消费倾向均保持不变,则式 6-13 就变为:

$$\frac{dR(t)/dt}{R(t)} = \frac{dY(t)/dt}{Y(t)} - \frac{dQ_R(t)/dt}{Q_R(t)} \tag{6-14}$$

式 6-14 表明,合理的住宅租金变化率等于国民收入变化率减去住宅存量变化率。长期内国民收入和住宅存量均会保持增长态势,因此,该结论可重新表述为:住宅租金的增长率等于地区国民收入增长率减去住宅存量的增长率。这就是合理的住宅租金上涨率的理论标准。

现以浙江某市历史数据(1998—2003 年)为例,估算由地区宏观经济发展水平与住房存量所共同决定的住房租金理论增长率。其中,宏观经济增长率用 GDP 的年增长率代表,住房存量则用对应年度该市存量住房总量指标(根据人均住房拥有面积与年末市区总人口两个数据推算得到)。如果假设边际税率不变、居民住房消费边际消费倾向不变,并且新增住房存量全部用于出租或自住(即没有空置房和空关房),则由 GDP 和住房存量共同决定的城市住宅租金的合理增长率如表 6-1 所示。

表 6-1　浙江某市住房理论租金与实际租金的年增长率

单位:%

指标	1996 年	1997 年	1998 年	1999 年	2000 年	2001 年	2002 年	2003 年	平均
A	26.80	14.74	8.56	6.36	12.05	12.73	11.95	15.00	13.40
B	21.45	5.27	4.83	7.28	7.29	9.31	15.80	5.88	9.50

续表

指标	1996 年	1997 年	1998 年	1999 年	2000 年	2001 年	2002 年	2003 年	平均
C	5.35	9.47	3.73	−0.92	4.76	3.42	−3.85	9.12	3.90
D	—	—	—	−1.10	18.8	8.68	−2.74	−1.05	4.20

注:(1)A 表示该市地区生产总值年增长率,根据浙江工业大学房地产研究所的调查数据换算。

(2)B 住房存量年增长率,根据浙江工业大学房地产研究所的调查数据推算。

(3)C 表示住宅理论租金年增长率,根据下面的式 6-15 计算。

(4)D 表示对应年份该市实际租金增长率,根据《杭州市统计年鉴 1998−2003》有关数据推算。

从 1999 年到 2003 年的 5 年间,除 2003 年理论租金增长率远高于实际租金的年增长率以外,其他年份两者的变化趋势基本一致,但在数量上二者存在明显差异。我们认为,造成数量差异的主要原因有两个:一是前者考虑的是一个封闭性住宅租赁市场,后者则是一个包含流动人口租赁需求的开放性市场;二是 2000 年以后,该市住宅价格持续快速上涨助长了投机行为,许多住宅以空关形式持有(根据我们的调查,2004 年浙江某市空关住宅约 4 万套,按照每套 100 平方米计算,空关面积约 400 万平方米,大致等于该市一年的住宅开发量),直接导致住宅租赁市场的实际供给远低于理论住宅供给,推动住宅租金非正常上涨。因此,理论租金与实际租金的差异可以判断区域住宅市场是否存在泡沫。

(三)合理的住宅租金收益决定合理的住宅价格

在土地经济学中,人们通常把土地利用收益决定的地价称为理论地价。类似地,我们可以把住宅利用收益(指租赁收益)所决定的住宅收益价格称为理论住宅价格。于是,我们可以认为,合理的住宅价格就是由合理的住宅租金收益所决定的住宅理论价格。

仍然假设住宅租金为 $R(t)$,计算收益房价(即理论住宅价格)的贴现率为 $i(t)$,同时假设理论住宅价格为 $P_H(t)$。于是,在无限期界的情况下,可以得到住宅理论价格为:

$$P_H(t) = \int_t^\infty R(\tau)\mathrm{e}^{-i(\tau-t)}\mathrm{d}\tau \tag{6-15}$$

我国住宅所有权的期限结构为有限期限,即一般不超过 70 年,这是对某一具体的住宅而言的。但是,当我们以某地住宅市场总体作为考察对象时,住宅所有权的期限结构可以看作是无限期的。于是,住宅的长期均衡租金(平均意义上的住宅理论租金)及由此决定的住宅理论价格的期限结构可以用无限期界的情形来表示。[①]

---

① 事实上,我们如果给决定住宅理论价格的积分函数设定一个确定性的上限,可以得到与无限期界情形下完全一致的结论。

根据式 6-12,可以把式 6-15 改写为:

$$P_H(t) = \int_t^{\infty} \frac{b(\tau)\big[1-\theta(\tau)\big]Y(\tau)}{Q(\tau)} e^{-i(\tau-t)} d\tau \tag{6-16}$$

式 6-16 表明,理论房价由国民收入、住宅存量、住宅期限结构、贴现率、边际税率和住宅租赁的边际消费倾向等六个因素共同决定。其中,住宅理论价格与国民收入、住宅期限结构、住宅租赁边际消费倾向等三个因素呈正相关,与住宅存量、贴现率和边际税率反相关。

为了揭示住宅理论价格与住宅租金变动率之间的关系,我们对式 6-15 求关于时间因子 t 的一阶导数。

$$\frac{P_H(t)}{dt} = \int_t^{\infty} iR(\tau)e^{-i(\tau-t)}d\tau - R(t) \tag{6-17}$$

如果贴现率 i 为外生变量,把方程(9)两边同除以 $P_H(t)$ 则有:

$$\frac{dP_H(t)/dt}{P_H(t)} = i - \frac{R(t)}{P_H(t)} = i - \frac{R(t)}{\int_t^{\infty} R(\tau)e^{-i(\tau-t)}d\tau} \tag{6-18}$$

式 6-18 表示合理的住宅变化率。其含义是:从理论上看,房屋价格的瞬时变化率等于贴现率扣除该时点住宅理论租金与房屋理论价格之比(相当于理论上的房产出租所获得的瞬时收益率)。

对式 6-18 进行恒等变形,得到式 6-19:

$$\frac{dP_H(t)/dt}{P_H(t)} + \frac{R(t)}{\int_t^{\infty} R(\tau)e^{-i(\tau-t)}d\tau} = i \tag{6-19}$$

式 6-19 的经济含义是,在长期内,住宅价格增长率和某时点住宅理论租金收益率之和等于贴现率(即替代性资产投资收益率),即持有住宅并出租经营所获得的住宅投资收益率与其他替代性投资方式无差异。

根据租金收益决定方程(6-12),方程(6-19)还可以写作:

$$\frac{dP_H(t)/dt}{P_H(t)} = i - \frac{b(t)(1-\theta)Y(t)}{Q_R(t)P_H(t)} \tag{6-20}$$

式 6-20 的含义是:长期内,合理的住宅价格上涨率应等于贴现率减去居民可支配收入中用于住宅消费的支出与存量住房理论值之比。这个方程描述了这样一种理论条件:在一个"零空关率"的住宅经济里,不同资产之间不存在套利空间的均衡状态下,完全由宏观经济发展水平所支撑的住宅价格上涨率不会超过替代资产投资收益率所决定的增长速度。

我们可以用一个简单的数字例子来说明式 6-20 的含义。假设由替代性资产的平均收益率所决定的贴现率为 5%。2002 年浙江某市人均住房消费支出约为

808元,可以粗略地认为这就是该市宏观经济发展水平所决定的居民住房消费(租赁消费)支出水平。该市市区人均住房面积为12.5平方米,如果2002年住房理论价格估计为6000元/平方米,则人均住宅存量价值为75000元/人。由此可以推算出2002年居民住房消费支出与存量住房理论价值之比大约为1%,则2002年该市市区合理的房价上涨率大约为4%。若实际的住宅市场价格上涨率超过4%,则表明其中已经含有泡沫成分。事实上,根据我们的调查,该市2002年住宅价格上涨率超过了15%。这种价格增长包含一定的泡沫化成分,不可能得到宏观经济发展水平的长期支撑。

(四)研究结论

基于住宅"零空关率"和封闭性住宅市场假设,本专题探讨了住宅理论租金增长率与住宅理论价格增长率的决定机制,得到了以下几点相互关联的结论。

(1)一个城市的住宅理论租金主要决定于国民收入、住宅租赁边际消费倾向、住宅租赁供给和边际税率等四个因素。其中,住宅理论租金与国民收入、住宅边际消费倾向呈正相关,与住宅存量和边际税率呈反相关。

(2)住宅理论租金的增长率主要决定于地区国民收入增长率和住宅存量的增长率。如果假设边际税率和居民住宅边际消费倾向不变,则住宅租金上涨率的合理标准应等于国民收入增长率扣除住宅存量增长率。

(3)住宅理论价格决定于住宅理论租金。住宅理论租金由宏观经济发展水平所决定,住宅理论价格也间接地由宏观经济发展水平所决定。

(4)某个时点上住宅理论价格的增长率等于市场贴现率减去该时点住宅理论租金与住宅理论价格之比(即理论上的房产出租瞬时收益率,或者居民可支配收入中用于住宅消费的支出与存量住房理论价值之比)。这是与地区宏观经济发展水平完全适应的住宅价格增长率的理论标准。如果某地的住宅价格上涨长期持续地超过了这个理论标准,就意味着其价格已经脱离实体经济发展水平的支撑而进入泡沫化区间。

> **案例分析6 泰国的房地产泡沫**
> 讨论的问题:
> 1. 泰国房地产泡沫和金融危机是如何形成的?
> 2. 泰国的房地产泡沫危机给中国提供了哪些重要的经验启示?

习　题

1. 归纳房地产泡沫化的主要原因。

2. 分析改革开放以来我国典型房地产泡沫案例。

3. 讨论防治房地产泡沫经济的对策。

4. 计算你家乡城市房价收入比和租售比,为什么这两个指标可作为判断房地产泡沫的参考指标?

5. 中国目前是否会发生日本 20 世纪 90 年代的房地产泡沫危机? 为什么?

6. 查询文献,比较爱尔兰房地产泡沫危机(2008 年)和泰国房地产泡沫危机(1997 年)的异同。

第7讲　房地产税收理论

第1节　房地产税收的概念和分类

一、房地产税收概念

房地产税收是指公共主体对非公共主体所拥有的房地产产权或者凭借房地产产权从事经营活动而得到的财富所进行的无偿性、强制性的征收活动。

房地产税收的课税客体既包括独立存在的土地，也包括独立计税的房屋等土地改良物，还包括房屋与土地的共生体，通常被称为房地产；课税环节包括房地产的持有、房地产产权交易和取得（出售、出租、抵押、继承和赠与等）。[①] 基于房地产的分类，房地产税收总概念又包括以下几个子概念。

（1）土地税：是指针对土地实体本身或土地提供的服务所课征的赋税，如地价税、地租税和田赋等。

（2）房产税：指单纯以房屋及其产权交易为课税对象的房地产税。

（3）狭义房地产税：以房产与地产的共生体为课税物所征收的赋税。比如，在中国大陆地区，如果把房屋与土地作为一个统一体开征财产税，则该税种被称为房地产税（或物业税）。此概念并不包括单独对土地的课税，因而是一个狭义的房地产税收概念。

（4）广义土地税：不仅包括对土地本身及其提供的服务的课税，也包括对土地之上的建筑物、构筑物等土地改良物所课征的赋税（如房屋税、土地改良物税），对土地或土地改良物交易行为的课税（如契税、印花税等）以及对土地的不当利用行为课征的赋税（如"空地税"和"荒地税"等）。可见，广义的土地税与本书定义的房地产税收是同一概念。

---

① 陈多长:《房地产税收论》,中国市场出版社,2005年,第1-2页。

二、房地产税收的分类[①]

(一)按照课税物的性质划分

房地产税可以区分为狭义土地税和土地改良物税。其中,狭义土地税是指对土地所有权、土地使用权及其派生权利的课税,如地租税、地价税、荒地税、空地税、土地增值税和田赋等。狭义土地税收,还可以根据土地用途进一步划分为农地税和市地税。土地改良物税是指对土地之上、人为建造的各种建筑物或构筑物的课税。例如,房屋价值税和房租税等。

(二)按照三大税类归属划分

西方国家一般按照课税对象的性质不同,将税收区分为三大类:所得税类,以所得为对象的税收,所得包括工资收入、利息收入、租金收入和利润收入等;商品税类,以商品或劳务为对象的税收;财产税类,以财产为对象的税收。

基于三大税类分类法,房地产税收也可划分为以下三类:所得性质的房地产税、财产性质的房地产税和商品税类的房地产税。其中,所得税类的房地产税是指把土地或土地改良物作为一种生产要素,对其获得的收入进行课税,如地租税、房租税、土地增值税等。关于财产性质的房地产税,是把土地或房屋等土地改良物作为财产看待,以其市场价值或评估值为计税依据进行的课税。如房产税和地价税等。对房地产经营行为,如房地产的转让、房地产的出租行为所获得的营业额所征收的税(在我国为营业税),本书将其归属为商品税类的房地产税。

(三)按照税负是否可以转嫁划分

按照税负是否可以转嫁,可将房地产税分为直接税类房地产税和间接税类房地产税。前者指税负无法转嫁的房地产税种;后者指税负可以转嫁的房地产税种。按照古典房地产税收转嫁与归宿理论,针对土地价格或土地服务价格(地租)的课税,如地价税和地租税等无法转嫁,因而是直接税最为典型的代表税种;而对土地改良物价值或其服务价格(租金)的课税,如房屋税或房租税却可以实现转嫁,因而是间接税最为典型的代表税种。

第 2 节　房地产税收的理论依据

所谓房地产税收的理论依据,是回答政府为什么征收房地产税的问题。从公共经济学/财政学角度看,关于房地产税的理论依据主要有以下几个观点:一是财

[①]　陈多长:《房地产税收论》,中国市场出版社,2005 年,第 38-44 页。

政收入说,二是利益支付说,三是税负归宿论,四是负税能力说,五是社会政治功能说。[①] 随着人类社会由农业文明步入工业文明时代,房地产税收作为国家财政收入主要手段的地位日渐削弱,所得税逐渐成为政府财政收入的主要来源。因此,房地产经济学研究者认为,课征房地产税已经不是或主要不是出于财政收入方面的考虑,而开始更多地关注房地产税收的经济效应与经济政策功能。从房地产经济学的角度来看,关于房地产税收的理论依据主要有三种观点:外部效应论、税收中性论和税收非中性论。[②]

一、房地产外部效应论

房地产经济领域存在着广泛的外部效应现象。由于房地产外部经济与公共房地产有着天然的联系,而房地产外部不经济则多与私人房地产共生。[③] 具有外部经济效应的房地产如果由私人提供则会出现供给不足问题。外部经济性房地产本身具有较强的垄断性,即使政府采取财政补贴的激励措施也只能实现房地产商的个人最优而非社会最优。有鉴于此,再加上这类房地产存在的定价与收费困难,经济学家多主张应当由政府部门提供这类垄断性、公益性房地产,同时对因此而受益的主体课税。

房地产外部性及其治理理论被房地产经济学者用于阐释为什么要对土地及其改良物课税,这种阐释形成了投资外部经济效应论。[④] 投资外部经济效应论认为,地价升值的主要原因是政府部门对一定区位上的土地进行了公共投资,这种公共投资对相关区位的土地产生了正向外部效应。由于这种正向外部效应可以给这些土地的所有者、占有者或使用者带来了土地投资利用上的节约,或产生超额的利用收益,这种超额利用收益的贴现值就是某个时点上土地价值增加的那一部分。[⑤] 由于政府公共投资的真实资金来源主要是城市全体纳税人缴纳的税金,为保证城市基础设施资金的良性循环、保证公益性房地产有充足的供应,同时也为了体现社会公平原则,因公共投资外部经济效应而获得的私人土地增值收益应当有一部分为公共主体所吸收,吸收的形式一般采用房地产税收手段,如土地增值税和物业税等。有土地经济学家认为,投资外部效应论很早就有,并且也比较

---

① 陈多长:《房地产税收论》,中国市场出版社,2005 年,第 47-50 页。
② 陈多长:《房地产税收论》,中国市场出版社,2005 年,第 51-55 页。
③ 陈多长:《房地产外部性及其治理问题的理论探讨》,《不动产纵横》2000 年第 3 期。
④ 陈多长:《土地税收理论初探》,《中国房地产研究》2000 年第 2 期。
⑤ 此处地价正常增加部分是指排除土地资产交易场合下因公众投机心理预期等因素所推动的地价非正常上涨部分之后的土地溢价。

容易为公众所接受①,由于此类观点一定程度上体现了税收的利益与义务对等原则。

二、房地产税收中性论

所谓税收中性,是指国家征税使整个社会所付出的代价应以征税数额为限,不要干扰市场经济的有效运行。具体来说,税收中性包含两层含义:一是国家征税使社会所付出的代价以税款为限,尽可能不给纳税人或社会带来其他的额外损失或负担;二是国家征税应避免对市场经济的正常运行进行干扰,特别是不能使税收超越市场机制而成为资源配置的决定因素。

参照上述税收中性原则,房地产税收中性也有两层含义:一是课征房地产税收使得纳税义务人或者社会付出的代价仅以税额为限,即它不会引起超额税收负担;二是开征房地产税收不会改变资源配置的原有机制(如价格机制)进而不至于改变房地产经济主体行为和资源配置效率。第二层含义是现代经济学研究中最常提到的判断税收是否中性的标准。本书所讨论的房地产税收中性论,主要是针对土地课税而言的。因此,房地产税收中性论其实就是指土地税收中性论。持此观点的学者认为,从公平与效率两个方面考虑,土地最适宜于作为独立的课税对象。其中,对土地租金的课税被视作对零弹性供给的生产要素——土地服务所获得的经济租金的课税,这不会引起超额税负,也不会影响经济主体的经济行为,因而对于资源配置效率来讲,它是一种中性的税收。不仅如此,土地税收还可以为政府提供财政收入,并通过政府公共支出政策而有助于政府实现缩小贫富差距的社会目标。因而,土地税收不仅合理而且值得大力提倡。

税收中性论只关注税收对资源配置效率产生的干扰,并不考虑税负分担的公平性。一般地,中性的税收未必公平,公平的税收也未必中性。比如,在一个经济体系中课征一次总付税(又称作人头税),课税结果并不改变拉姆齐模型(Ramsey model)中资源配置的最优条件,因而被认为是中性税。但它一般不会被认为是公平性税收,因为这种课税方式下纳税人的负税能力没有得到关注,因而有悖于税收的垂直公平原则。相反,对收入课征的累进所得税虽然可以起到调整收入分配、缩小贫富差距的作用,但它却可能改变了社会资源配置的条件,影响家庭的劳动供给、储蓄与消费决策以及改变企业在不同经济行为之间的选择,因而是非中性的。

根据经济学常识,任何一种税收要想达到完全中性是不可能的,因而税收中性只有相对意义,完全的税收中性只是一种理论上的存在(参见专栏 7-1)。

---

① 野口悠纪雄:《土地经济学》,汪斌,译,商务印书馆,1997 年,第 66 页。

专栏 7-1　税收中性的理论与现实

关于税收中性思想，最早可追溯到 18 世纪英国古典经济学派的杰出代表亚当·斯密关于国家不干预经济、让"看不见的手"发挥作用的观点。但是，税收中性作为一种立税原则的提出，则与现代税收效率原则密不可分。

近代西方税收理论认为，税收的经济效率，是从税收与客观经济的关系出发，要求税收对市场机制的运行，恪守中性，勿使纳税人因征税被迫改变其经济选择，以致带来经济效率的损失。从这个意义上讲，税收中性原则即是税收的经济效率原则。公共经济学把开征以后对经济活动并不产生直接影响的税收称为中性税。在经济学教科书中，中性税的一个典型例子是一次总付税（one-time lump sum tax）。

一次总付税又被称为总额税（lump sum tax），是根据税收理论中"绝对公平"原则设想的一种税。它只产生收入效应而不会带来替代效应。此税面向个人或企业征收，不论其所得和财富数量多少，不论其经济行为如何，按照企业或个人的类型分成若干等级，规定每一类型的企业或个人缴纳固定的税款。其特点是不与课税对象的数量挂钩，如对某类个人每月征收固定数额的总额税而不考虑其收入多少；又如对某类企业课征一笔税款而与该企业的产品产量无关。这种税收力求对人们的生产和消费决策影响最小，对资源的合理使用的干扰最小，力求中性，同时也使人们不能用调整行为的办法来逃避税收。人头税（poll tax 或 head tax），即按人口数量一次性征收的税款。由于这种税种的征收费用不随经济活动的增减而变动，因此它被认为对经济活动保持了中性。

一次总付税是中性税收的观点，是在一个拉姆齐模型（Ramsey model）中，证明李嘉图等价定理（Ricardian equivalence theorem）时得出的一个重要推论。它是建立在非常严格的理论假设之下的，这些条件包括，家庭的寿命无限长且无新家庭加入；政府和人民面临着几乎一样的借贷市场；政府支出非生产性（即不出现在生产函数中）、非效用性（即不出现在家庭的效用函数中）等。这些条件中的任意一个不满足，李嘉图等价定理与一次总付税中性的结论均不会成立。在现实经济中，政府与人民所面临的借贷市场是不同的：前者的利率一般会低于后者。如果二者不一致，推导经济最优条件的拉姆齐方程中的利率项就无法消除，经济增长最优条件就会改变，以上结论将不再成立。① 正

① David Romer. Advanced Macroeconomics ，McGraw-Hill，1996：66-67.

是因为这个原因,我们说,即使是最接近于中性税的一次总付税也只是一种理论上的中性税。以人头税为例,尽管人头税在理论上具有中性特征,但在实际操作中并非完全如此。由于它是对所有人征收,家庭可能会根据税负考虑生育决策,这在一定程度上影响了人口结构。因此,即使是最接近中性的税,如人头税,在现代社会中也无法做到完全中性。实际中,我们很难找到绝对意义上的中性税。任何税收政策都会在无意或有意中对经济产生影响,比如通过改变消费者的消费行为或企业的生产决策。在设计税收制度时,政策制定者必须权衡各种因素,以尽量减小税收对经济的干扰,但这通常只能接近中性,而不可能完全实现。

总的来说,税收中性效应只是一个理想化的或理论上的概念,它反映了税收设计者追求的理想目标,但在实际操作中,很难实现完全的中性,因为税收不可避免地会对经济活动产生直接或间接的影响。同样地,完全意义的中性房地产税收也是不存在的。

资料来源:

David Romer. : Advanced Macroeconomics , McGraw-Hill, 1996;陈多长:《房地产税收论》,中国市场出版社,2005 年,第 54 页;潘明星:《税收中性与税收调控》,《税务研究》1996 年第 8 期。

房地产税收中的一些次要的税种,比如契税,由于产生的替代效应很小,因而可认为是一种中性的房地产税;而地价税、房屋税等均会产生替代效应,因而是非中性的。相对来讲,房地产税收非中性却具有绝对意义。在实践中,一些土地税种在经济政策效果方面确实是有效的,特别是在发展中国家里,适宜的土地税制可以用于促使土地资源被更有效利用[①],这种观点实际是在否定土地税收中性论而承认了土地税收非中性论。

三、房地产税收非中性论

房地产税收非中性论又称作房地产税收经济政策论。其基本观点是,认为房地产税收可以改变经济主体的行为,影响资源配置效率,因而可以当作一种经济政策手段来使用。例如,灵活恰当地运用某些房地产税收政策,比如地价税或土地固定资产税、地租税和土地改良物租金税、荒地税和空地税等,可以改变土地产权人的行为,影响土地资源的利用效率,达到政府所期望的经济政策目标,包括促

---

① 理查·A. 穆斯格雷夫,皮吉·B. 穆斯格雷夫:《美国财政理论与实践》,邓子基,邓力平,编译,中国财政经济出版社,1987 年,第 341 页。

进农地有效利用和生态性利用、促进城市各产业对土地的集约利用、增加适用住宅的有效供给等。

因此,在政策实践中,通过适当的房地产税制设计可以提高土地资源、房产资源的利用效率。由于房地产税收依据的这种观点所基于的理论假设是"房地产税收是可以改变土地和资本的配置效率、影响经济主体的经济行为,即房地产税收是非中性税收",因此,我们可以把这种观点简称为房地产税收非中性论[①](参考专栏 7-2)。

 专栏 7-2　房地产税收非中性:日本的土地税制与经济泡沫

森信茂树认为,土地税制问题是导致日本经济泡沫形成的重要原因之一。就土地而言,通常在取得、保有和买卖等三个阶段课税。根据日本现行税制,在"取得阶段"有遗产继承税(国税)、登记许可税(国税)和不动产取得税(省级地方税)等三种税赋。在"保有阶段"有固定资产税(市级地方税)、城市规划税(市级地方税)和特别土地保有税(市级地方税,1993 年废止)等三种。在"买卖阶段",针对转让所得进行征税,包括法人税、所得税(转移国税)和住民税(地方税)等三种。

森信茂树指出,日本土地税制促进其经济泡沫的理由如下:第一,保有者的税收负担过低。保有者所负担税收的代表是固定资产税,是按照地方居民所利用的公共设施和享受的公共服务为基础来折算税金的,这种根据受益决定税收的计算方法,使保有者的纳税负担持续处于低水平。尤其是农地(农田),虽然处于城市的近郊,但是由于农业具有特殊性而使其保有税负非常低。这种低保有费用阻碍了土地的有效利用、容易造成土地未利用或者几乎未利用就被闲置。此外,和其他资产相比,土地更容易成为投机买卖的温床。这种情况,在日本导致了耕地的价格比建有建筑物的土地拥有更高价格的现象,也出现了与土地的使用价值相比,土地的资产价值更加重要的现象。结果,使用价值和资产价值偏离幅度加大,并成为社会问题。因此,制定提高保有费用、抑制投机行为、促进土地利用的土地税收制度就必不可少。第二,关于土地买卖收益的课税状况。在经济泡沫出现之前,对个人而言,4000 万日元的(土地)转让收益需要缴纳 20％的收入税,对于超过 4000 万日元的部分,实行50％的综合课税。对法人而言,除了通常的法人税率之外,保有期间在 10 年

---

① 野口悠纪雄认为,日本的土地固定资产税会扰乱土地资源的最佳配置,因而是非中性税(野口悠纪雄:《土地经济学》,商务印书馆,汪斌,译,1997 年,第 88-90 页)。

以下的,征收 20% 的追加课税。但是,这种转让收益课税对于抑制投机活动并不见得有效。为了抑制投机,从 1992 年开始实施针对泡沫经济的税制,对于保有期间 2 年以下的土地,在转让时另行加收 30% 的税。此外,利用贷款进行土地投资时,贷款利息从收益中扣除;建筑物则以每年折旧的形式计算到损失中。遗产继承的情况下,土地的评价比现金和股票更易偏向过低评价。因此,从减轻遗产继承税和收入税负担的角度,小户型(单房间)住宅的投资需求增加了(贷款利息部分和建筑物的折旧部分,可以和工资收入联结计算)。因此,土地税制在土地抵押贷款的过程中起了很大作用。

资料来源:

森信茂树:《日本土地神话的形成和破灭》,《新金融》2006 年第 6 期,第 8-11 页。

第 3 节　房地产税收的经济效应

一、基本范畴

所谓房地产税收的经济效应(简称税收效应),是指开征某个房地产税种对资源配置的影响如何? 具体来讲又分为两种情况:第一,对房地产交易的征税是否会引起房地产交易价格和交易量的变化? 其税负转嫁与归宿情况如何? 最终对资源配置效率的影响如何? 第二,对房地产持有征税,它是否会改变经济主体的行为以及是否会改变房地产(包括土地)资源的利用效率?

二、房地产税收的经济效应

税收效应的经济学分析方法主要有以下四种:静态(或比较静态)局部均衡分析、动态局部均衡分析、静态一般均衡分析和动态一般均衡分析。在政策实践中,我们也可以通过征税前后的市场跟踪调查,利用统计数据和案例材料进行检验某一个房地产税种开征后的市场影响。本书主要采用静态局部均衡分析方法来讨论房地产税收的经济效应。

(一)土地税的经济效应[①]

1. 土地(或土地服务)供给零弹性:古典假设

在土地供给零弹性的古典假设下,从量土地税不改变含税价格和土地成交量,全部税负均由土地的卖方负担(见图 7-1)。由此可以证明,土地交易税的实质

[①] 陈多长:《房地产税收论》,中国市场出版社,2005 年,第 61-65 页。

是土地财产权利由原土地所有者部分地向公共主体的转移。在这场合,土地税没有产生无谓损失,也不干扰资源配置。

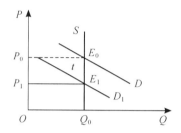

图 7-1　从量地价税的效应:土地供给零弹性

2. 土地(或土地服务)供给有弹性:现代假设

在土地供给有一定弹性的假设下,从量土地税提高了土地成交价格、减少了土地成交量,产生了无谓损失;税负由土地交易双方共同负担(见图 7-2)。由此可以证明,在土地供给有弹性的场合,土地税会干扰资源配置,是一种非中性税。

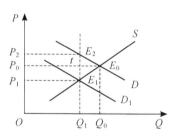

图 7-2　从量土地税的效应:土地供给有弹性

(二)土地改良物税的经济效应[①]

与土地税收效应分析类似,土地改良物(如房屋等建筑物)税(为简化,不妨假设为从量税)的经济效应决定于其供给弹性的假设。此处以建筑物租赁市场为例,分析不同弹性假设下的征收土地改良物税的经济效应。

1. 建筑物服务供给零弹性:短期假设

开征建筑物税前后建筑物服务的需求曲线并不会改变。由于供给者无法调整供给量,能调整的只是得到的净租赁价格,因此,税负全部归属于建筑物所有者(见图 7-3)。

---

① 陈多长:《房地产税收论》,中国市场出版社,2005 年,第 121-123 页。

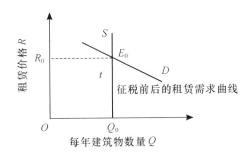

图 7-3　租赁市场建筑物税的效应：供给零弹性

2. 建筑物服务供给完全弹性：古典假设

在古典完全弹性假设下，建筑物税的经济效应如下：第一，课税导致均衡的建筑物服务供给量减少。第二，消费者支付的建筑物租赁价格上升。第三，建筑物所有者得到的租赁价格征税前后没有变化。第四，税负全部前转给租户来承担，负税额的大小与其消费的建筑服务金额以及税率成比例。第五，征税会导致超额税负的产生：政府税收收入的增加不足以弥补消费者的福利损失。图 7-4 中由课税所造成的福利净损失等于 $\Delta E_1 E_0 A$ 的面积所代表的数量。

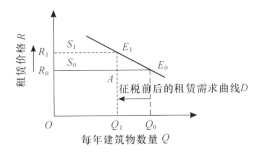

图 7-4　租赁市场建筑物税的效应：供给无限弹性

3. 建筑物服务供给富有弹性：供给弹性大于需求弹性

如果建筑物供给富有价格弹性且供给价格弹性大于建筑物需求弹性，建筑物税可以通过租赁市场发生转嫁，并且税负大多数由建筑物租赁需求者承担（见图 7-5）。

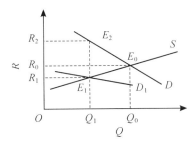

图 7-5　租赁市场上的建筑物税效应：供给富有弹性

第4节 房地产税制比较

一、美国的房地产税制

美国是一个以所得税为主体税源的分税制国家。从税权分布看,美国实行联邦、州和地方三级政府各有侧重税种、税权彼此独立的课税制度。其中,联邦政府以所得课税为主;州和地方政府以销售税和财产税为主。房地产税收在美国的税收体系,特别是联邦政府税收体系中并不占主导地位,主要是地方税收。主要的房地产税种有以下三类。[①]

(一)所得税性质的房地产税:地租税和土地改良物租金税

这类房地产税并非美国的独立房地产税种,而是所得税的计税基础中的一个组成部分。因而,将这类房地产税归属于所得税类不仅与理论分析中的假设一致,也符合美国税收实践的惯例。由于美国三级政府均课征所得税,所以,所得税性质的房地产税不仅构成了美国的国税收入,也是州和地方税收的组成部分。

(二)财产税性质的房地产税:房地产价值税

财产税是美国州及州以下地方政府的主要财政收入来源。从历史上来看,早期美国的财产税主要以土地和牲畜为课税对象;到 19 世纪曾试行对财产总额课征单一比例税,其中包含对土地、房屋等不动产的课税;20 世纪以后美国财产税则逐渐过渡为以房地产为主要课税对象。1986 年地方评估的应税不动产占全部评估财产总量的 84.7%。[②] 目前,财产税仍是美国地方政府税的主导性税源。据统计,2022 年,包括房地产税在内的财产税收入占地方税收收入的比重高达 69.0%,无疑是地方政府的税收支柱。[③]

可见,美国的财产税实际上主要是房地产价值税。美国房地产价值税的税率和课税办法由各地方政府自行决定,课税收入也全部归属相应的地方政府支配。关于美国的财产税/物业税的税制设计参见专栏 7-3。

---

① 陈多长:《房地产税收论》,中国市场出版社,2005 年,第 273-274 页。
② 费雪:《州和地方财政学(第二版)》,中国人民大学出版社,吴俊培译,2000 年,第 295 页。
③ U. S. Census Bureau: Tax Foundation Calculation,2022.

专栏 7-3　美国的物业税/财产税

美国财产税多数情况下仅适用于住宅物业,但也有一些司法管辖区对商业财产征税,另有一些州允许地方政府对个人财产,包括船只、汽车、飞机、珠宝、工具和家具等"可移动"财产征税。财产税是美国州政府和地方政府对在美境内拥有的不动产或动产(主要是房地产)等财产的自然人和法人所征收的一种地方税。从税权分配来看,美国的财产税主要由其地方政府来征收,联邦政府不征收财产税,各州政府只征少量或不征收财产税(见表 7-1)。

表 7-1　按地区划分美国财产税占州和地方政府税收的百分比(2020 财年)

单位:%

地区	州政府	地方政府	州、地方政府
新英格兰	2.5	97.1	40.2
中东部	0.5	65.2	32.8
大湖地区	1.7	78.7	32.7
平原地区	3.0	83.9	31.0
东南地区	1.4	68.4	29.4
西南地区	1.2	78.0	40.3
落基山脉	1.0	67.8	32.1
远西部	3.1	68.6	28.1

数据来源:美国人口普查局;税基计算(2020)。

(1)课税对象。19 世纪末,美国一般财产税被只对不动产和工商业动产等征收的选择性财产税(物业税)所代替。财产税纳税人是在美境内拥有不动产和动产的自然人和法人;课税对象是动产和不动产,但以不动产为主。不动产包括农场、住宅用地、商业用地、森林、农庄、住房、企业及人行道等。动产主要包括设备、家具、车辆、商品等有形财产,以及股票、公债、抵押契据、存款等无形财产。美国现代地方财产税中,最重要的课税对象是非农业地区的居民住宅和非农业的工商业财产。不过,总体来看,美国现行的财产税主要课税对象是不动产/房(地)产(real estate tax)。因此,不少中文文献把美国财产税(property tax)翻译为"物业税"或"房产税"。准确地讲,美国财产税中针对不动产/房地产的课税才是真正的物业税/房产税。此处重点介绍这个意义上的美国物业税。

（2）美国物业税/财产税的税率设计。美国的物业税是由税率与物业的估值相乘得到的。美国税收部门确定物业税率的方法是，先确定本地区不动产的总估价，再用年度需要不动产来融资的总收入除以总估值，即得当年的物业税率[1]。可见，美国物业税本质上不过是一种平衡地方政府年度财政收支预算的工具。2019年美国的物业税率在0.58%～2.13%。

（3）美国物业税/财产税的征税主体。根据美国法律，州和地方政府都有权征收物业税，但以地方政府为主。州级政府主要对跨州、跨县的不动产征收物业税。在各地方辖区内的物业税一般由市、县、镇政府和学区、特区等机构负责征收。这些地方机构共同分享物业税收入，直接用于提供地方公共设施和公共服务。

（4）美国物业税/财产税免税范围。在美国，一般情况下对政府公共部门、非营利组织、教育组织和宗教团体所有或占有的物业免征物业税。关于自用住宅的免税额，美国各州的规定不尽相同。加州对物业课税价值给予一个固定金额的免税额，有的州则是按照物业课税价值给予一定比例的免税额，如麻省给予20%、印第安纳州则给予4%的免税额度等。

（5）美国物业税/财产税支出范围。美国的物业税收收入主要用于地方学区、环境卫生、图书馆和警察等地方公共服务的支出，具有显著的"受益税"的性质[2]。财产税是美国教育体系的基石，它在美国独立学区（不属于市、县政府管辖）的税收收入中占96%以上。[3]

3. 财产税性质的房地产税：遗产税和赠与税

美国税制中，遗产税和赠与税是与财产税并列的税种。其实，这两个税种完全可以并入财产税系列。联邦政府和州政府均开征遗产税和赠与税。在遗产税和赠与税中，土地、房屋类的不动产是其中的一项重要的课税客体。因此，遗产税和赠与税中针对不动产的课税自然也属于房地产税类。

二、德国的房地产税制

房地产税是德国州和地方政府（市、镇）征管的地方税种，也是一类稳定的地方公共产品的重要资金来源。但总体来看，德国房地产税制设计的基本特点是

---

[1] 查尔斯·H. 温茨巴奇：《现代不动产》，任淮秀等译，中国人民大学出版社，2001年，第389页。

[2] 美国物业税高的地区，学区质量也好、基础设施和公共服务质量也高，不动产增值率也高。

[3] 奥茨：《财产税与地方政府财政》，丁成日译，中国税务出版社，2005年，第185页。

"重交易、轻保有",鼓励居民长期持有或出租不动产,旨在打击不动产投机交易,降低不动产空置率或闲置率,促进不动产的合理流动与有效利用。德国房地产税制体系主要由土地税、租金收入所得税、房产税、差价盈利所得税、不动产交易税和遗产税及赠与税等 6 个税种构成如表 7-2 所示。

表 7-2　德国房地产税收体系

税种	征收环节	税收归属	税收特征	法律依据
土地税	持有	市镇政府	税负轻(税率 0.26%～0.6%)	《土地税法》
租金收入所得税	使用	联邦、州、市镇	纳入个人所得综合计征	《所得税法》(EStG)
房产税	使用	市镇	税率(5%～20%),对租金计征	《房产税法》
差价盈利所得税	交易	联邦、州、市镇	长期自用与出租免征	《所得税法》(EStG)
不动产交易税	交易	州政府	税率各州自定,3.5%～6.5%	《不动产交易税法》
遗产税与赠与税	交易	州政府	适度免征	《遗产税和赠与税法》

数据来源:夏磊:《全面解码德国房价长期稳定之谜:德国住房制度启示录》,2018 年 8 月 20 日,http://www.sohu.com/a/248960932_467568,访问日期:2025 年 4 月 24 日。

　　由表 7-2 可见,属于德国地方政府(市镇)专享的房地产税种主要有土地税和房产税两个税种(这两个税种的税制设计要点可以参考专栏 7-4)。

 专栏 7-4　德国的土地税和房产税的税制设计要点

　　(1)土地税。德国土地税开征的法律依据是《土地税法》。此法规定,土地税针对土地所有者进行征税,税率较低、税负较轻(土地税率参见表 7-3)。纳税时间可选择一季一缴,也可申请半年一缴或一年一缴。税收征管由州政府和地方政府共同承担,但课征的土地税收入全归地方政府(市镇)所有,属于市镇专享税。

表 7-3　德国土地税的税率设置

用地类型	基准税率
农业用地和林地	0.6%
独栋住宅(3.83 万欧元以下部分)建设用地	0.26%
独栋住宅(3.83 万欧元以上部分)建设用地	0.35%
两户联排建设用地	0.31%

续表

用地类型	基准税率
其他土地	0.35％

资料来源:中国财经报:《市政府专享:德国土地税收入占比偏低》,2016 年 10 月 27 日,http://finance.sina.com.cn/roll/2016-10-27/doc-ifxxfysn7872224.shtml,访问日期:2025 年 4 月 24 日。

（2）房产税。德国房产税是地方政府对居民登记使用的第二套及以上住房（无论是自有还是租住）进行征税,属于使用环节的房地产税收,为市镇税。换言之,无论居民是否拥有所占用的第二套房屋的产权,均应纳税。房产税是否征收取决于房屋使用目的和使用者的收入情况。一般而言,居民由于工作调动等原因而必须使用第二套住房,或是二套住房使用者无收入,可免税。德国越来越多的城镇开始设立二套房产税,税基一般为房屋所在区域的平均租金,税率由当地政府依据本地消费标准制定,多数城镇税率在5％～20％。二套房产税的税负较轻,征收总量不大。2013 年德国房产税的税收收入仅 1.37 亿欧元,占当年各级政府财政收入的比重仅为 0.01％。2020 年,德国房产税占其财政总收入的比例进一步下降到 0.008％的低水平,占地方财政收入的比例也不超过 3％[1]。但此税有助于提高住房的流动性,降低空置率。可见,德国房产税不是以财政收入为目的,而是以房地产市场调控为目的。

资料来源:

萍聚德国:《德国房地产税开始改革,业主今年要提供首批信息》,2022 年 1 月 18 日,https://www.163.com/dy/article/GU0A333M0514B8ME.html,访问日期:2025 年 1 月 24 日。中国商务部:《德国税制知多少》,2020 年 7 月 10 日,http://www.mofcom.gov.cn/article/zwjg/zwdy/zwdyoz/202009/20200902999011.shtml,访问日期:2025 年 1 月 24 日。

不动产租金收入所得税和不动产交易的差价盈利所得税是德国地方政府与联邦、州政府共同分享的房地产税种。据统计,2016 年,德国土地税收入达到 136 亿欧元,约占地方政府税收总收入的 15％。[2] 2020 年,属于德国城市税的土地税（除农业用地和林地）共 142.7 亿欧元,属于州政府的不动产交易税共计 160.6 亿

[1] 李超:《德国房产税意在财政创收而非地产调控》,《浙商证券研究报告》,2021 年 10 月 27 日。
[2] 清研智库:《轻持有,重交易的德国房产税》,2020 年 5 月 21 日,https://www.sohu.com/a/396658581_661114,访问日期:2025 年 1 月 24 日。

欧元,分别占市、州两级税收收入的 23.3％ 和 57.8％[1]。

综上可见,德国地方政府(市镇政府)除了与联邦政府、州政府共享的税种,还有自己的专享税种,特别是土地税和房产税等房地产税收。

三、巴西的房地产税制

巴西是个发展中国家,其房地产税收的实践经验对于同属发展中国家的中国会有更直接的借鉴意义。巴西的税制是直接税与间接税相结合、以间接税为主体。其主要房地产税种如下[2]。

(一)所得税性质的房地产税

这类税是对房地产租金收入作为所得的一部分课征所得税,属于非独立房地产税种。

(二)财产税性质的房地产税

1. 农村土地税(ITR)

农村土地税(ITR)是由巴西联邦政府征收而与农地所在的地方政府共享(五五分成)的土地税。农村土地税以土地面积作为计税依据,以农地所有者和使用者为纳税义务人,实行累进税率。课征农村土地税的主要目的在于促进农地资源的合理、有效利用。

巴西农村土地税按照联邦宪法第六章第 153 条之规定,目前按 9 · 393/1996 号法律管理执行,每年对占用市区以外的农村土地征收农村土地税。ITR 是由巴西税务机关评估的一种联邦税。根据联邦宪法第 153 条第 4 款之规定,ITR 采用累进税率,旨在促进更合理集约地使用农村土地。在巴西,以下几类土地可以享受 ITR 免税。[3]

(1)由土地所有者及亲属在他人可能的帮助下开发,其面积总和不超过规定上限(根据不同地点分别为 30 公顷、50 公顷或 100 公顷),而且其土地所有者或持有者没有城市物业资产。

(2)由生产联合社或合作社在一定条件下共同开发,其面积总和不超过规定上限(根据不同地点分别为 30 公顷、50 公顷或 100 公顷),而且其土地持有者及亲属没有其他物业资产。

(3)在某些特定区域内(如东西部亚马逊、马托格罗索州潘塔纳尔和波利戈诺

---

① 牛三元:《德国房地产业发展模式的启示》,《上海房地》2023 年第 10 期,第 52 页。

② 陈多长:《房地产税收论》,中国市场出版社,2005 年,第 279-280 页。

③ 国家税务总局国际税务司国别(地区)投资税收指南课题组:《中国居民赴巴西投资税收指南》,2023 年,第 77 页。

河)且面积总和不超过规定上限。ITR 按照前一年末 12 月 31 日的"裸地应税价值"计算。裸地应税价值按法律规定方法计算,并考虑裸地价值(土地所有者根据市场标准申报享受特定扣除后的资产价值)与应税面积(扣除后总面积价值)占总面积比例的乘积。如果税务机关对土地所有者申报的裸地价值有异议,可以根据同一地区其他土地的价格和 RFB 电子系统中的其他信息核定计税基数并征收 ITR。9.393/1996 号法律附件中规定了 ITR 税率,因土地面积和使用程度而异,税率在 0.03%~20%。

2. 城市不动产税[①]

巴西的城市不动产税,葡萄牙语为 Impostos sobre a Propriedade Predial e Territorial Urbana,简称 IPTU。征收对象为城市范围的不动产,此税的征收根据联邦宪法设立,每年统计,征收的权力归于各城市。与市政服务税一样,为巴西各城市税收的主要来源之一。城市土地和建筑需缴纳城市房地产税。包括非农业用地和非娱乐设施用地的全部城市土地。纳税人为房地产所有人。对城市房地产征税不仅是为了提高税收收入,也是间接实施诸如建设、住房和环境美化等城市政策的一种方式。IPTU 中所指的城市或乡镇的城区区域需要达到至少两项法律规定的标准,如该房地产 1.61 公里内的人行道、给水管道、排水系统、路灯和公立学校等设施标准。IPTU 每年根据市政税务机关披露的资产市场价值进行核定。估价程序按照法律执行,但不同市政府对于该估价程序的要求不同。税率由各市政府自行规定,差异较大,从 0.5%、1%、2% 到 3.5% 不等,而且还可能根据资产的价值和所在地累进提高。[②]

巴西城市不动产税属于市镇级的地方土地税,是对城市土地、或建筑物课征的价值税,具体分为城市土地税和房地产税两种。[③] ①土地税是对城市无建筑土地的所有者课征的地价税,以投资购买的地价为计税依据,税率大多在 2%~3.5%。②房地产税是对城市房地产所有者课征的土地税,计税依据为房地产评估值,税率为比例税率且各州不同,多在 11% 左右。课征城市不动产税的主要目的:一是增加地方政府财政收入;二是加强对城市建筑、土地规划利用的综合管理。

(三)流转税性质的房地产税:不动产转让税

任何纳税人生前发生的不动产转让以及不动产物权(如抵押权等担保权

① 国家税务总局国际税务司国别(地区)投资税收指南课题组:《中国居民赴巴西投资税收指南》,2023 年,第 77-78 页。
② 国家税务总局国际税务司国别(地区)投资税收指南课题组:《中国居民赴巴西投资税收指南》,2023 年,第 78 页。
③ 邹正方:《世界各国税收制度》,中国大百科全书出版社,1995 年,第 150 页。

除外)和此类不动产购买权的转让都会被征收不动产转让税。以下情况不征收不动产转让税:①以财产或权益对公司出资;②因合并、分立、清算等而产生的不动产或产权转让。但是,如公司取得不动产主要是用于不动产买卖和租赁,则不适用以上优惠。不动产转让税税率是由市政府的相关法规决定的(许多城市采用 2% 的税率),而且宪法未规定上限。税基为市政府规定的价值,以市场价值和交易价值二者较高一方为准。根据当地市政府法律,买方或卖方有纳税义务。①

巴西房地产税制具有以下特点:①房地产税制比较简单,税收目的十分明确。②对城市房地产和农村房地产实行分类课税,充分考虑农地利用与市地利用的不同特点。③巴西政府十分注重通过农地课税制度来强化对农地合理利用的调控,这体现了发展中国家政府对农业的高度关注。以上几点均值得中国房地产税制改革参考和借鉴。

案例分析 7　上海和重庆的房产税试点改革

讨论的问题:

1. 基于物业税实践的国际经验,上海和重庆试点的房产税是否为规范的物业税?

2. 理论上,上海和重庆试点的房产税对商品房价的影响如何?为什么实际上的试点效果不如预期?

3. 我国开征规范的房产税的时机应当如何选择?

习　题

1. 比较分析上海的物业税和重庆的物业税之异同。

2. 物业税是否可以起到抑制房地产价格快速上涨的效果?为什么?

3. 提高房地产交易契税和印花税税率对房地产市场影响如何?

4. 请比较对一套住房征收财产税和征收房地产转让所得税有什么区别?

5. 假定从获取土地开始,政府每年基于土地价值对房地产开发商征收土地价值税(不妨假设为比例税),这对房地产市场会有什么影响?

6. 查询文献和数据,回答:中国房地产税收体系中包括哪些税种?收入结构如何?

---

① 国家税务总局国际税务司国别(地区)投资税收指南课题组:《中国居民赴巴西投资税收指南》,2023 年,第 79 页。

模块二 房地产经济学分论

第8讲 土地产权理论

第1节 土地产权的基本范畴

一、土地产权与土地产权制度

（一）土地产权

土地产权是一个集合概念，它是有关土地财产的一切权利的总和，一般用"权利束"加以描述。土地产权包括一系列各具特色的权利，它们可以集中拥有，也可分散拥有。土地产权的权利束通常包括土地所有权及与其相联系的和相对独立的各种权利，如土地所有权、土地使用权、土地租赁权、土地抵押权、土地继承权和地役权等。这个定义是结合了产权的经济和法律两重涵义而给出的土地产权定义。[①]

本书侧重从产权的经济学含义来定义，把土地产权定义为"对土地财产或土地要素所拥有的所有权、使用权及其派生权利"。基于此定义，我们认为，土地产权具有下述几个突出特点。[②]

（1）土地产权具有典型的实物型财产权属性。这与对有价证券拥有的虚拟资产的产权属性有明显不同。

（2）土地产权之权能的可分离性。例如，土地所有权与土地使用权的分离；土地收益权在土地所有者和土地使用者之间的分割；土地处置权（比如抵押权）在所有者与使用者之间的分割等。土地产权权能的可分离、可分割性导致了土地产权

[①] 从法律角度看，土地产权属于不动产物权类，而不动产物权是物权法的立法重心。具体来看，土地物权主要包括土地所有权和土地使用权（属于用益物权），而后者又包括土地抵押权和地役权（easement）等。

[②] 曹振良等：《房地产经济学通论》，北京大学出版社，2003年，第89-92页。

主体的多元性,如土地所有权主体与土地使用权主体的非一致性和土地收益权主体的非单一性。

(3)土地产权权能结构的"多权主从性"。在土地产权的权能结构中,土地所有权和土地使用权是两个主要的、基本的权能,其他权能如土地占有权、土地收益权、土地处置权等均是土地所有权和土地使用权的派生权能,因而是从属权能。

(4)可交易的土地产权的二元性。土地产权交易的形式很多,但土地产权交易的内容主要有两类:一类是土地所有权的交易,即土地实体本身的交易;一类是土地使用权的交易,即土地服务的交易。

关于土地产权的权能,也有文献中提到了土地发展权(land development rights)概念。我们认为,此概念无非是土地所有权和土地使用权等基本土地权能的衍生性权利。关于土地发展权的起源及其含义,可参考专栏 8-1。

专栏 8-1　土地发展权的内涵演进

　　土地发展权概念是一个舶来品。20 世纪之前,土地的使用较为自由,外部性影响很少,在土地规划条例产生之前,土地发展权的概念并不存在。20 世纪之后,随着人口密度和高层建筑的增加,土地利用的外部性增加,出现了"B plan""区划"等规划条例,土地利用受到管控。1947 年,英国的《城乡规划法》首次提出"土地发展权"概念,将"私人土地开发权国有化",房地产交易几近停滞,不得不取消,之后又几经变化。近年来则通过规划许可与"规划得益"(planning gains)、"受益者付费"(betterment levy)、"损失通知"(blight notice)等对土地发展权益进行管理。进入 20 世纪 60 年代,美国逐步建立了土地发展权的概念,其内涵与权能构成不同于英国,是从土地所有权中分离出来的,权利仍归属土地所有者,并且美国通过创造性地设计区域内不同所有人之间移转发展权的方法,即可转让(移转)的发展权(transferable development rights,TDR)制度,使得土地发展权得以在市场上交易。TDR 在生态保护与历史文化保护方面得到了广泛应用,以使规划目标的实现不损害土地业主的利益。

　　与英美法系可以创设土地发展权的做法不同,在大陆法系的国家中,物权法律制度设计需遵循"一物一权"的排他性原则。英美法系更多关注对土地财产经济利益的保护,而"一物一权"原则如德国的土地物权等反映的则是大陆法系下的支配性权力,未创设法律意义上独立的土地发展权,而是以完整所有权为主导、通过 B-Plan,F-Plan 等规划与建筑管控体系进行土地权利的配置转移及利益分配。我国土地发展权的管理也是通过类似路径来实现的。

在中国语境下,目前文献中对土地发展权有两种译文:土地开发权、土地发展权。部分学者认为二者并无不同,如有学者认为,土地发展权是在土地上进行开发的权利,是基于土地利用社会性、广泛性而创设的一种与土地所有权具有相同效力和权能的物权。也有人认为,其以建设许可为基础,可拓展到用途许可权,强度提高权。也有学者认为两者有差异,开发权包含在发展权中。

在我国的法律制度中,土地开发权与土地规划权(planning rights)具有浓厚的国家公权力色彩。土地规划权源于警察权,是公权力主体出于公共利益的目的对土地开发利用行为进行的预先规制。土地产权的权利束中,土地发展权是由行使土地开发行为和由此带来的社会经济发展增值收益所构成的一项重要权利,而公法领域的土地规划权是对私法领域从土地开发权到土地产权的整个土地私权利体系进行影响和界定的一项公权力。土地发展权的实现必须受到规划公权力基于公共利益的干预和限制。

资料来源:

田莉,夏菁:《土地发展权与国土空间规划:治理逻辑、政策工具与实践应用》,《城市规划学刊》2021 年第 6 期。

(二)土地产权制度

所谓制度,是指为了实现特定目的而制定的一系列规则、规范和行为模式。制度可以是正式的,也可以是非正式的。正式制度通常由政府或其他权威机构制定,具有法律效力,例如宪法、法律和各种法规等。非正式制度则通常由社会群体或个人自发形成,不具有法律效力,例如习俗、道德和行为规范等。经济学上的制度主要是指正式制度。

基于土地产权的定义,我们可以进一步定义土地产权制度。所谓土地产权制度,是指一个国家或地区关于土地产权体系构成及其实施方式的制度规定,是土地财产制度的重要组成部分,是关于一切经济主体对土地的关系及由于经济主体对土地的关系而引起的不同经济主体之间的所有经济关系的总称。具体而言,土地产权制度是指因对土地的所有、使用、交易等所发生的各种经济行为所应遵循的社会、法律规范。土地产权制度是由社会强制力量和市场强制力量对土地产权及其交易的保护、约束和规范的结果。

土地产权制度是一个抽象的社会经济存在,是土地产权的规范和提升的结果;土地产权是一种现实的经济法律存在,是土地产权制度的具体表现形式和具体内容。因此,讨论土地产权制度必须从土地产权的性质、内容、权能结构以及产生和存在的原因等方面开始。虽然土地产权制度的内涵十分丰富,但其核心的内容却是土地所有权和土地使用权以及两种主要的产权权能之间的关系。讨论土地产权制度就应当抓住这两个主要的制度要素。

二、土地所有权与土地所有制

(一)土地所有权

一种流行的观点认为,土地所有权是指土地所有者在法律规定的范围内自由使用和处置其土地的权利。[①] 马克思认为,土地所有权具有两个必不可缺少的内容:一是土地所有者把土地当作自己的财产,对其土地实行垄断和自由支配;二是土地所有者凭借其对土地的垄断和自由支配而收取一定地租,使得地租成为土地所有权在经济上的实现形式。具备以上这两个方面,土地所有权才具有完整意义。

土地所有权首先是指法律对于一种财产或生产要素在归属上的一种强制性的规定,因而是一个法学范畴;其次,换个角度来考虑,是指土地的所有者对土地拥有的完全权利,包括占有、使用(自用或他人用)、收益、处置等诸项权利,其中最能体现所有者权利特征的是土地的收益权和土地处置权,因而它又是一个经济学范畴。简言之,狭义的土地所有权是指土地的法律归属;广义的土地所有权是指土地所有者拥有的关于土地的产权,它包括土地所有者为达到一定社会经济目的而分离、分割和回归上述诸项派生权能的权利。土地所有权具有以下几个典型特征。[②]

(1)土地所有权主体的确定性和单一性。土地的归属,必须具体、明确,且是单一的人格化代表,否则会引起法律上的混乱,不利于土地产权的析分和交易,进而不利于所有权在经济上的实现。

(2)土地所有者可分离、分割其归属权以外的土地产权。例如,土地所有者可以将土地占有权和使用权以契约方式分离出去,自己保留对土地的归属权、收益权以及监督土地使用和到期收回土地占有权(两者构成对土地的控制权)。此过程又是一个土地产权分割的过程,即土地收益权按契约规定在土地所有者和土地的使用者之间进行分割。因此,土地所有权也可定义为:土地所有者在拥有土地归属权的前提下,依法自由处置土地使用权和收益权的权利。

(3)基于马克思主义理论,完整的土地所有权要以地租形式在经济上得到体

---

①　董俊祥等:《土地管理的理论与实践》,中国经济出版社,1994 年。

②　曹振良等:《房地产经济学通论》,北京大学出版社,2003 年,第 190-191 页。

现,而一般意义上的土地所有权并不总是要求必须以地租形式在经济上体现。比如,在实行土地国有制的国家或地区,用作公益事业的土地使用者不必向土地所有者交纳地租,所有权并不因此而受到侵蚀。

(4)土地所有权的相对性。土地所有权的相对性是指土地所有权不是绝对的,而是受到一定限制和条件的约束。主要体现在以下四个方面:第一,法律限制。土地所有权的行使必须在法律规定的范围内进行,任何超出法律规定的权利行使都是无效的。第二,社会公共利益最高原则。土地所有权的行使不能损害社会公共利益。第三,主体可变更性。土地所有权的主体可以随权属变更而变为其他主体占有。第四,土地空间权的可变性。随着城市化和空间利用的需求增加,土地所有权逐渐演变为空间权,即土地的所有权不再局限于地面,而是扩展到地下和地上空间,这体现了土地所有权在空间利用上的相对性。

(5)土地所有权产生的社会经济原因是土地资源的有用性和稀缺性。有用性是所有权产生的必要但不充分条件,如空气有用但并不稀缺,因而不会产生所有权。土地资源具有多种社会经济用途,满足所有权产生的必要条件;土地资源无论是总体数量还是分类数量都是有限的,具有稀缺性,从而满足了所有权产生的充分条件。

(二)土地所有制

所谓土地所有制,是指一个国家或地区在一定的社会制度下占有和控制土地的形式。在不同的社会制度下,占主导地位的生产方式决定着该社会的土地所有制形式。迄今为止,伴随着生产方式的演进,人类社会共经历了原始土地公有制、奴隶主和封建主土地所有制、资本主义国家所有制与私人所有制、社会主义土地公有制等几种主要的土地所有制形式。

土地所有制是一种关于土地财产或生产要素的占有、使用及其相关的土地经济关系的经济制度;而所有权是在一定的土地所有制形式的基础上的具体的、可操作的产权形态,它既是一种经济范畴又是一种法律范畴。所有制是一种对土地所有权的抽象的存在,而所有权则是一种对所有制的具体化的存在。从社会历史的观点来看,土地所有制作为经济制度的一个元素,是在一定的社会制度条件下产生和发展起来的,而社会制度的产生往往是一定的政治集团的政治选择的结果。因此,一定的土地所有制是由政治力量在社会变迁过程中对社会制度选择的大背景下,对土地要素的占有形式之"亚选择";土地所有权则是这种"亚选择"在法律上的表现形式。

三、土地使用权与土地使用制

(一)定义

所谓土地使用权,是指经济主体依法对一定土地进行占有、使用、管理并取得经济的或非经济的利益的权利。所以,土地使用权的客体是土地使用权;土地使用权的主体既可以是土地所有者本身,也可以是土地所有者以外的另一方。土地使用权是土地使用制在法律和经济上的具体表现形式。

所谓土地使用制,是指在一定的土地所有制条件下,关于土地使用的程序、条件和形式等方面的社会规范的总称,是土地产权制度的另一个重要元素。

(二)土地使用权(制)与经济效率

土地使用权产生并与土地所有权分离的经济原因是土地资源的稀缺性和人类对土地服务需求的逐步扩大,后者更加剧了土地的稀缺性。如果土地资源数量上足够多,质量无差异,同时不考虑土地位置对资源配置效率的影响,则不仅土地所有权不会产生,土地使用权亦不会产生并从所有者权利中分离出来。正是因为土地数量的有限性、质量和位置等土地自然经济特征的非均质性才导致了土地所有权垄断的产生,而这又成为土地所有权产生、分离的直接的制度原因。在土地私有制下,排除了土地作为资产性投资品而必须作所有权交易的情况以后,土地作为生产要素必然通过土地市场,利用价格机制将土地服务配置于最有效的用途之上。在土地公有制下,土地的所有者与土地的利用者并不常常一致,而土地的公有制又为土地所有权的自由交易设置了不可逾越的制度障碍。在这种土地制度安排下,土地使用权的产生及其与土地所有权的分离又多了一个制度诱因。[①]

在土地所有权可以自由买卖的经济里,人们为了取得土地的使用权,虽然可以通过购买土地所有权的办法来实现,但是,土地所有权和使用权分离从而土地使用权作为独立的交易对象则是更为常见的制度安排。在土地"两权分离"的制度安排下,土地使用权或土地服务可以作为一种经济要素进入市场参与交易,在价格信号的指引下,流入出价最高的使用者手中。基于利益最大化原则,该使用者会尽力将其配置于最有利的用途上。

然而,在现实经济中,土地资源配置的有效性不仅受到土地市场自身特点的影响,而且还受到政府对土地使用权交易的管理方式、土地使用权法规、土地税收、土地利用规划和管制等制度因素的影响。只有政府关于土地使用权配置的一系列制度安排得当,则土地资源的配置才可能有效。那么,土地产权制度安排的

---

① 曹振良等:《房地产经济学通论》,北京大学出版社,2003 年,第 192 页。

合理标准有哪些呢? 本书认为, 至少以下几点需要考虑: ①科学界定、有力保护土地所有者和使用者的土地产权内容和产权边界, 以有效避免土地利用中的外部性对资源配置效率的干扰。②构建一套完善的土地交易市场和成熟且简明的规范市场交易行为的法规。③在土地所有者和使用者之间建立起一种有效的激励和约束机制。例如, 农地的产权安排中, 可以利用分成租佃制来达到农地有效利用的目的。再如, 土地所有者可以通过设定一些附加的开发条件, 引导用地者对土地进行高效开发和利用(参见专栏 8-2)。

专栏 8-2　青岛西海岸新区土地复合利用给全国"打样"

2024 年 7 月 30 日, 青岛市西海岸新区土地资源节约集约利用实践典型案例获自然资源部"节地中国"公众号向全国转发推广。

"节地中国"深度解读了新区创新"地下＋地面＋地上"立体式集约用地及落实"标准地"出让、"双合同"监管提升土地利用效率的土地复合利用新模式。文中提到, 西海岸新区全面贯彻落实自然资源节约集约利用部署要求, 就全面推进自然资源高水平保护、高效率利用, 先后印发了《青岛西海岸新区企业投资项目"标准地"工作实施方案》《青岛西海岸新区自然资源领域服务高质量发展十条措施》《青岛西海岸新区土地高效利用攻坚行动工作实施方案》《关于创建自然资源节约集约示范区的实施意见》等政策文件, 落实"标准地"出让、"双合同"监管, 探索土地复合利用新模式, 以空间综合利用激发内生驱动力, 实现土地高效利用。

通过优化土地利用布局, 新区探索"工业＋科研""工业＋商业"等土地用途混合利用新模式, 实施精准灵活的空间配置, 做到工业用地为"身", 其他产业用地为"翼", 以"身"带"翼"协同发展。新区首宗混合产业用地"工业＋科研"用地于 2022 年底完成拍卖成交, 为土地混合利用提供了有效借鉴。项目位于滨海大道北、海西路西, 在一宗地范围内实现生产、办公、研发各项功能集成, 避免产学分离, 有效提升土地利用效率, 实现效益最大化。

为提高项目落地效率, 保证土地节约集约利用, 避免出现"炒地""囤地"等现象, 新区将招商监管指标和标准地条件纳入协议。在签署土地出让合同前, 先行签订产业发展监管协议, 约定投资强度、税收贡献、开(竣)工时间等指标, 并约定相应的违约责任, 实现了土地出让合同和产业发展监管协议的"双合同"管理。而招商部门则按照"双合同"管理机制, 创新实施履约监管, 建立履约监管工作机制, 对涉及用地、用房及需区级扶持政策的项目进行备案和履约监管。每月调度产业发展监管协议履约情况,通报用地项目开工时间、履约情况,督促项目按期履约,尽早实现预期的经济社会效益。

"双合同"监管制度在土地利用方面发挥了重要作用。仅按出让合同监管并不能有效控制土地产出问题,而"双合同"监管可以减少新出让土地低效情况发生,对于后期土地供而未用、土地闲置也起到了很好的约束作用。下一步工作中,新区将进一步明晰产业发展监管协议的性质及其与土地出让合同签订的协同机制,共同助力土地资源高效利用。

资料来源:

青岛西海岸新区政务网:《新区土地复合利用给全国"打样"》,《青岛西海岸报》2024 年 8 月 5 日。

第 2 节　中国土地产权制度

一、中国土地产权制度的基本特征

中国目前的土地所有制为公有制下的"二元土地所有制结构",即土地国有制与土地集体所有制并存。在二元土地所有制下,我国城市国有土地实行有偿使用制度。新的《中华人民共和国土地管理法》与《中华人民共和国城市房地产管理法》对全国土地的所有权进行了明确的界定。

(一)土地所有制和使用制

关于土地所有制和使用制,《中华人民共和国土地管理法》第一章总则中规定如下:

第二条　中华人民共和国实行土地的社会主义公有制,即全民所有制和劳动群众集体所有制。全民所有,即国家所有土地的所有权由国务院代表国家行使。任何单位和个人不得侵占、买卖或者以其他形式非法转让土地。土地使用权可以依法转让。国家为了公共利益的需要,可以依法对土地实行征收或者征用并给予补偿。国家依法实行国有土地有偿使用制度。但是,国家在法律规定的范围内划拨国有土地使用权的除外。

(二)土地所有权和使用权

关于土地所有权和使用权,《中华人民共和国土地管理法》第二章土地的所有权和使用权中规定如下:

第九条 城市市区的土地属于国家所有。农村和城市郊区的土地,除由法律规定属于国家所有的以外,属于农民集体所有;宅基地和自留地、自留山,属于农民集体所有。

第十条 国有土地和农民集体所有的土地,可以依法确定给单位或者个人使用。使用土地的单位和个人,有保护、管理和合理利用土地的义务。

第十一条 农民集体所有的土地依法属于村农民集体所有的,由村集体经济组织或者村民委员会经营、管理;已经分别属于村内两个以上农村集体经济组织的农民集体所有的,由村内各该农村集体经济组织或者村民小组经营、管理;已经属于乡(镇)农民集体所有的,由乡(镇)农村集体经济组织经营、管理。

第十二条 土地的所有权和使用权的登记,依照有关不动产登记的法律、行政法规执行。依法登记的土地的所有权和使用权受法律保护,任何单位和个人不得侵犯。

第十三条 农民集体所有和国家所有依法由农民集体使用的耕地、林地、草地,以及其他依法用于农业的土地,采取农村集体经济组织内部的家庭承包方式承包,不宜采取家庭承包方式的荒山、荒沟、荒丘、荒滩等,可以采取招标、拍卖、公开协商等方式承包,从事种植业、林业、畜牧业、渔业生产。家庭承包的耕地的承包期为三十年,草地的承包期为三十年至五十年,林地的承包期为三十年至七十年;耕地承包期届满后再延长三十年,草地、林地承包期届满后依法相应延长。

(三)国有土地和集体土地的产权主体

我国关于土地所有权的界定大致是按照土地的地理分布和土地利用类型进行的。具体而言,根据前述法律,城市土地属国家所有;农村和城市郊区的土地,除由法律规定属于国家所有的以外,属于农民集体所有;宅基地和自留地、自留山,属于农民集体所有。国有土地主要分布在城市地区,我们称之为市地;集体所有制土地几乎全部分布于农村地区,利用类型多属农村产业类,因此,我们习惯于称之为集体农地。

市地的所有权主体为国家,政府代表国家行使所有者的各项权利;市地的所有权禁止任何形式的买卖。市地所有权的行使是通过中央政府委托各级地方政府来完成的。由于各级地方政府存在各自相对独立的地方利益取向,城市土地收益大部分由地方政府和土地使用者获得,中央政府获得的份额很少。因此,地方政府部门是实际的土地所有者。从土地使用制度来看,市地实行土地无偿划拨与有偿使用并存的"双轨制"。

集体农地的所有权主体为农民集体。但由于历史的原因,农民集体又有三种不同的具体表现形式。一是村农民集体所有;二是村内各集体经济组织的农民集体所有或行政村以内的其他形式的集体经济组织;三是乡(镇)农民集体所有。这三种农民集体所有形式只是集体经济组织的规模和农民集体的范围不同,但它们之间并没有实质性差别,都是农民集体所有制。

(四)土地产权交易

从土地所有权交易看,集体所有农地可以由国家依法征用为市地,即变为城市国有建设土地,但这种土地所有权交易的买方只能由国家垄断。国有土地不可转换为集体土地,即国有土地所有权是不可交易的。因此,集体土地所有权主体的地位相对于国有土地所有者的地位处于弱势,中国的集体土地所有权是一种不完备的所有权,或称作"有限土地所有权"。

从土地使用权交易看,农村集体土地实施"有期承包经营制",即集体经济组织成员可以根据契约规定承包经营其所在的集体经济组织所有的土地。农村建设用地可以在国家法律允许的范围内有偿使用,农村宅基地亦可在现行法律允许的范围内(一般是集体经济组织内成员之间)转让。城市国有土地主要实行有偿使用制度,具体包括国有土地使用权出让(协议出让和竞价出让制度)、国有土地使用权转让、出租和抵押等。

二、中国土地产权制度的改革

(一)中国土地产权制度的问题

尽管我国城市国有土地产权制度仍不尽完善,目前仍在持续改革、完善中,但相对而言,我国集体土地产权制度的问题更为突出,改革的紧迫性也更大。因此,本节重点关注我国集体土地产权问题。

我国目前土地市场存在的最为突出的问题是城乡土地市场的分割,而造成这个现状的重要制度原因之一便是我国现行的法律、法规的约束。在现行法律框架下,集体土地所有权相对于国有土地所有权来说,是一种弱势的土地所有权,其产权主体不清楚、权能残缺,使用和处置面临着诸多限制。

第一,集体土地只能单向流动从而变成国有土地,而国有土地不可以转换为集体土地。

第二,集体土地的使用目前仍有太多的限制。从经济学意义上讲,对集体土地使用权的限制等同于部分剥夺了集体土地所有者的收益权。我国目前很多地区都存在的"小产权房"问题,从现实中看是违背了现行法律和法规,从经济学意义上讲,其实是现行法律制度不完善导致集体土地所有权的弱势和产权价值的贬损。随着社会经济发展,为了促进城乡统一的土地市场的形成和良性发展,改革现行法律、法规,完善集体土地所有权的权能已经成为一种必然趋势。[1]

第三,集体土地产权的主体不清。从以上规定中可以发现,我国集体土地的所有权主体多样、界定复杂,主体不够清楚。产权主体不清,则产权的实施和保护就会存在现实困难。

第四,集体土地的产权稳定性不够。国家先后规定土地承包期的 5 年、15 年、30 年期限,但在实际中,政策的执行使农民对土地承包权缺乏安全感。[2]

第五,集体土地产权的权能残缺。集体土地所有权的权能残缺主要表现为:农民集体经济组织不能像国有土地所有者那样充分完整地行使土地的各项权能。由于将集体所有制看成是国家所有制(全民)的低级形式,在某些场合下,国家(其实是各级政府)代替集体成为实际的土地所有者)。集体土地使用权权能残缺的主要表现为,承包农户的土地产权权能不完备,特别是抵押权的缺失。土地产权的权能应包括占有权、使用权、收益权、部分处分权等。但农户缺乏抵押土地使用权以获得贷款的权利(参见专栏 8-3)。

专栏 8-3 农村土地承包权能否抵押?

根据《中华人民共和国农村土地承包法》农村土地承包经营权按照取得原因的不同分为两种:一是通过发包方和集体组织的成员订立土地承包经营合同,即通过村内家庭承包方式取得;二是其他方式,即"四荒"地的承包方式,为通过招标、拍卖、公开协商等方式设定的土地承包经营权。

《中华人民共和国农村土地承包法》第十条规定:"国家保护承包方依法、自愿、有偿地进行土地承包经营权流转。"第三十六条规定:"承包方可以自主决定依法采取出租(转包)、入股或者其他方式向他人流转土地经营权,并向发包方备案。"第五十三条规定:"通过招标、拍卖、公开协商等方式承包农村土地,经依法登记取得权属证书的,可以依法采取出租、入股、抵押或者其他方式流转土地经营权。"

---

① 陈多长等:《中国土地市场:发展历程与未来趋势》,广东经济出版社,2019 年,第 61 页。

② 2024 年 12 月 18 日,中央农村工作会议上强调,全面落实进一步深化农村改革任务,有序推进第二轮土地承包到期后再延长三十年试点,探索闲置农房通过出租、入股、合作等方式盘活利用的有效实现形式。

第五十一条："土地承包经营权通过招标、拍卖、公开协商等方式取得的，该承包人死亡，其应得的承包收益，依照继承法的规定继承；在承包期内，其继承人可以继续承包。"由于该条被规定在《中华人民共和国农村土地承包法》的第三章"其他方式的承包"中，因此不适用于家庭承包的情形。

综上可见，关于土地承包权可否抵押，依据《中华人民共和国农村土地承包法》，要看取得土地承包经营权的方式来定，通过家庭承包取得则不可以抵押；通过其他方式取得则可以抵押，经发包方同意，则可以抵押。

资料来源：

律图：《土地承包权能否抵押？相关规定有哪些》，2024 年 7 月 14 日，https://www.64365.com/zs/726592.aspx，访问日期：2025 年 1 月 24 日。

(二)中国土地产权制度改革

中国目前的土地所有制是土地国家所有和土地集体所有二元制。我国城市建设用地多为国有土地，农村土地多为集体土地(简称农地)。关于城市国有土地，目前学术界主要主张在使用权方面进行改革和创新。关于农村集体土地产权制度改革，目前有很多不同的观点，归纳起来主要有以下四种。[1]

(1)农地私有化。建议实行彻底的农地私有制，代表人物有杨小凯、陈志武和文贯中等。1998 年，澳大利亚华裔经济学家杨小凯在《经济学消息报》上撰文提出土地所有权私有化；陈志武则在 2005 年 10 月《财经》上发表《农村土地私有化的结果不会比现在更糟》，鼓吹土地私有化。[2]

(2)农地国有化。主张我国农村土地应当实行国家所有制。其主要理由如下：一是有利于统一规划、合理利用土地；二是我国农村土地集体所有制内在经济机制较弱，逐步发展到国家所有制对农民震动不太大；三是实现土地国有制后，对经营者几乎没有影响；四是现实中根据需要国家可以随时依法征用农村集体所有制土地，这实际是在集体所有制土地关系中已渗透了国家所有制因素。[3]

(3)农地"两田制"。建议把农地分作两类：一类是作为口粮田的私田；另一类是作为责任田的集体田，即公田。[4]

---

[1]　曹振良等：《房地产经济学通论》，北京大学出版社，2003 年，第 199 页。

[2]　孟勤国：《揭开中国土地私有化的面纱》，《北方法学》2010 年第 1 期。

[3]　曹振良：《改革和完善我国土地制度论纲》，《南开经济研究》1993 年第 5 期。

[4]　李庆曾：《谈我国农村土地所有制结构改革》，《农业经济问题》1986 年第 4 期。

（4）农地所有制的完善与使用制改革。主张进行土地所有制层次上的制度变革[1]，这种观点的核心是主张集体土地所有制的完善，着力改革现有的土地使用制度。具体的改革建议包括建立稳定而有保障的农村集体产权制度、明确集体土地的真正拥有者、明确土地所有者的权利和义务、完善农地转变为非农地制度和农民土地权利的界定（包括土地承包权的独立化和土地使用权的长期化、完整化等）；把农村宅基地的"用益物权"扩大到与一般的用益物权等同，即具有占有、使用和收益权；[2]实行"同地、同权"、鼓励集体建设用地上市交易和"土地涨价归公"等[3]。

本书认为，土地公有制是我国社会主义公有制的基本内容之一，土地私有化与我国基本经济制度相背离，为我国宪法所不容。因此，我们不支持任何形式的土地私有化改革，同意完善集体土地所有权权能、实施集体土地使用制度的改革与创新。

第 3 节 土地产权制度国际比较

一、美国的土地产权制度

（一）土地所有制：私有、公有（政府所有）共存，但以土地私有为主

目前美国实行的是公私兼有的多元化土地所有制。据统计，全国大约有半数以上的土地资源为个人或私人所有制企业单位占有或者支配。从各种所有制土地所占的比例上来看，美国地方政府所有的土地大约占全美土地的 1％，美国州政府所有的土地大约占到 10％，美国中央政府（联邦政府）所有的土地大约占到 31％，美国私有企业或私人占有的土地大约占全美土地的 58％。从土地所有权的内涵来看，美国土地所有权包括了地下资源所有权、地表权和地上空间权。土地资产在美国国家财富中所占比例大约为：占政府总财富的 11.5％，占个人财富总额的 12％，占工商业全部财富的 18％。[4]

美国设计了全世界最强势、权能最完备的土地所有制。按照美国现行法律，美国的土地所有权的权能具体包括以下三种：第一，土地的"地下权"，包括地下资

① 孔泾源：《中国农村土地制度：变迁过程的实证分析》，《经济研究》1993 年第 2 期；王西玉：《农村改革与农地制度变迁》，《中国农村经济》1998 年第 9 期。
② 刘守英：《直面中国土地问题》，中国发展出版社，2014 年，第 13 页。
③ 陶然：《人地之间：中国增长模式下的城乡土地改革》，辽宁人民出版社，2022 年。
④ 河北省自然资源厅（海洋局）：《美国土地管理的机制和特点》，2023 年 1 月 13 日，https://zrzy.hebei.gov.cn/heb/gongk/gkml/kjxx/gjjl/101489409713174.html，访问日期：2025 年 1 月 21 日。

源的开采权;第二,土地的"地面权";第三,土地的"地上空间权",包括建筑物的大小、形状等属性。以上三种土地权能能够依法分别转让,任何一级政府均无权任意征用与拆迁私人所有的土地或其上的房地产。地主愿意让政府在自己土地上修路以换取开发权,开发区的道路、学校等基础设施费用由政府负担,房地产开发商仅需提供宅基地内的建设费用,取得私有土地权与开发权的代价不高,使得大笔资金注入土地投机与开发,土地供应量大且地价较低。[①]

(二)土地使用制度:不可随意改变土地的用途

美国所有土地均实行有偿使用制。美国法律明确规定,土地可以买卖和出租。但是,美国中央政府出于兴建铁路、公路及其他公共基础设施等类似的国家和社会公益事业的目的,必须占用州属公有土地或征用私人土地,也必须通过置换或购买等公平方式取得。通信、电力和石油、天然气等需要管线输送的基础设施,如果必须通过国有/公有土地,亦须向美国政府的土地管理部门通行权处申请批准,同时要支付相应的土地租金。

在细分之前,美国的土地大多数属于农业用地类型。美国相关法律规定,一个业主所拥有的一整块农业用地,无论面积大小,一般只准许建造一幢别墅。通过土地细分,先将农业用地变更为别墅或住宅用地,然后再将每块只准建一幢住宅的规划批准为可建更多的住宅。[②]

二、德国的土地产权制度

(一)土地所有制:多种所有制并存但以土地私有制为主

德国是一个以土地私有制为主的国家,其土地主要归自然人、法人等私人主体所有。从土地所有者的类型来看,可以把德国全境土地划分为联邦政府所有(即国家所有或国有)土地、州和乡镇政府所有土地、教堂所有土地和私人所有土地等四种类型。其中,自然人、法人等私人所有土地所占的比例最高,联邦、州和乡镇等政府所有的土地所占比例较小。特别值得一提的是,德国在设置土地私有产权之外,还有土地的共同所有权这种制度安排,即德国允许多个人共同拥有某一块土地的所有权,这就意味着同一块土地的所有权人可以不止一个。[③] 德国土

---

① 中国央广新闻:《到美国当地主靠不靠谱》,2011 年 8 月 1 日,https://www.cnr.cn/kby/tf/201107/t20110727_508290033.html,访问日期:2024 年 8 月 1 日。

② 中国央广新闻:《到美国当地主靠不靠谱》,2011 年 8 月 1 日,https://www.cnr.cn/kby/tf/201107/t20110727_508290033.html,访问日期:2024 年 8 月 1 日。.

③ 任泽平:《解码德国房价稳定之谜:土地私有土地财政依赖度低》,2018 年 8 月 21 日,https://finance.sina.com.cn/review/hgds/2018-08-21/doc-ihhzsnea0098235.shtml,访问日期:2024 年 12 月 16 日。

地所有权绝大部分归私人(自然人、法人),也有一部分归公众所有(如国家、州、市镇所有)①

(二)土地使用制:土地使用权独立于土地所有权,二者均受法律的严格保护

根据德国《土地使用权条例》第一款之规定,在德国,土地使用权可以依法进行买卖、继承,土地使用者可以拥有土地的地上或地下建筑物之权利。不仅如此,依据德国《公寓式住房所有权法》,土地使用权也可以拓展到公寓式住房,形成公寓式住房的土地使用权。

法律还规定,德国土地所有者和土地使用权者须到公证处签订土地使用权合同,然后在地方法院的地籍登记所登记。地籍登记所向土地使用权者发放地籍簿,并在土地所有者的地籍簿中权役和限制的第一项中注明已经出让了土地使用权。

关于土地使用权的年限,相关法规和条例规定须由土地交易合同来约定。从具体的期限结构来看,德国居住用地的使用权一般为 99 年,工业用地一般为 70 年。在通常情况下,德国土地使用权者每年须向土地所有者交付使用土地的土地使用金,合同规定的土地使用金之数额也登记入地籍簿中。土地使用期结束届满之后,土地使用权回归土地所有者,作为组成部分的建筑物也随土地使用权回归土地所有者所有,但土地使用者有要求所有权人按照合同约定或其他惯例对其上建筑物进行补偿的权利,即补偿请求权。土地所有权人在补偿使用人以后收回土地使用权,如果土地所有权人暂时不愿意进行补偿,则使用者可继续免费使用该土地,即延期请求权,直到所有者做出补偿为止。土地使用权可一次或多次延长。优先购买权,在大多合同中都约定,土地使用者享有优先购买土地的权利。② 土地使用权可以获得一次或多次延长的机会。在大多数的土地合同中都明确地约定,土地使用权者拥有优先购买土地之权利。此外,德国的土地使用权拥有者也有自己的地籍簿,其中登记的土地使用权包括对建筑物或住房的所有权。德国的土地使用权是有价值的,其价值由两部分组成:一是土地,一是建筑物。在出让土地使用权之后,土地价值就被分为两个部分,一部分归土地所有者,另一部分归土地使用权拥有者。

简言之,在德国,根据相关法律的规定,如果没有法律上的明文禁止,个人或

---

① 商务部国际贸易经济合作部等:《对外投资合作国别(地区)指南(德国)》(2020 年版),第 60-70 页。

② 任泽平:《解码德国房价稳定之谜:土地私有土地财政依赖度低》,2018 年 8 月 21 日,https://finance.sina.com.cn/review/hgds/2018-08-21/doc-ihhzsnea0098235.shtml,访问日期:2024 年 12 月 16 日。

者公司就有权利在其拥有的土地上建造住房等设施。在土地所有者未出让土地使用权时,土地及地上地下建筑物的价值归土地所有者所有;在出让土地使用权之后,不动产价值就被分为两个部分,土地价值归所有者拥有,依附在土地上的建筑物价值则归属于土地使用者。

三、英国的土地产权制度

在英国,从法律意义上讲,实行的是单一的土地英王或国家所有制形式,不存在其他土地所有制。但是,私人和公共部门可以根据英国法律规定,通过租借而长期地占有和(或)使用国有土地。在由私人或公共部门占有的土地当中,凡是可以依法无条件继承或限定继承或可以终身保有土地产业权的,称作租赁者获得了"土地的永业权"。这类土地的保有者通过完全拥有土地权益的方式而事实上成了土地的真正所有者。

我们就从实际拥有土地的意义上来分析英国的土地所有制结构。英国中央统计局曾经推算过英国的土地所有制结构,其大致结果如下:①公共部门所拥有的土地占 15.4%。其中,中央政府占比为 2.6%,地方政府占比为 11.0%。②民间所有的土地占 84.6%。其中,私人所有为 65.5%,法人所有为 14.4%。[①] 因此,英国的土地所有制结构本质上是一个三种所有制形式并存且以土地私人所有制为主的混合所有制结构。

四、俄罗斯的土地产权制度

(一)土地所有制

根据《俄罗斯联邦宪法》第九条的规定:①在俄罗斯联邦,土地和其他自然资源作为在相应区域内居住的人民生活与活动的基础得到利用和保护。②土地和其他资源可以属于私有财产、国有财产、地方所有财产和其他所有制的形式。

据统计,俄罗斯国有土地占比一度高达 92%,公民所有占 6.9%,法人仅占 0.9%。[②] 在土地产权制度改革之前,俄罗斯只有农业、居民点和专门用途的土地可以私有,且必须在土地法的框架下合理开发利用。

进入普京时代,俄罗斯实施了较大力度的土地产权制度改革。2001—2003年,颁布了《俄罗斯联邦土地法典》和《农用土地流转法》,基本确定了俄罗斯土地产权制度的新框架,开启了土地私有化进程。在新的土地制度框架下,包括农用地在内的所有土地都可以私有化,但只有经过国家地籍统计的土地才可以交易。

① 毛茂松:《各国土地所有制形式》,2011 年 8 月 11 日,www.xhut.cn/archives12930,访问日期:2025 年 5 月 23 日。

② 洪旗,陈华飞:《国外自然资源管理都有哪些模式?》,《中国自然资源报》,2018 年 5 月 24 日。

特别地,外国人和外资占多数的公司只能租赁土地,租期最长 49 年。允许耕地以外的城镇住房和工业用地进入流转市场。

(二)土地使用与土地产权管理

俄罗斯土地实行土地租赁制度,个人和企业可以通过租赁方式获得土地使用权,用于农业、工业和建设目的。土地租赁期限可以依据法律规定或交易双方的协商,多为长期租赁。俄罗斯还实行土地使用规划制度。政府可以依法规划土地用途和利用方式,土地使用者必须按照土地规划方案之要求进行土地开发和利用,政府有权对土地利用进行监管。

尽管俄罗斯土地等自然资源的所有权由国家所有制、集体所有制、集体股份所有制和公民所有制四类组成,但国家对自然资源所有权仍可以进行严格控制,形成了俄罗斯特有的以公权管制为主导的自然资源所有权控制模式。[①]

为促进自然资源产业发展,俄罗斯将土地、能源等经营性自然资源单独分离出来,划归经济发展部和能源部管理,有效实现了经营性自然资源和公益性自然资源的分开管理。在产权管理上,俄罗斯联邦地籍总局负责对自然资源实行登记,联邦财产关系部负责管理自然资源权属。

五、日本的土地产权制度

自明治维新后,日本将土地封建领主所有改成了土地私人所有。日本现行的土地所有制主要分为三种形式,即国家所有、公共所有、私人所有。其中,国有土地是指中央政府负责经营管理、作为国家资产的土地;公有土地是指日本各级地方政府(都、道、府县和市、町、村等)拥有的土地;私人所有制土地是指个人和法人拥有的土地。

根据日本国土厅土地白皮书统计,国有土地和公有土地(地方政府所有)占37%,私有土地(个人与法人所有)占 63%。日本国有和公有土地大部分是山林、河川、海滨地,主要为国家及全民的公益利用,更强调对生态的保护。如日本国有林区 90% 划为防护林,由中央政府投资,主要发挥国土保安作用;公有林由地方政府管理,也主要发挥公益作用。为了保障公共利益,日本对私人所有土地的使用也设置了限制,如对林地上森林砍伐、林业发展、植树造林、林区民众生活的基本标准,以及水资源的使用目的、数量和时限等都进行了明确规定。[②]

日本的土地所有权和使用权均可依照政府土地法规进行交易,无论政府部门还是私人部门使用非自己所有的土地,均须通过购买土地所有权或租赁方式实

① 洪旗、陈华飞:《国外自然资源管理都有哪些模式?》,《中国自然资源报》,2018 年 5 月 24 日。
② 洪旗、陈华飞:《国外自然资源管理都有哪些模式?》,《中国自然资源报》,2018 年 5 月 24 日。

现。但是,比较而言,日本政府对土地的具体使用方向、方式实行严格的管制和调控。例如,通过征收土地固定资产税来调节土地的使用方向和使用程度;通过道义劝告形式来促进私人空闲地的有效开发等。

六、新加坡的土地产权制度

目前,新加坡的土地区分为国家所有和私人所有两种所有制形式。其中,国有土地占 80% 以上,私人土地则不到 20%。因此,新加坡政府是国家最大的土地所有者。[①]

以私有制为基础的新加坡,其经济体制以市场经济为基础。但是,唯独在土地资源的配置上,政府主导了土地规划、土地交易和土地利用。早在 1967 年新加坡政府推出的政府售地计划(government land sales,GLS)就是授权政府以公开、透明的招标方式把国有土地出售给私人企业。公共住房用地使用权出让年限为 99 年,工业用地则为 30 年[②]。根据现行法律,新加坡政府可以广泛干预土地交易和土地利用,以便严格地执行城市规划、管制土地利用。

案例分析 8　澳大利亚:围绕土地产权,实现空间整体管护

讨论的问题:

1. 根据以上材料,澳大利亚的土地概念是如何定义的?

2. 概括澳大利亚的土地产权制度特征。

3. 澳大利亚为中国土地产权管理提供了哪些可资借鉴的经验?

习　题

1. 土地产权与一般物权概念的本质不同在哪里? 土地权能有哪些?

2. 中国的土地产权结构现状如何?

3. 土地所有制与土地资源配置效率的相关性如何? 试从经验上和理论上分别探讨。

4. 农地使用制与市地使用制有何不同,能否将一些农地使用制,如分成租佃制移植于市地使用制上?

---

① 林双林:《新加坡非土地财政模式的启示与借鉴》,《人民论坛》2021 年第 5 期。

② 王才强等:《新加坡城市规划》,中国建筑工业出版社,2022,第 7 页。

5. 我国农村集体土地产权制度改革的方向是什么？

6. 从资源配置效率角度，分析为什么土地产权的界定十分重要？

7. 比较中国和英国、美国、德国、日本、俄罗斯和新加坡土地产权制度的异同。

第9讲　城市土地市场均衡分析

第1节　土地市场均衡分析的两种范式

土地市场均衡分析,可以采用两种分析范式:一种是供求均衡(S-D)模型,另一种是基于货币数量论的分析范式。

一、S-D 模型

关于第一种分析范式(S-D 模型),其基本思路是首先分析土地市场的供给/需求的决定,然后再分析均衡价格和交易量的决定。

根据 S-D 模型(假设土地市场为竞争性市场),均衡价格变化的分析步骤如下:第一,分析某因素是影响土地市场的供给,还是影响土地市场的需求,如果同时影响两者,就要判断影响哪个方面更大。第二,分析该因素影响下土地市场供给和需求变化的方向。第三,分析在新的均衡状态下,土地市场价格的涨落情况。

二、货币数量方程

第二种范式是货币数量论的分析框架,其基本思路是基于货币数量方程: $MV = PY$,或者 $M = KPY$,构建土地市场货币数量方程,以此为工具分析土地价格及其变化率的决定。

货币数量论(the quantity theory of money)认为,在货币数量变动与物价及货币价值变动之间存在着一种因果关系。其核心思想如下:假定其他因素不变,商品价格水平涨落与货币数量成正比,货币价值的高低与货币数量的多少成反比。货币数量论有古典论和现代论之分。①古典论认为,货币数量决定商品的价格。货币数量多了,商品价格就上升;货币数量少了,商品价格下降。在这种货币数量理论里,货币只是一种交易媒介,人们得到这种工具就会到市场上去购买商品。得到货币数量多,用于购买商品的货币就多,商品价格上涨;得到的货币数量少,用于购买商品的货币就少,商品价格就下降。②现代货币数量论以弗里德曼的理论为代表。弗里德曼认为,人们对于货币的需求是相对稳定的,至少是可预测的。因此,货币数量的变化,必定会对商品的价格产生重大影响,这其实与古典的货币数量论的观点是一致的。特别地,对于货币数量较大幅度的变化,尤其是货币数量大幅度的增加,必定导致商品价格的大幅度上升直至诱发通货膨胀。因此,无论是古典的货币数量论,还是弗里德曼的现代货币数量论,均可以用来解释物价水平的涨落,即解释通货膨胀和通货紧缩。

国内外众多文献重点在关注货币供应量与房地产价格波动之间关系及货币政策对房地产价格影响之传导机制等主题,也取得了一些重要成果。但这些文献所用的货币数量是经济中总体货币数量而非流入到房地产市场的货币数量,且它们很少同时关注房地产有效供应量变化对价格波动的影响。可见,这些研究并未完整地利用货币数量论。基于货币数量论的思想建立土地市场货币数量方程,对土地价格波动机制进行系统分析、对重要政策变量如何影响土地价格进行模拟和控制,是一个值得尝试的创新方向。

本讲拟分别利用以上两种分析范式,探讨影响土地市场均衡价格的关键因素以及土地价格及其变化是如何决定的。

第2节 S-D模型下城市土地市场均衡分析

一、影响土地市场供给的因素

在短期内,城市土地,无论是土地服务的供给还是土地所有权的供给均是缺乏弹性的,极端情况下,我们可以近似地假设土地的短期供给是零弹性的。

但是,在长期内,因为土地可以在不同的用途之间进行转换,这种场合,某种用途的土地供给就呈现出一定的弹性。对作为资产的土地由于受土地预期资产收益率、进而土地资产价格的影响,其供给也可能表现出一定的弹性特征。一般来说,影响城市土地供给的因素主要有土地使用者成本、交易费用、土地税收、预期和行政因素等五类因素。[①]

(一)土地使用者成本

土地使用者成本(user cost)为:$U_L = r + t_e + s - p$。其中,U_L 为土地服务的使用者成本;r 为利息率;t_e 为现行财产税率;s 为保险费与其他服务成本;p 为土地潜在资本收益率。当 U_L 小于 0 时,投资者因占有没有提供任何改良服务设施的土地而获得利润,因而不可能把土地投入市场。当 U_L 大于 0 时,持有土地需支付

---

① 本节参考:曹振良等:《房地产经济学通论》,北京大学出版社,2003年,第216-219页。

一定的净费用,因此,持有者愿意尽快转让土地,从而有可能增加土地的供给。土地供给还取决于占有土地的机会成本、通货膨胀率或预期通货膨胀率及土地税收制度等因素。

(二)土地交易费用

如果土地出售的手续费、法定费用很高,土地所有权的交易将会受到抑制,土地所有权的供给则相应减少;如果土地出售的手续费、法定费用降低,土地所有权的交易将会受到激励,土地所有权的供给则相应地增加。

(三)土地税收

土地税收主要指土地资产税、空地税和土地增值税等。如果土地出售需缴纳的税很高(如土地增值税或土地使用权转让所得税等),土地交易将会受到抑制,土地供给则相应减少;如果土地出售的税率降低,土地交易将会受到鼓励,土地供给则相应地增加。

(四)土地市场预期

人们对于地价与土地利用变化趋势的预期也会深刻地影响土地供给,这在土地投机交易过程中表现得十分明显。如果预期未来地价持续上升,则短期土地市场供给减少;如果预期未来地价持续下降,则短期土地市场供给增加。

(五)政府行政因素

政府行政因素主要是指政府关于城市土地利用规划和政府土地利用规制等两个因素。①城市土地利用规划,系根据城市发展所制定的土地使用分区与管制目标来实施。住宅用地、商业用地、工业用地以及城市公共设施用地等,均需要按照城市发展规划的使用分区要求而划定。如果某类土地编定的面积大,则此类土地的供给量就可能增大。②政府规制主要是指政府对各类土地利用的限制性规定、对建筑物的遮蔽率、容积率、建筑密度等方面的规定,毫无疑问,政府规制因素也会严重影响土地的市场供给。

二、影响土地市场需求的因素

(一)土地需求分类

1. 土地的要素性需求——引致需求

对城市土地的需求主要来自对各种产品或城市服务的需求。因此,与一般产品的需求属于直接需求不同,土地需求则是引致需求或派生需求。城市土地可以用作工业、商业和住宅业等多种用途。对某种用途土地的需求取决于其提供的产品或服务所能产生的净收益。在竞投地租模型中,城市土地租金梯度曲线表明了土地配置在各种用途上的均衡使用模式,从而确定了土地的需求。在房产经济学中,家庭根据可支配收入并利用效用最大化原则来进行住房或非住房商品的购买决策,住房建筑物与土地的替代性就决定了住宅用地的需求量。总之,在竞争性市场上,城市土地是按照最有利的用途进行分配的。

2. 土地的资产性需求——投机或投资需求

在土地所有权不允许自由买卖的经济体系中(如在我国城市经济中,土地为国家所有),通常所说的土地需求,实际上是指土地服务需求,不会引起歧义。但是,在土地所有权可自由买卖的经济中,还有一种土地需求,不是为了土地本身的生产特性,而是以土地价值储存特性为目的。这种需求主要包括土地投机性需求和为了防止价格上涨而套购土地。这种土地需求,从产生的原因上来看,可能是由于税收制度的扭曲而产生,亦可能是由于通货膨胀的影响而产生。分析此类土地需求常常需要先进行土地投资收益分析。一般储蓄存款的纯收益率为:

$$r_n = (1 - t)r - p_e \tag{9-1}$$

其中,r_n 为税后储蓄存款收益率;t 为个人所得税的边际税率;r 为土地以外的投资收益率;p_e 为预期通货膨胀率。此处假定,应付税款没有扣除预期通货膨胀率。若利率为 12%,预期通货膨胀率为 10%,则在边际税率为 40% 的市场上,投资的税后净收益率为 -2.8%。用于土地的投资虽然没有现金流收益,但它的利息却相当于预期通货率。在美国和加拿大等国,土地投资的收益按正常税率的一半缴纳,因此,土地投资收益率为:

$$r_L = \left(1 - \frac{t}{2}\right)p_e - p_e \tag{9-2}$$

如果土地有实际产出,假设实际边际产品为 k,则实际收益就是实际边际产品加预期通货膨胀率,即税前的 $p_e + k$,则投资土地的扣除了通货膨胀率和税收后的实际收益率为:

$$r_L = \left(1 - \frac{t}{2}\right)(p_e + k) - p_e \tag{9-3}$$

仍以前面的数据为例,设 $k = 2\%$;$r_L = -0.4\%$,虽然仍为负数,但对土地投资进而土地需求的影响已经大大减弱。由此可见,较低的土地税率可以导致在通货膨胀情况下对土地的大量投资,对土地的需求会相应增加。

(二)影响土地需求的主要因素

1. 城市人口规模

城市人口的增加不仅直接导致住宅用地需求的增加,而且也间接地导致交通用地、文化教育用地、休闲娱乐用地等城市土地需求的增加。

2. 宏观经济因素

宏观经济因素主要是指城市经济发展水平和经济周期因素。第一,城市经济发展水平。国民收入尤其是居民可支配收入的增加会提高居民对住宅、各种服务的需求量,进而提高对住宅用地和商业、服务业和公共设施用地的需求量。所以,同人口规模一样,经济发展水平也是影响土地需求的一个增长性因素。第二,经济周期因素。城市经济处于景气循环的上升期,城市产业,特别是城市工商业的迅速发展会刺激土地需求的迅速增加;如果城市经济不景气,则土地需求扩张的势头就会受到明显的抑制。

3. 预期因素

人们对经济形势的预期比较乐观,预期地价趋升,土地需求增加;反之,则会抑制土地需求的增加。

4. 土地制度和财产税制

以土地私有制为主体的国家,土地可以自由买卖,对土地的资产性需求会大于土地公有制国家的土地资产性需求;针对土地的财产税率如果过高,土地资产的持有成本就很高,这会显著影响土地的资产性需求。

三、城市土地市场均衡:均衡价格决定

将土地市场需求与土地市场供给相结合就建立了土地市场。此处简单讨论短期意义上的土地市场均衡的条件。

假定在短期内,土地供给无弹性,土地供给量固定为 q_0,土地需求曲线为 D_0(见图 9-1),则由 $D_0(p) = S(p) = q_0$ 所确定的土地市场的均衡价格为 p_0。如果某种用途的土地需求是有弹性的,由于某些因素的影响使得土地需求增加,例如,对个人住房减免税将使对商品房的需求增加,从而使住宅用地的需求增加,则由于供给无弹性,市场地价会提高至 p_1;如果需求减少,即需求曲线左移,结果导致市场价格降低为 p_2。因此,在短期内,由于土地供给无弹性,土地价格(或租金)水平完全由需求一方来确定。

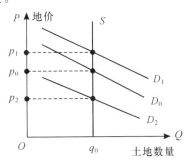

图 9-1　土地市场的短期均衡

如果对土地征税,则税负完全落在土地所有者的身上(见图 9-2)。设均衡的土地租金为 r_0,这是租用者付给土地所有者的租金。如果对土地征税 t,所有者得到的地租为 $r_1 = r_0 - t$,政府税收收入为 tq_0,土地所有者承担了全部税收负担,土地租用者的福利水平并未改善。

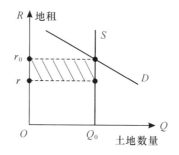

图 9-2 土地税对土地市场的影响

第 3 节 货币数量论范式下的城市土地市场均衡分析[①]

一、地价及其变化率的决定:土地—货币数量论

货币数量论的表达形式之一是 $MV = PY$,公式里字母的含义分别是经济里的货币存量、货币流通速度、物价水平和实际国民产出。广义地理解,MV 表示一定时间里参与交易的货币总量;PY 则表示名义国民产出(如名义国内生产总值)。货币数量论的经典性应用是用来解释宏观经济体系中通货膨胀的成因。同样,我们可以用货币数量论来解释房地产经济中土地价格波动的成因及其机制。为了简化分析,我们把土地交易额看作土地市场中的货币数量,即不考虑货币流通速度的影响,它相当于宏观经济中的 MV。

命题 1:地价水平决定于政府的土地供应数量和房地产开发商购买土地的货币数量,其中后者主要受银行金融支持、政府对土地出让金的支付方式及开发商自有资金实力等因素的影响。

只考虑住宅用地一级市场,并假设一个城市每年供应的商品住宅用地总量为 $Y_t^L (\text{m}^2)$,土地均质。这样,就可以用平均地价代表整体地价水平。如果土地价格为 $P_t^L (\text{元}/\text{m}^2)$,则每年土地出让总价款为 $P_t^L Y_t^L$ 元。假设房地产开发商购置土地的货币数量为 M_t^L(从土地出让方看,它又是政府出让土地可得到总地价款)。根

① 陈多长:《浙江省房地产业发展研究:产业定位的角度》,中国社会科学出版社,2008 年,第 162-166 页。

据以上假设,我们有以下土地—货币数量方程:

$$M_t^L = P_t^L Y_t^L \tag{9-4}$$

式 9-4 可称为土地—货币数量方程。式 9-4 表明,如政府每年的土地供应量 Y_t^L 外生给定,则地价水平将唯一地取决于房地产开发商的购地货币数量。此货币数量越大,地价就越高。

如果房地产开发商的购地货币数量不变,则地价变动方向主要决定于政府的土地供应行为。如果政府土地供应减少,地价一定会上涨;土地供应量增加,则会抑制地价的上涨。

现在来考察土地供应增长率对地价变动的影响。写出式 9-4 中三个变量各自的变化率,可以得到土地—货币数量方程的另外一种形式:

$$\pi_L = m_L - y_L \tag{9-5}$$

其中,π_L 表示住宅用地价格变化率;m_L 表示房地产开发商的购地货币数量的变化率;y_L 表示政府土地供应数量的变化率。

式 9-5 表明,地价的变化率决定于房地产开发商购置土地的货币数量的增长率与政府土地供应增长率。货币数量增长率越高或者土地供应增长率越低,地价上涨越快。

房地产开发商购买土地的货币数量主要决定于三个因素:一是房地产开发商自有资金。资金实力越强,购置土地的货币数量越大。在买方竞争的土地市场上,资金实力雄厚的房地产开发商数量越多,土地市场的竞争性越强,地价就越高。二是加大银行的信贷支持力度。银行对房地产投资的信贷支持力度越大,房地产开发商购置土地的货币数量也就越大。三是政府对土地出让金支付方式的合同安排。[①] 政府国土管理部门在土地出让合同中约定的出让金支付方式,即要求房地产开发商是分期支付还是一次性支付以及首期支付额的大小,都将影响房地产开发商从银行获取贷款的规模,进而影响住宅首期开发规模和开发进度。政府要求房地产开发商支付全部地价款的时间越短,对自有资金和信贷资金的依赖

---

① 关于土地出让金交纳方式的合同安排与严格执行对地产开发商住宅短期供给行为影响巨大。如果政府要求房地产开发商一次性交纳土地出让金,并且规定房地产开发商必须拥有足够的法定资本金,这时,巨大的资金使用成本和机会成本将迫使其尽量按合同约定的时间及时开发、及时供应住宅,延迟开发、囤积房源的行为将会受到抑制。我们不同意“土地出让金一次性足额交纳会影响住宅及时提供”的说法。正是政府允许房地产开发商分期支付土地出让金、正是银行宽松的开发信贷支持,房地产开发商才有可能采取“滚动开发”的模式,才敢于“囤积房源”。这是导致住宅市场有效供给减少,房价上升的重要因素。基于同样推理,如果我国的地产开发商同时又是建筑商,资金成本压力将有助于土地供应及时变成有效的住宅供给,从而消除或减弱房价非理性上涨的动力。

程度就越大。

土地供应数量主要由地方政府行为决定。在土地资产经营目标的诱导下,城市政府作为土地一级市场上的卖方垄断者,其土地供应决策会遵循土地出让净收益最大化的原则。为简化分析,假设政府根据土地资产经营目标、土地资源状况以及住宅市场供求状态和价格走势等因素来确定每年的住宅用地供应量 Y_t^L,这是一个在土地—货币数量方程之外决定的变量。

从总体上来看,一个城市土地市场上所有房地产开发商用于购置土地的货币数量主要取决于政府对房地产开发商首期支付土地出让金比例的规定、房地产开发商的资金实力和银行信贷支持力度。假设国土资源管理部门要求土地交易成交当年支付的土地出让金占总地价的比例为 θ_t,θ_t 可理解为政府对房地产开发商"购地资金"的约束系数。θ_t 越大,政府对房地产开发商"购地资金"的约束条件越严格,房地产开发商"购地货币数量"就越少。房地产开发商自有购地资金 M_t^P,需从银行贷款来支付土地出让金的比例为 ω_t,则有:

$$M_t^L = \frac{M_t^P}{\theta_t(1-\omega_t)} \tag{9-6}$$

$$\frac{M_t^P}{\theta_t(1-\omega_t)} = P_t^L Y_t^L \tag{9-7}$$

定义 $\frac{1}{1-\omega_t}$ 为银行对房地产开发商的金融支持乘数。ω_t 越大,乘数越大,房地产开发商的"购地货币数量"也越多。对式 9-7 变形并写成各自变化率的形式为:

$$\pi_L = m^P + \frac{\dfrac{\mathrm{d}\omega_t}{\mathrm{d}t}}{1-\omega_t} - \theta_0 - y_L \tag{9-8}$$

其中,π_L 表示地价变化率;m^P 为房地产开发商自有购地资金的变化率;θ_0 表示政府对房地产开发商购买土地的资金约束系数的变化率;$\dfrac{\dfrac{\mathrm{d}\omega_t}{\mathrm{d}t}}{1-\omega_t}$ 反映银行金融支持力度的变化情况;y_L 表示政府住宅用地供应量的变化率。

由式 9-8 可知,地价变化率与房地产开发商购地自有资金的变化率和银行信贷支持力度的变化正相关,与土地供应数量变化率和政府对房地产开发商的资金约束系数的变化率负相关。需要特别指出的是,政府放松对房地产开发商支付土地出让金的政策限制,实际上是在推动地价的上涨。

二、结 论

本节基于货币数量论对土地价格及其变化的决定机制进行了初步探讨,并得出以下结论:

第一,土地市场价格的涨落本质上是一种货币数量现象。

第二,地价的涨落是政府、房地产开发商和金融机构三方互动的结果。

第三,利用货币数量论解释地价及其波动的决定机制与 S-D 模型范式下得到的结论一致,只是这里的分析范式更加简洁、有力。

专题分析 9-1　深圳土地制度改革与土地市场的发展①

一、深圳率先启动土地制度改革的背景

在特区建设初期,大量港澳同胞、海外侨胞及外国商客来特区投资设厂,土地是吸引外资的要素之一,一方面为外资提供了活动空间,同时也是我方发展经济的有形资产、是企业生产的物质条件。为了适应外国商客来特区设厂,进行了大量基础设施的建设,迅速兴起了一个涉外房地产经济部门,使住宅建筑走进商品经济的轨道。要实现土地商品化经营,土地所有者就不能无偿转让土地,所以政府开始探索在不违反宪法的基础上,将土地转变为黄金。

改革开放使深圳经济迅速发展,但突然的经济开放政策让深圳的市场难以承受,土地开发强度过大、土地资源不足等问题迅速暴露,政府为了更好地发挥土地的利用价值,把土地纳入商品经济交换的范畴,同时,实行土地有偿使用制度,也是管好土地、防止土地滥用的必要途径,为了消除土地使用上的随意性,就需要建立和完善土地管理机构的各项管理制度,实行土地有偿使用制度,使有限的土地发挥最大的经济价值。

二、深圳土地有偿使用和土地市场的形成

临近的香港特别行政区政府实行土地使用权出让,为深圳提供了借鉴经验,1987 年 7 月 1 日,深圳市提出把土地所有权与使用权分离的土地改革方案,确定将土地使用权作为商品进行公开拍卖、招标、协议等方式进入市场。1987 年 11 月,国务院批准深圳进行土地改革,明确土地使用权可以有权转让。1987 年 12 月 1 日,深圳首次公开拍卖一宗土地的 50 年土地使用权,从此,深圳土地市场开始从国有化走向市场化,开启中国建立土地使用制度后的第一场革命。

1987 年,深圳市模仿香港开始实行土地使用权转让,敲出中国"土地拍卖第一槌",第一次突破了无偿、无限期使用的土地行政划拨制度,迈出通过市场机制配置土地资源的第一步。经过 1992 年原经济特区之内的统征和 2004 年的城市化转地后,深圳不再有农村,实现了高度城市化。为高度城市化阶段的城市经济转型

---

① 本专题内容参考:陈多长等《中国土地市场:发展历程与未来趋势》,广东经济出版社,2019年,第 90-92 页。

提供示范效应。

深圳外延式的城市化发展,让深圳市政府不断面对新的问题接受新的挑战,城市化的过程是土地由低水平资本化转为高水平资本化的过程,城市经济的转型升级贯穿其中。作为高度城市化的城市,深圳市存在的问题和为解决问题做出的努力具有一定的普遍性,其改革经验可以为其他城市起到示范作用。

三、深圳土地国有化

(一)1992年实施"统征":关内实现土地国有化和农民市民化

1992年,深圳市政府实行统征,将特区内68个行政村、168个自然村全部转为城市居委会,4万多农民转为城市居民。特区内城市化统征工作,实现了关内土地的国有化和农民的市民化,保障了特区经济的发展。

在城市化统征过程中,除去50米等高线以上部分直接属于国家所有外,政府对原集体组织实行如下补偿:一是收归国有的土地按照征地补偿价款给予一次性现金补偿;二是根据社区的人口和户数,划定每人100平方米工商发展用地、户均100平方米私宅用地、户均200平方米公共基础设施用地,规定土地性质为国有土地,视为行政划拨用地;三是政府通过鼓励和支持居民就业、集体经济参与社会保险和福利等方面充分保障社区经济的发展①。这一改革促进了原集体经济组织股份公司的转型和发展,使股份公司通过土地入股或者自行发展实业分红等方式充分参与了城市化的进程。

自改革开放以来,一直到20世纪90年代初,深圳发展已经不再受资金的约束。但是,特区内的土地资源供给却日渐紧张。与改革开放初期相比,深圳发展约束已经由"钱"变为"地",而深圳发展的思路已经由"筹钱"变为"筹地"。基于这样的背景下,在1992年的深圳经济特区内,"土地统征"就发生了。

(二)2004年实施"统转":全域实现土地国有化和农民市民化

随着社会经济不断发展,深圳土地一方面面临资源稀缺问题,另一方面由于统征后土地经济利益迅速上升,特区外的土地被肆意乱建无法控制,政府为了有效管理土地,控制特区外集体土地被非法侵占、肆意乱建等问题,进行第二次城市化转地工作。2003年10月,深圳正式启动城市化转地工作,涉及宝安、龙岗两区18个镇,218个村民委员会,27万村民。随后,政府先后制定了劳动社保、教育、城管、计生、民政、组织、宣传文化、工商、公安、国资、农林渔业、土地等12项政策。其

---

① 刘芳等:《深圳市城市化统征(转)地制度演变历程和解析》,《国土资源导刊》2014年第5期,第18页。

中,土地政策是城市化的关键。①

深圳实行统征工作,表面上来看,是适应了社会经济发展的需求,但转地工作中暴露出了很多问题,随着经济发展,深圳土地收益价值也不断飙升,政府以社保、基础设施建设等来吸引公民接受征地工作变得不现实,人们意识到自己拥有土地和房产更有价值,所以发生了很多抢建、拒迁、征地上诉等事件,引发一系列社会问题,也造成深圳至今仍有很多违法建筑。

根据《中华人民共和国宪法》规定,我国土地所有权的转化只能通过征地制度来实现,农民户籍关系的转变并不能改变财产关系。而深圳城市化转地不是简单的土地财产权益交易过程,而基本是行政强制过程。从制度绩效上来看,深圳转地实践本身不具有推广价值,但在统征(转)过程中采用的留用地、建筑物、现金补偿、社保以及留用地使用政策等综合补偿形式,为全国的征地补偿制度改革提供了有益的经验借鉴。

由此,我们需要讨论两个问题:①试评价深圳土地制度改革的成效与问题。②深圳土地全域国有化是否在全国有推广价值?

案例分析 9　2024 年前三季度上海、杭州土地拍卖维持热度

讨论的问题:

1. 根据以上材料,归纳 2024 年前三季度我国土地交易市场的基本特点。
2. 分析我国土地市场呈现以上特点的主要原因,预测 2025 年我国土地市场发展趋势。

习　题

1. 试分析税收对土地市场均衡的影响,其政策含义是什么?
2. 地租与地价有什么关系?
3. 分别用 S-D 模型与货币数量论范式分析地价决定机制。
4. 如果考虑时间因子,土地市场均衡将会有何种变化?
5. 城市土地市场的需求和供给主要由哪些因素决定?

---

① 刘芳等:《深圳市城市化统征(转)地制度演变历程和解析》,《国土资源导刊》2014 年第 5 期,第 18 页。

第10讲　土地财政理论

第1节　土地财政的基本范畴

目前学术界关于土地财政概念的定义比较混乱,统计口径也不统一,给学术研究和知识传播均带来了一定的困扰。本节首先从狭义土地财政和广义土地财政概念的界定出发,分别介绍土地财政收入、土地财政支出和土地财政依赖等相关概念。[①]

一、土地财政:狭义与广义概念

目前学术界所说的土地财政,有广义和狭义两种概念。由于土地产权制度结构的不同,国内外土地财政的含义也有所差异。

所谓狭义土地财政,中国背景下是指政府出让或出租国有土地使用权以获取土地出让收入的行为;国外则指政府出售/出租公有土地以获得土地销售/租赁收入的行为。

所谓广义土地财政,中国背景下是指政府基于土地获取相关收入的行为以及基于这种收入的支出行为。具体而言,中国的广义土地财政,包括集体土地的征用、征收、国有土地出让和出租以获取土地财政收入的行为,基于土地开发、土地价值或房地产价值获得财政收入(land-based finance)的土地财政收入行为,以及基于上述土地财政收入的土地财政支出行为。在国外,广义土地财政则包括了公有土地出售/出租和基于土地和房地产产权获取税费收入的土地财政收入行为以及相关的基于土地财政收入的财政支出行为。

---

① 此处重点参考了陈多长:《地方政府土地财政依赖:形成机理与转型对策——兼论工业化、城市化对土地财政依赖的影响机制》,浙江大学出版社,2014年,第11-19页的相关内容。

二、土地财政收入与土地财政支出

与土地财政有广义、狭义概念相对应,土地财政收入和土地财政支出也有广义、狭义之分。

(一)土地财政收入

所谓广义土地财政收入,是指包括国有土地使用权批租收入、租赁收入、土地规划用途或条件改变(比如容积率改变)补交的土地出让金收入等基于国有土地使用权交易的收入,以及与土地开发、房地产开发与交易等直接关联的房地产税收收入(如土地增值税、契税等收入)。

所谓狭义土地财政收入,主要是指基于国有土地使用权交易而获得的收入,包括国有土地使用权批租(出让)收入、租赁收入、土地规划用途或条件改变(比如容积率的提高)而补交的土地出让金收入等收入。与狭义土地财政收入密切相关的概念包括国有土地使用权出让成交价款、国有土地使用权出让收入、国有土地使用权出让金和国有土地使用权出让纯收益等。

1. 国有土地使用权出让成交价款

国有土地使用权成交价款通常被简称为"成交价款",是指市、县人民政府以协议、招标、拍卖、挂牌等方式出让国有土地使用权的成交价款总额。成交价是指完成了土地开发等基础设施建设,达到了建设条件(如"五通一平"、"七通一平"等)的土地价格)。[①]

2. 国有土地使用权出让收入

国有土地使用权出让收入通常被简称为"土地出让收入",是指政府以出让等方式配置国有土地使用权所取得的全部土地价款,包括受让人支付的征地和拆迁补偿费用、土地前期开发费用和土地出让收益等。具体包括:以招标、拍卖、挂牌和协议方式出让国有土地使用权所确定的总成交价款;转让划拨国有土地使用权或依法利用原划拨土地进行经营性建设应当补缴的土地价款;变现处置抵押划拨国有土地使用权应当补缴的土地价款;转让房改房、经济适用住房按照规定应当补缴的土地价款;改变出让国有土地使用权的土地用途、容积率等土地使用条件应补缴的土地价款,以及其他和国有土地使用权出让或变更有关的收入。[②] 此定

---

① 详见国土资源部:《中国国土资源统计年鉴》,地质出版社,2008 年,第 274 页。
② 参见国办发〔2006〕100 号文件《国务院办公厅关于规范国有土地使用权出让收支管理的通知》。

义下的土地出让收入显然比土地成交价款的口径更为宽泛。①

3. 国有土地使用权出让金

财政部 1996 年 1 月 21 日发布执行的《国有土地使用权出让金财政财务管理和会计核算暂行办法》第三条规定,土地出让金包括"各级政府土地管理部门将土地使用权出让给土地使用者,按规定向受让人收取的土地出让的全部价款(指土地出让的交易总额);土地使用期届满,土地使用者需要续期所缴纳的续期土地出让价款;原通过行政划拨获得土地使用权的土地使用者,将土地使用权有偿转让、出租、抵押、作价入股和投资,按规定补交的土地出让价款。"可见,土地出让金基本上相当于土地出让收入的统计口径。但值得注意的是,在最近几年的政府规范性文件以及《中国国土资源统计年鉴》《政府财政预算执行报告》等文献中,已经很少使用土地出让金概念,而较多地使用了土地成交价款或土地出让收入等更为宽泛的概念。

4. 国有土地使用权出让纯收益/净收益

按照《中国国土资源统计年鉴》(2008 年)第 274 页的定义,国有土地使用权出让纯收益是指政府从土地出让中取得的纯收益,即土地成交价款扣除政府支付的土地取得成本(包括征地拆迁等费用)和土地开发成本后的余额。政府有关文件和文献中,也时常出现国有土地使用权出让净收益(简称"土地出让净收益")概念。土地出让净收益系指土地出让总收入依次扣除国有土地收益基金、土地出让成本、上缴新增建设用地有偿使用费后的余额。土地出让成本是指土地征用和拆迁补偿费、土地开发费、土地出让业务费等成本性支出(《济南市人民政府关于调整国有土地使用权出让净收益分配办法的通知》中的土地出让净收益采用了此种定义)。此概念的含义与土地出让纯收益略有不同,统计口径与土地出让纯收益也并不完全一致。从研究的目的出发,我们一般会在数据收集和相关讨论中采用比较规范的"土地纯收益"概念。

(二)土地财政支出

前文定义了土地财政收入的概念,土地财政支出概念的定义就变得相对简单。所谓土地财政支出,是指基于土地财政收入的财政支出。狭义的土地财政支

---

① 根据财政部的定义,土地出让收入是"市县人民政府依据《中华人民共和国土地管理法》、《中华人民共和国城市房地产管理法》等有关法律法规和国家有关政策规定,以土地所有者身份出让国有土地使用权所取得的收入,主要是以招标、拍卖、挂牌和协议方式出让土地取得的收入,也包括向改变土地使用条件的土地使用者依法收取的收入、划拨土地时依法收取的拆迁安置等成本性收入、依法出租土地的租金收入等"。可见,这里的土地出让收入统计范围更广,包括了租赁国有土地使用权获得的收入。

出,其实主要是指基于土地出让收入的各种支出。主要的土地财政支出项目可以分为土地出让成本支出和非土地出让成本类支出两大类。

1. 土地出让成本类支出

土地出让成本的概念在各地的具体称谓有所不同。有些地区称为土地出让成本,有些地区通俗地称之为"做地成本"(如杭州市),有些地区则称之为征地拆迁和土地开发成本等。一般情况下,土地出让成本主要包括土地收购费用、相关税费、土地整理费用、土地储备和出让前费用及其他费用。

2. 非土地出让成本类支出

这类支出项目主要有农业土地开发支出、征地农民的社会保障支出、廉租房等保障类住房支出、基于土地出让纯收益的教育支出、基于土地出让纯收益的农田水利建设支出等项目。

三、土地财政依赖

所谓土地财政依赖,一般是指地方政府用于维持地方公共支出的可支配财力中有很大比例来源于土地出让或与土地开发有关的税收收入。通常用土地财政收入(或土地财政支出)相当于地方财政收入(或地方财政支出)的比例来表示。鉴于数据的可得性,在满足研究需要的前提下,本书主要用地方政府年度土地出让收入(或基于土地出让收入的支出,即土地财政支出)相当于年度地方财政收入(或地方财政支出)的比例来表示其对土地财政的依赖程度。

如不特别说明,本书主要使用狭义土地财政概念,且重点讨论地方政府的土地出让收入行为,目前国内外文献中讨论土地财政问题所使用概念的绝大多数属于狭义土地财政收入概念。

第 2 节　中国土地财政的现状特征

一、全国土地财政的运行特征

1998 年的住房制度改革和 2003 年开始的城市国有土地竞价出让等制度的实施,促使各地政府在城市化进程中,无一例外地采取了"土地财政"的融资策略,土地出让收入急剧增长。据统计,全国土地出让收入从 1998 年的 507 亿元跃升至 2021 年的 87051 亿元,23 年间增长了 170 余倍;2023 年有所下降(57996 亿元),但仍比 1998 年增长了 110 余倍。[①] 2013—2023 年全国国有土地使用权出让收入及其增长率变化情况(见图 10-1)。

---

① 根据财政部历年《财政收支情况》提供的数据计算。

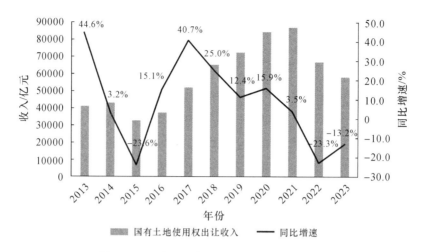

图 10-1　国有土地使用权出让收入变化趋势

数据来源:财政部发布的 2013—2023 年《财政收支情况》。

土地出让收入的急剧增长,显著地增加了地方政府的可支配财力,为我国加速城市化、促进经济腾飞注入了强大的活力。随着土地价值的持续提升,地方政府对土地财政的依赖程度日渐加剧。数据显示,2013—2023 年,我国的土地财政依赖度呈先减后持续攀升再递减的趋势。从 2015 年到 2020 年的六年间,土地财政依赖度从 21% 急速上升到 46%。虽然近三年的土地财政依赖度有所降低,但仍超过了 25%(见图 10-2)。

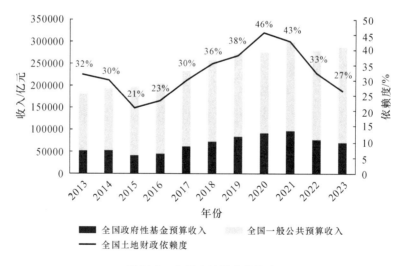

图 10-2　全国土地财政依赖度

数据来源:根据财政部发布的 2013—2023 年《财政收支情况》整理。其中,全国土地财政依赖度＝土地出让收入/全国一般公共预算收入。

　　全国地方政府的土地财政依赖度与全国土地财政依赖度变化趋势基本保持一致，但均高于全国的土地财政依赖度，最高的可达 84%，尽管 2020 年后开始持续下降，但最低的 2023 年仍然保持在 49% 的高水平（见图 10-3）。

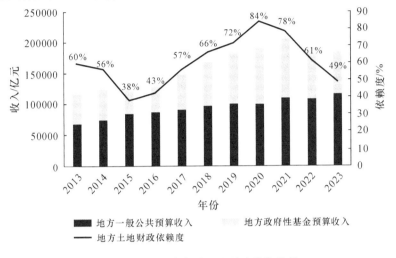

图 10-3　地方政府对土地财政的依赖度

数据来源：财政部发布的 2013—2023 年《财政收支情况》。其中，地方政府土地财政依赖度＝土地出让收入/地方一般公共预算收入。

　　观察 2013—2023 年全国土地财政的运行轨迹，可以发现以下四个特征：一是土地财政收入数量巨大且总体上呈上升趋势。二是地方政府对土地财政的依赖度很高，总体上呈现出逐步提高的长期趋势。三是土地财政收入的增长率高度波动，反映了土地财政收入的高度不稳定性。但是，从整体上看，两者仍然保持了很高的水平，高度依赖土地财政的地方财政模式并未发生根本性的改变。

二、浙江土地财政的运行特征：收入锐减但依赖度仍处高位

(一)浙江省土地财政收入和土地财政依赖度的变化规律

　　统计数据显示，从 2018 年到 2023 年，浙江省土地出让收入和土地财政依赖度均呈现出先升后降的变化规律。2018 年，浙江土地出让收入为 7748.92 亿元，之后连增三年，到 2021 年高达 10372.3 亿元。此后则连降两年，2023 年降为 6470 亿元，比 2021 年的峰值减少了约 37.6%。从土地财政依赖度看，2018—2022 年，浙江全省平均土地财政依赖度都在 100% 以上，最高可达 141.75%，且呈现出逐年提高之势。2020—2023 年，浙江地方政府土地财政依赖度的变化趋势与全国趋势基本一致，即呈现出下降势头，但仍处于较高水平，最低的 2023 年土地财政依赖度也在 75% 以上（见图 10-4）。

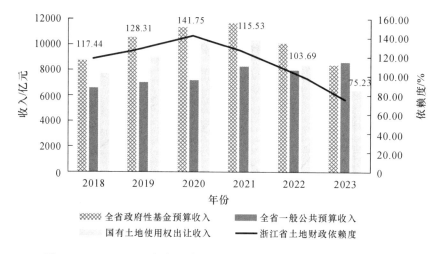

图 10-4　2018—2023 年浙江省土地出让收入与土地财政依赖度的变化

数据来源:浙江省财政厅《浙江省 2018—2023 年财政预算执行情况》和好地网提供的数据。其中,浙江省土地财政依赖度＝浙江省国有土地使用权出让收入/全省一般公共预算收入。

(二)土地财政收入和土地财政依赖度的地区差异

分地区来看,浙江各地的土地财政依赖度也一直处于较高水平。2023 年全省有 10 座城市的土地财政依赖度超过了 30%,8 座城市的土地财政依赖度超过 50%,其中,金华市 2023 年土地财政依赖度高达 127.95%(见图 10-5)。

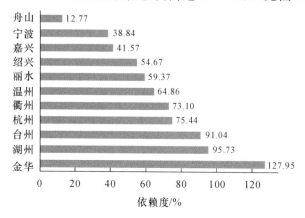

图 10-5　浙江省各地市 2023 年土地财政依赖度

数据来源:根据浙江省各市政府发布的 2023 年财政预算执行情况及浙报传媒研究院公开数据整理。其中,城市土地财政依赖度＝城市土地出让金/城市一般公共预算收入。

近三年来,浙江省各地市的土地出让收入均有所下降,杭州、金华和温州等城市的土地出让收入下降趋势更为明显(见图 10-6)。

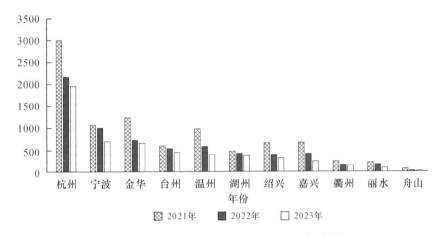

图 10-6　浙江省各市近 3 年土地出让金的变化

数据来源:浙报传媒研究院公开数据。

浙江省土地出让收入最高的四个城市——杭州、宁波、金华和温州,其土地财政依赖也十分严重。2021 年,杭州、金华、温州的土地财政依赖度均超过 100%,近三年这些城市的土地财政依赖度在逐年递减,但仍超过 50%,土地财政依赖问题依旧十分严重。特别是金华市,近三年的土地财政依赖度均超过 100%,位列全省第一。宁波市的土地财政依赖度相较于其他三个城市低,与全国其他大中城市相比,财政收入还是过度依赖土地出让(见表 10-1)。

表 10-1　浙江 4 市 2021—2023 年土地财政依赖度

单位:%

城市	2021 年	2022 年	2023 年
杭州	125.48	88.04	75.44
宁波	62.74	60.31	38.84
温州	149.66	101.71	64.86
金华	253.29	148.75	127.95

数据来源:(1)根据杭州市政府《2021—2023 年财政预算执行情况》、宁波市政府《2021—2023 年财政预算执行情况》、金华市政府《2021—2023 年财政预算执行情况》、温州市政府《2021—2023 年财政预算执行情况》和浙报传媒研究院提供数据整理。(2)城市土地财政依赖度=城市土地出让金/城市一般公共预算收入。

总体来看,浙江土地财政运行呈现出了与全国大致相同的特征:第一,近三年来,浙江各地土地出让收入均呈现出逐步减少的趋势,其中,杭州、金华和温州等城市减少趋势更为显著。第二,浙江各地土地财政依赖度也呈现出下降趋势,但各地市总体上仍保持了很高的水平,大部分城市的土地财政依赖度仍高于 50%,金华市的依赖程度最高,舟山市的依赖程度最低。土地财政收入锐减导致地方财政压力加大、地方债务风险上升。

三、土地财政收入减少导致地方财政压力增大

土地出让收入减少,直接导致政府性基金收入显著缩减,对地方财政预算平衡构成了较大的压力。以浙江省为例,从 2020—2023 年,全省土地出让收入从 10274.49 亿元下降到 6470 亿元,对应的政府性基金收入则从 11353.33 亿元减少为 8363.13 亿元①。土地出让收入减少的直接原因是房地产市场遇冷、土地市场行情不及预期。不仅如此,受房地产市场下行的影响,近几年来,浙江房地产相关税收(如土地增值税和契税等)也受到了一定影响②,拖累了一般公共预算收入的增长,而公共预算支出则持续增长,收支缺口居高不下。据统计,2020—2023 年浙江省一般公共预算收支缺口(用一般公共预算支出减去一般公共预算收入来度量)分别为 2834 亿元、2754 亿元、3978 亿元和 3753 亿元③。

土地财政收入减少导致浙江地方债务风险急剧上升。2019 年浙江地方政府一般债务余额为 6200 亿元,2023 年达到 7684 亿元,五年间增长了 23.9%④。土地出让收入作为浙江省政府偿债的重要资金来源,它的减少将直接影响政府债务的偿还能力,以及对城投企业的结算回款及资金支持,从而进一步加剧地方债务风险。另据统计,2022 年底浙江省共计 476 家有存续债券的发债主体,存续债务总额为 1.95 万亿元,占当年浙江 GDP 的约 25%⑤;截至 2023 年 1 月底,杭州市共有 77 家平台企业尚有存续债 446 只,总规模达 4087.46 亿元⑥,相当于 2022 年杭州市地区生产总值的 21.8%。地方城投企业主要负责土地的初级开发和保障性租赁住房建设等公共性地方项目⑦,60% 以上企业的经营性现金流为负,可持续经营能力较弱⑧。城投企业的资产负债率普遍过高,债务风险巨大(参见表 10-2)。

---

① 数据来源于浙江省政府《浙江省全省和省级政府性基金预算执行情况报告》(2020—2023 年)。

② 从 2020—2023 年,浙江全省契税收入减少了 27.3%,土地增值税收入减少了 21.6%(据浙江省财政厅发布的《2020 年、2023 年浙江省一般公共预算执行情况报告》提供的数据计算)。

③ 根据浙江省财政厅历年《浙江省年度财政预算执行情况》提供的数据计算。

④ 数据来源于历年浙江省财政厅发布的《浙江省一般公共预算执行情况报告》。

⑤ 伍洲等:《化解浙江省房地产市场流动性风险的思考与建议》,《浙江建筑》2023 年第 5 期。

⑥ 数据来源于中泰证券:《2023 年固定收益专题报告:杭州经济财政与债务负担》,2023 年 2 月 14 日。

⑦ 以杭州市运河综合保护开发建设集团有限责任公司为例,2021 年该公司实现营业收入 36.55 亿元,其中,土地开发业务实现收入 31.46 亿元,对其营业收入的贡献率高达 86.07%(中泰证券:《2023 年固定收益专题报告:杭州经济财政与债务负担》,2023 年 2 月 14 日)。

⑧ 伍洲等:《化解浙江省房地产市场流动性风险的思考与建议》,《浙江建筑》2023 年第 5 期。

表 10-2　浙江 11 市 2022 年城投负债率

单位:%

城市	负债率	城市	负债率
温州市	657	宁波市	463
嘉兴市	600	丽水市	414
衢州市	589	湖州市	1714
杭州市	543	绍兴市	1577
舟山市	965	台州市	949
金华市	684		

数据来源:来源于"易网房产",城投负债率＝城投有息债务/一般公共预算收入。

城投企业的融资功能主要依赖既有项目或资产抵押贷款、土地抵押融资等方式,融资能力与房地产资产价格特别是地价高度关联。因此,如果房地产市场景气衰退、土地市场遇冷,土地财政收入就会大幅减少,城投企业的债务风险就会急剧加大。

综上可见,我国现行的土地财政模式具有很大的脆弱性、不可持续性和高风险性,但地方政府对土地财政模式已经形成了高度的路径依赖,在短期内尚无实力相当的替代性融资来源的情况下,地方政府根本无法放弃或不愿意放弃。这就意味着,现行的土地财政模式已经进入"进退两难"的困境之中。

第 3 节　土地财政模式的形成机制分析

本节包括两个主要内容:一是我国土地财政的成因分析,二是影响近几年我国土地财政运行的主要因素分析。

一、土地财政模式的成因分析

关于土地财政的形成原因,不同经济制度下的原因不尽相同。本书以中国为例,基于已有文献主要从制度因素和经济因素的角度来分析土地财政、土地财政依赖的形成原因。

(一)制度性因素

主要的制度性因素包括分税制改革、城乡二元土地所有制和房地产业支柱产业定位等。[①]

---

①　陈多长:《地方政府土地财政依赖:形成机理与转型对策——兼论工业化、城市化对土地财政依赖的影响机制》,浙江大学出版社,2014 年,第 65-70 页。

1. 分税制改革是我国地方政府土地财政模式的直接诱因

1994 年,中国开始实施中央与地方分税制,把税源大而集中的税种归为中央税,而将税源分散、收入零星、涉及面广的税种划归地方税,如将房产税、车船使用税、城市维护建设税、印花税等小税种收入归地方政府。2003 年重新调整,把主要税种的上缴比例进一步上调。本轮税制改革导致地方政府的财政收入不断集中到中央手中。到 2012 年,中央财政收入占全部财政收入的比重已由 1993 年的 22.0％上升到 47.89％,地方财政的比重则从 1993 年的 78％下降到 2012 年的 52.11％。① 在分税制下,省级以下地方政府的可支配财力更小。以杭州市拱墅区为例,增值税 75％交中央,所得税 60％交中央,该区 2010 年的财政总收入达到了 58 亿元,但上交给中央达到 29 亿元,再扣除上交省、市政府的税收收入,2010 年该区可用财政收入仅剩余 13 亿元。② 在财权不断上收的同时,地方政府的事权却在不断扩大。中央将很多事权都下放给了地方,其结果是导致地方政府财政支出比重不断上升。中央政府(本级)财政支出比重从 1993 年的 28.3％下降到 2012 年的 14.93％;地方财政支出比重则从 71.7％增加到 85.07％。③ 在"财权上移"、"事权下移"的财政体制下,地方政府财权和事权不对称,导致地方政府面临着日渐增大的财政压力。

在分税制改革和地方财政压力激增的背景下,从 1995 年开始,开辟地方财政收入来源就成为各级地方政府,特别是省级以下地方政府的重要而迫切的任务。房地产开发、经营性土地竞价出让对地方财政收入的高贡献率诱致各地政府大力发展房地产开发。由此可见,分税制改革无疑是诱发地方政府土地财政行为进而形成土地财政模式的重要原因之一。

2. 城乡二元土地所有制为土地财政模式的形成提供了现实条件

我国实行国有、集体所有二元土地所有制,但我国现行土地管理法律、法规没有提供可操作的细则来体现宪法对集体土地所有权保护的立法精神,而土地管理法对建设用地性质的规定等于部分剥夺了集体土地的处置权和收益权。实践中,农村集体土地转变为国有土地的不可逆性和农村集体土地所有者在土地征用中常处于劣势地位等事实,表明政府,尤其是地方政府是比集体土地所有者更大、更强势的地主,集体土地所有权实际上只是一种不完全的所有权。

---

① 1993 年的数据来源于《中国统计年鉴(1994)》,2012 年数据来源于财政部网站:"2012 年全国公共财政收入 117210 亿元,税收收入占比 86％。"

② 此处数据来源于沈锡权等:《问症土地财政"恶疾"》,《瞭望》2011 年第 5 期。

③ 1993 年数据来源于《中国统计年鉴(1994)》,2012 年数据来源于财政部网站文章:《2012 年全国公共财政收入 117210 亿元》。

不仅如此,土地违法责任追究制度不完善也导致地方政府土地财政行为难以受到有效的遏制。由于土地财政给地方政府带来巨大的当前收益,而地方政府大量违法征地、用地和土地出让受到的惩罚很小,其违法成本较低,其结果必然是土地违法行为愈演愈烈。以浙江省为例,仅从 2001 年到 2010 年的 10 年间,全省土地违法案件累计高达 101919 起,涉及土地面积累计达到 35058.32 公顷、耕地面积达 21853.75 公顷;分别占全国的 11.83%、7.14% 和 9.43%。① 在众多的土地违法案件中,有相当多的案件是由地方政府及其官员的违法或不作为所导致的。

3. 房地产业支柱产业定位是土地财政形成的产业政策依据

房地产业支柱产业政策是推动地方政府土地财政模式的形成和土地财政依赖加深的重要政策因素。其基本逻辑是,"房地产业作为支柱产业→地方政府以此为依据极力推进房地产开发→土地出让规模和房地产开发规模扩大→土地财政收入增加"。

梳理国家有关政策文件发现,中央政府最早把房地产业确定为国民经济支柱产业的文件是 1992 年 11 月 4 日颁布的国发〔1992〕61 号文。在随后的几年里,随着我国房地产开发业逐步繁荣,中央政府又陆续出台了许多关于房地产业发展的规范性文件。这些文件中都把房地产业确定为国民经济的支柱产业,进一步推动了房地产业的高速发展。依据中央政府关于房地产业定位的文件精神,全国各地方政府均积极支持中央政府的这种产业定位决策,纷纷出台关于推进房地产业发展的地方性文件(见表 10-3)。

表 10-3　把房地产业确定为国民经济支柱产业的中央政府和浙江省政府文件

发文时间	发文号	文件名	文件对房地产业功能定位的表述
1992-11-04	国发〔1992〕61 号	《国务院关于发展房地产业若干问题的通知》	"房地产业在我国是一个新兴产业,将成为国民经济发展的支柱产业之一。"
2003-08-12	国发〔2003〕18 号	《国务院关于促进房地产市场持续健康发展的通知》	"房地产业关联度高,带动力强,已经成为国民经济的支柱产业。"
2003-12-31	浙政发〔2003〕50 号	《浙江省人民政府关于促进住宅与房地产业持续健康发展的通知》	"随着我省住宅与房地产业的持续快速发展,住宅与房地产业已经成为我省国民经济的重要支柱产业。"
2005-03-26	国办发明电〔2005〕8 号	《国务院办公厅关于切实稳定住房价格的通知》	"房地产业是我国国民经济的重要支柱产业。"
2006-05-24	国办发〔2006〕37 号	《国务院办公厅转发建设部等部门关于调整住房供应结构稳定住房价格意见的通知》	"房地产业是我国新的发展阶段的一个重要支柱产业,有利于实现全面建设小康社会的目标。"

① 《中国国土资源年鉴(2011)》。

(二)经济因素

工业化和城市化是推动我国土地财政模式形成和土地财政依赖加深的最重要的经济因素。

1. 工业化驱动土地财政形成的机制

地方政府为促进经济发展,极力推动工业化;大规模工业化需征用大量农民集体土地,导致大量农民失去土地。此后,工业化沿两条路径影响地方政府土地财政行为(见图 10-7)。

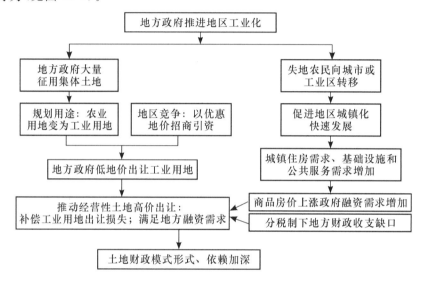

图 10-7　工业化促进地方政府土地财政模式形成和依赖加深的逻辑关系示意

资料来源:陈多长:《地方政府土地财政依赖:形成机理与转型对策:兼论工业化、城市化对土地财政依赖的影响机制》,浙江大学出版社,2014 年,第 75 页。

一是工业用地出让路径。工业用地出让本身对地方政府土地财政收入的贡献很小,甚至可能会是负的。但地方政府会通过限制供应数量的方式,通过竞价出让方式主动推高经营性用地出让价格的方式,获得巨大的土地出让收入,以补偿工业用地低价出让造成的土地财政收入损失。二是失地人口转移路径。工业化导致失地农民向城镇和工业园区集中,由此会产生城镇住宅需求和公共设施、公共服务需求。前者会直接推动商品住宅价格的上升,进而拉升住宅用地价格,为高价出让商品住宅用地提供了需求条件;后者则为地方政府公共产品融资提供动力,并在地方财政收支存在现实缺口的情况下,强化对经营性土地出让收入的依赖。

2. 城市化驱动土地财政形成的机制

城市化促进地方政府土地财政模式形成与依赖加深的逻辑关系如图 10-8 所示。

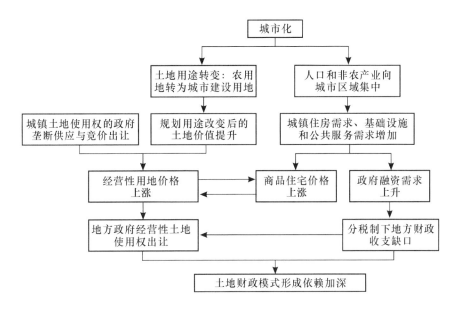

图 10-8　城市化促进地方政府土地财政模式形成和依赖加深的逻辑关系示意

资料来源:陈多长:《地方政府土地财政依赖:形成机理与转型对策:兼论工业化、城市化对土地财政依赖的影响机制》,浙江大学出版社,2014 年,第 81 页。

城市化对地方政府土地财政的影响主要是通过土地用途转变和人口与非农产业向城市集聚两个途径来实现的。第一,快速城市化推动土地用途发生剧烈转变,大量农用地被转换为城市建设用地,这就是所谓的"空间城市化"。农用地不断地被转换为城市建设用地,规划用途的改变直接提升了土地的内在价值,再加上地方政府垄断供应国有土地使用权,必将导致地方政府以竞价的方式出让经营性土地使用权,从而引起经营性用地价格的上涨,不仅带来土地财政收入的增加,也直接推动了商品住宅价格上涨,商品住宅价格的上涨又会反过来拉动地价上升。第二,快速城市化必然伴随快速的人口向城市的积聚,此即"人口城市化"。从逻辑关系上来看,人口迅速向城市积聚,不仅会产生巨大的住宅需求、促升房价、拉升地价,为地方政府谋求土地财政收入提供实现的条件,而且还由于急剧增加的城市人口会迅速增加对城市基础设施和公共服务等的需求,这为地方政府通过土地出让为公共设施融资提供了内在的经济动力。

二、影响近几年土地财政运行的主要经济因素分析

(一)经济增长放缓,不支持土地财政收入的持续增长

2013—2023 年,全国 GDP 总量保持了持续上升势头,年均增长 6.1%,但其增长率却波动剧烈。2013 年,全国 GDP 增速达到 7.7%,之后总体呈现下降趋势,到 2019 年降低到 6%。因受新冠疫情的严重冲击,最近几年 GDP 增速明显减缓,

2020年到2023年GDP同比增长率分别为2.2%、8.4%、3%和5.2%。^①尽管2021年有一个超过8%的高增长,但仍然难以掩盖最近十几年来经济增长率持续下滑的总体趋势。

(二)城镇化已经进入后期阶段,对土地财政的推动力开始减弱

1. 发达地区城镇化已经进入后期(稳定发展)阶段,城镇化速度减缓

城镇化发展过程通常可以分为三个阶段,即初始阶段(城镇化率在30%以下)、中期阶段(即城镇化的加速期,城镇化率在30%~70%)和后期阶段(即城镇化的稳定发展阶段,城镇化率在70%~90%)。以浙江省为例,早在2018年其城镇化率就已经超过了70%,开始进入城镇化的后期或稳定发展阶段,城镇化的增速逐渐放缓。2023年,浙江省的城镇化率达到了74.2%,同比增速仅为1.09%(见图10-9)。城镇化增长空间不断变窄无疑会减少房地产和土地需求,相应地,城镇化推动土地财政收入增长的动力也在逐步减弱。

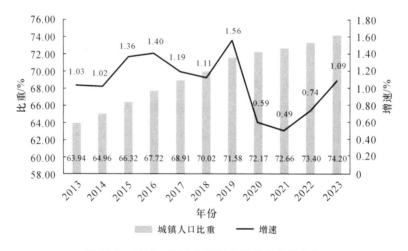

图10-9 2013—2023年浙江省城镇化率及变化

数据来源:浙江省统计局。

2. 人口自然增长率持续下滑,人口老龄化逐渐加重

仍以浙江省为例。从人口自然增长看,2018—2023年浙江省常住人口出生率呈现出持续下行趋势。2023年,浙江人口的出生率仅为5.80‰,同比下降7.64%

---

① 国家统计局:《中华人民共和国2023年国民经济和社会发展统计公报》。

（见图 10-10）。自然出生率持续下降与人口的老龄化持续加深①叠加在一起，就意味着未来的主力购房人群的比例将逐年降低，长期内将难以继续支撑住房市场的扩容和房价的持续上涨。这种情况将对房地产市场产生深远的负面影响，房地产市场长期需求将持续收缩，土地出让可能出现量和价的双双下滑，从而无法再像以前城镇化加速期和人口持续增长条件下那样支撑土地财政收入的持续增长。

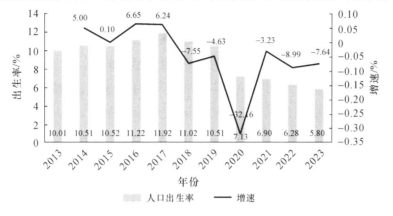

图 10-10　2013—2023 年浙江省人口出生率及变化

数据来源：浙江省统计局。

在城镇化的初期和中期阶段，地方政府尚可以通过土地市场垄断以及行政化配置土地资源的方式，迅速积累了原始资本，进而推动低成本工业化和城镇化的快速发展。浙江省则凭借其得天独厚的区位优势，率先利用土地财政实现经济的快速增长。经济的快速增长反过来又会带来新一轮城市用地需求的增加，提升土地价值，刺激土地财政规模进一步扩张。但是，随着城镇化步入后期的稳定发展阶段，再加上人口老龄化和人口自然出生率下滑对房地产市场和土地市场的负面影响，浙江省乃至全国地方政府土地财政依赖模式都将不可持续。

第 4 节　土地财政模式的转型路径

一、土地财政模式改革与转型的可行路径

中国现行的土地财政模式因其所具有的不可持续性等弊端而必须进行转型

---

①　1990 年第四次人口普查时，浙江省 65 岁及以上老年人口占比 6.83％，人口年龄结构属"成年型"。1994 年全省 65 岁及以上老年人口占比 7.23％，人口年龄结构变为"老年型"，是全国率先进入老龄型社会的少数几个省之一。2020 年全省 65 岁及以上人口占比 13.27％；2023 年末全省 60 岁及以上的人口占比 21.5％，其中 65 岁及以上人口占比为 15.4％，比上年上升 0.5 个百分点，老龄化程度继续加大（浙江省统计局《浙江省第七次人口普查系列分析之八：人口老龄化》和《2023 年浙江省人口主要数据公报》）。

与改革,对此国内学术界很少有异议。但是,土地财政转型与改革的思路却存在着很多不同的观点。最具代表性的观点有两个:一是认为应当尽快终结依赖土地财政的发展模式,彻底压制地方政府借助土地出让金、土地抵押金进行举债,进而大规模搞基建的风气,以陶然等学者为代表。[①] 这种观点类似于经济体制改革路径的"休克式疗法"。二是渐进式改革的土地财政转型思路,即不主张立即彻底地终止土地财政模式,而是寻找新的地方政府融资渠道,渐进地替代土地财政收入,以赵燕菁等学者为代表。[②] 不过,即便是支持渐进式改革与转型的学者,其提出的替代性地方政府融资工具和具体的转型路径也不尽相同。

鉴于现行的土地财政模式对中国近 30 年来的工业化、城镇化所做出的不可替代的巨大贡献,在中国的集体—国有二元土地所有制下,地方政府已然形成对现行土地财政模式的严重路径依赖,以及经历新冠疫情之后目前国民经济正处于缓慢的恢复期,地方财政压力依然很大,立即终止土地财政模式不具备现实可能性。因此,我们支持中国土地财政转型采取渐进式的改革思路。当然,渐进式改革路径并不会彻底消灭土地出让收入本身,而是通过为地方政府寻找替代性的融资来源、严格管制地方政府基于土地财政收入的支出行为等方式来渐进地削弱地方政府对土地财政的过度依赖。

目前中国渐进式的土地财政转型路径或方向主要有以下五个:一是房产税代偿性方案,这个是目前学术界讨论的主导性的转型路径。二是试行土地年租制及土地弹性出让制。[③] 三是试行所谓的"股权财政"。[④] 四是开发"数据财政",即政府可以利用数据资源获取财政收入,替代土地财政收入,为地方公共产品融资。[⑤] 五是利用公募 REITs 为地方公共基础设施融资。[⑥] 在这些方案中,第三、第五两个转型方案,目前有个别城市进行了尝试,至于能否成为土地财政模式的替代性融资渠道,政府部门和学术界均无定论。第四个转型思路目前尚处于理论探讨阶

① 陶然:《中国增长模式下的城乡土地改革》,辽宁人民出版社,2022 年。

② 赵燕菁:《大崛起:中国经济的增长与转型》,中国人民大学出版社,2023 年。

③ 无论哪种土地财政转型路径,均需相关制度改革的配合才能成功。其中,最重要是中央政府才有能力推动的分税制改革(关键是重划各级政府间的事权、财权等),以消除 1994 年分税制改革下财政压力对地方政府土地财政依赖形成和加深的制度激励。

④ 罗志恒:《何为股权财政、能否接替土地财政?》,2023 年 6 月 27 日,https://finance. sina. cn/zl/2023-06-27/zl-imyysxhx0432820. d. html,访问日期:2024 年 3 月 13 日。

⑤ 王鹏:《释放数据价值,创新发展模式:从"土地财政"到"数据财政"的初步思考》,2023 年 8 月 25 日,http://column. chinadaily. com. cn/a/202308/25/WS64e842f7a3109d7585e4ac6a. html,访问日期:2025 年 1 月 24 日。

⑥ 王秀云:《基础设施 REITs 助力化解地方政府债务风险》,《银行家》2023 年第 12 期;王秀云,王琦:《基础设施 REITs 试点经验与发展建议》,《银行家》2023 年第 7 期。

段。这三个转型方案与土地利用、土地市场的关系不大。

至于其他的土地财政转型思路,包括实行新型城镇化(如在集体土地上实施城镇化)、推行新型工业化模式(如在集体土地上实施工业化,鼓励"工业上楼"促进土地集约、节约利用等),以及重构中央与地方政府之间的财权和事权等,从严格意义上来看,都属于治理或缓解地方政府土地财政依赖的政策思路的范畴,与房产税和土地年租制的土地财政转型路径并无根本性冲突,但它们目前只适宜作为促进土地财政转型、降低地方政府土地财政依赖程度的补充性手段,此处不作深入讨论。本讲只介绍房产税代偿性方案。

二、以房产税为土地财政转型的主要路径

在当前提倡以"新质生产力"促进经济高质量发展的时代背景下,传统的高度依赖土地财政的发展模式已明显无法契合今天的发展理念,地方政府必须积极开拓新的财政收入来源、积极主动地促进土地财政模式的加快转型。

(一)实践基础

1. 土地财政模式具有严重的路径依赖性,适宜于渐进式土地财政转型

在现行的分税制下,我国地方政府财政收入主要由地方性财政收入和上级政府转移支付构成,地方性财政收入主要由地方税和相关收费及附加组成,种类繁多但缺乏呈主体地位的收入来源。因此,地方政府开拓新的、稳定的财政收入来源就显得十分必要。基于目前我国地方政府土地财政行为的制度环境、运作模式已十分成熟且形成了较为严重的路径依赖,土地财政在现阶段无法被完全替代,故适宜建立渐进式的土地财政代偿机制来逐步达到土地财政转型与建立新的财政收入主体来源的目的。

2. 我国不动产价值巨大,具备全面开征房产税的物质基础

1998 年以来,我国房地产市场发展迅猛,尽管有持续三年的新冠疫情的严重冲击,2023 年全国商品房销售额仍然高达 11.6622 万亿元,占我国当年 GDP 总量的 9.25% 以上;2023 年浙江省房地产销售额 11503.82 亿元,已占其当年 GDP 的 13.9%[①],如果算上存量房,房地产市值总量规模更大,是十分理想的税收对象。目前,我国正着力于研究保有环节的房产税改革,通过房产税改革来建立地方政府主体税种,减少其"以地生财"的获利动机,实现"投资型政府"向"服务型政府"的转变,而这也是新型城镇化发展战略的要义之一。

3. 新型城镇化战略有助于推动我国土地财政模式转型

我国正在推行新型城镇化战略,集约、惠民、生态已然成为了城镇化发展的主

---

① 数据来源《2023 年浙江省国民经济和社会发展统计公报》。

题,学术界对我国实现新型城镇化建设目标所需资金的估计,较为保守的估计也在 16 万亿元以上[1],政府面临的财政压力巨大。传统的依赖土地财政的发展模式已明显无法契合其发展理念与模式,地方政府在必须转变城镇化发展重点的同时又不得不面对由于城市边界扩张的减速而带来的土地财政收入减少,面对新型城镇化的融资需求,地方政府必须开拓新的财政收入来源。

（二）新型房产税代偿土地财政收入的方案选择[2]

根据我们的前期相关研究,可设计出以下两种房产税改革方案(见表 10-4)。

表 10-4　房产税改革方案设计

改革方案	方案 A	方案 B
土地出让制度改革	住宅类用地一次性出让年限缩短为 40 年;工商业类用地出让年限不变	现有土地出让年限模式不变,土地出让价款组成中去除政府公共投资增值部分价格
土地税费改革	取消各类用地征收城乡土地使用税、耕地占用税、土地增值税	取消各类用地征收城乡土地使用税、耕地占用税、土地增值税
住宅房产税改革	新增与存量住房当期开始征收房产税;应税房产价值为市场价评估	新增与存量住房当期开征房产税;存量住房在前 20 年过渡期内应缴房产税金额扣除原地价中预征性质的房产税;应税房产价值计算以市场价评估
商业房产税改革	应税房产价值以市场价格评估	应税房产价值以市场价格评估
房产税税率[3]	住宅房产按 0.8% 计;商业房产按 1.2% 计	住宅房产按 0.8% 计;商业房产按 1.2% 计
住宅房产税减免优惠	以家庭为单位人均免税 40 平方米	以家庭为单位人均免税 40 平方米

基于浙江省数据的测算结果发现,总体上两种房产税改革方案均具有在合理的过渡时间内取代传统土地财政收入的功能,形成可持续的地方主体税种,为地方政府提供有力的财力保证,并且两种方案在测算时间段内并未产生较大的财政收入差异。从地方政府角度看,房产税改革方案 A 和方案 B 都能在未来产生对现行土地财政模式的代偿能力,对土地财政的转型具有较好的治理效果。本书认为方案 A 更具有现实可操作性:其一,方案 A 更大幅度地削减了土地出让金额度,降低了行业门槛,加剧市场竞争,挤出投机者与资源垄断者,更好地促进行业发展;

①　薛翠翠等:《城镇化建设资金规模及土地财政改革:新型城镇化背景下土地财政代偿机制研究评述》,《中国土地科学》2013 年第 11 期。

②　周宇霆:《新型城镇化背景下地方政府土地财政治理研究:基于房产税改革的视角》,浙江工业大学硕士论文,2014,第 64-73 页。

③　住宅房产税税率根据房产税改革原则设定,商业房产税税率维持现有从价税率。

其二,方案 A 在改革之后能为房价产生更大的降价空间,可以减轻购房者经济压力和税制改革过渡期内的缴税压力;其三,方案 B 虽然在改革过渡期能使税制设计更具公平性,但实际计费、征收难度较大,征税成本较高。同时,为了房产税改革顺利地开展和房地产税体系建设的完善,需要建立相关的政策配套,来满足改革的需求。

研究结果表明,改革初期房产税代偿机制会对浙江财政造成较大的财力缺口,但它会在今后的 10 年之内被填补,之后房产税收入的规模将逐渐超过现有土地财政模式的土地财政收入能力,这表明将一次性的土地出让收益转型为税收型的持久性土地收益是有效的转型途径,房产税改革能够成为我国地方政府土地财政的转型方案。其次,基于政府角度,从两种改革方案中选择了较为合适方案,并提出了保证税收改革和减少财力缺口过渡期风险的配套政策措施。

> **案例分析 10　国有土地主导下的新加坡:非土地财政模式**
>
> 讨论的问题:
>
> 1. 以新加坡"非土地财政模式"为参照系,查阅资料分析中国香港地区土地财政模式的成因。
> 2. 新加坡"非土地财政模式"为中国治理土地财政依赖、促进土地财政转型提供了哪些可以借鉴的经验?

习　题

1. 区分狭义土地财政和广义土地财政概念。

2. 查询统计数据,描述我国土地财政依赖的变化规律,分析决定这种变化规律的关键因素。

3. 查询资料,比较美国早期的土地财政依赖与中国大陆地区土地财政依赖的成因有何不同。

4. 查询资料,分析地方政府对土地财政依赖有哪些不良的社会经济效应?

5. 根据我国城市化和工业化趋势、人口变化趋势,以及房地产市场的新形势等预测土地财政运行的趋势。

6. 查询资料,简述中国土地财政转型的可能路径主要有哪些?

第11讲　住房产权理论

第1节　住房产权制度的基本范畴

一、住房产权制度的定义

（一）住房产权的定义及特点

所谓住房产权，就是人们对住房所拥有的由社会规范认可、保护和约束，并且可以为人们带来一定的社会经济利益或效用的诸种权利的总称。住房产权具有以下几个特点。[①]

（1）住房产权是典型的实物财产或要素的产权。房屋或房地产，这些形式的不动产既是实物财产，又可以作为生产要素来使用。

（2）住房产权权能具有可分离性、可分割性以及住房产权主体的多元性。房屋的所有权与房屋的占有权之间的分离；土房屋所有权与其使用权之间的分离；房屋的收益权在房屋的所有者和使用者之间的分配；房屋的处置权（比如房地产抵押）在其所有者与使用者之间的分割等。住房权能的可分离、可分割性导致了住房产权主体的多元性，如房屋所有权主体与房屋使用权主体的非一致性和房屋收益权主体的非单一性。

（3）住房产权结构的"多权主从性"。在住房产权结构中，住房所有权和住房使用权是两种最基本的权能；其他住房权能，如住房占有权、住房收益权、住房的处置权等权能皆为住房所有权和使用权的派生权能，为从属权能。

（4）可交易的住房产权的二元性。住房产权的交易形式很多，但住房产权交易内容均可以划分为两类：一类是住房所有权的交易，又称作住房本身的交易；另一类为住房使用权的交易，又称作住房服务（或者住房空间）的交易。显然，住房

---

①　本节主要参考虞晓芬等：《不动产估价》（第二版），高等教育出版社，2019年，第27-30页。

产权交易形式不同,其价格评估内容和期限结构也就不同。

(二)住房产权制度

所谓住房产权制度,是指在一定的住房产权的交易方式下形成的住房产权性质及其结构。一般而言,住房产权交易主要有所有权交易和使用权交易两种,二者形成的产权后果有所不同:对于所有权交易,其买方拥有完全产权;对于使用权交易,买方仅仅拥有使用权,不具有住房的任意处置权等权利,因而是一种不完全的住房产权。对于政府分配的住房,其使用者所拥有的产权更为有限。不完全的住房产权往往会限制住房资源的适当流动和有效配置。因此,住房产权制度最为核心的内容是住房的所有制、所有权和住房的使用制、使用权。

二、住房所有制与使用制

(一)住房所有制与住房所有权

1. 住房所有制

所谓住房所有制,是指一个国家或地区在一定的社会制度下占有和控制住房的形式。在不同的社会制度下,占主导地位的生产方式决定着该社会的住房所有制形式。从世界范围来看,目前存在着以下几种住房所有制形式。

(1)住房公有制,包括住房国有制和集体所有制两种公有制形式。中国住房产权制度改革之前,城镇住房所有制以国有制为主,目前仍然存在住房国有制,但这已经不是主要形式,住房私有制为主要形式。朝鲜民主主义人民共和国(以下简称朝鲜)目前仍然是住房公有制主导。

(2)住房私人所有制。这是最普遍的住房所有制形式。目前世界上大多数国家和地区均存在这种住房所有制形式。即使是社会主义制度下的中国大陆地区,目前也以住房私人所有制(个人、家庭、企业等非公共主体)为主导,这是自 1998 年底终结了住房福利分配制度、实行住房市场化分配主导的制度改革的必然结果。尽管目前中国仍存在一定数量的公有制(包括国有制和集体所有制)住房。

(3)住房共有制。以中国为例,这种所有制形式下的住房被称为共有产权住房,即政府与购房者共同承担住房建设资金,分配时在合同中明确共有双方的资金数额及将来退出过程中所承担的权利义务;退出时由政府回购,购房者只能获得自己资产数额部分的变现,从而实现保障性住房的封闭运行。

2. 住房所有权

住房所有权是指住房所有者在法律规定的范围内自由使用其住房的权利。显然,住房所有权首先是指法律对于一种财产或生产要素在归属上的一种强制性的规定,因而是一个法学范畴;其次,换个角度考虑,是指住房的所有者对住房拥有的完全权利,包括占有、使用(自用或他人用)、收益、处置等诸项权利,其中最能体现所有者权利特征的是住房的收益权和住房处置权,因而它又是一个经济学范畴。简言之,狭义的住房所有权是指住房的法律归属;广义的住房所有权是指住房所有者拥有的关于住房的产权,它包括住房所有者为达到一定社会经济目的而分离、分割和复归上述诸项派生权能的权利。

住房公有制下,住房的所有权归政府或集体;住房私有制下,住房所有权归私人主体所有,包括个人、家庭、企业及其他非公共主体所有。住房共有制下,住房所有权由政府和私人按份共同拥有。

联合国把住房权(housing right)定义为一项基本人权,且该权利不限于住房的所有权,还包括只拥有住房的使用权(参见专栏 11-1)。

 专栏 11-1 住房权

公民拥有适当住房条件的权利。许多重要的国际人权公约都将住房权界定为一项基本人权。联合国大会通过的、旨在维护人类基本权利文献《世界人权宣言》第 25 条提出:人人都有权享受为维持他本人及其家庭的健康和福利所需的生活标准,包括食物、衣服、住房、医疗和必要的社会服务,以及在遭遇失业、疾病、残疾、守寡、衰老或在其他不能控制的情况下丧失谋生能力时享受保障。许多国家在宪法中确认公民的住宅权,将保障和改善公民住房条件作为政府的基本义务。其中的一个普遍共识是:住宅权意味着有权居住在安全、安宁和有尊严的地方。

住宅权是一项满足人类最基本生存和发展的权利,更是一项具有复合性的宪法权利。住宅权存在广义和狭义之分。广义的住宅权通常包含以下子权利:(1)住房所有权;(2)房屋居住权;(3)住宅保障权;(4)住宅宜居权。狭义的住宅权不包括住房所有权,仅指政府有责任保证所有社会成员住有所居,强调每个公民有权拥有一个像样的栖身之所,而不一定对住房拥有产权。中国对住宅权的实现有以下 3 个层次的责任:(1)市场保障。对于完全靠公民自己购买房屋的情况,国家的责任是发展并规范健康的商品房市场。(2)援助性保障。即政府通过一定的补贴,资助公民购买房屋来保障公民住宅权的实现。(3)救助性保障。即对无力买房者,政府通过提供保障性住房实现其住宅权。

资料来源:

《中国大百科全书》总编委会:《中国大百科全书》(第 2 版),中国大百科全书出版社,2009 年。

(二)住房使用制与住房使用权

住房使用制是指在一个国家或地区既定的住房所有制条件下,有关住房使用的程序、条件和形式等方面的法律规范或习惯规范的总称,是住房产权制度的另一个重要元素。

住房使用权则是指住房使用者依法或住房所有者以外的人以契约规定,对一定住房进行占有、使用、管理并取得经济的或非经济利益的权利。所以,住房使用权的客体是住房使用权;住房使用权的主体既可以是住房所有者本身,也可以是住房所有者以外的另一方。住房使用权是住房使用制在法律和经济上的具体表现形式。

三、住房权益的限制

(一)住房所有权之类型

经济主体对住房拥有各种各样的权能和权益,在这些权能和权益中,最高的形式是住房的所有权。但是,这种最高形式的所有权并不是全部都是没有限制条件的。

根据限制程度之不同,住房所有权被赋予不同的称谓。例如,在美国的住房价格评估中,住房所有权被区分为:住房所有权(the fee)、不限制的住房所有权(the fee simple)和绝对不限制的住房所有权(the fee simple absolute)。不仅如此,上述不同形式的住房所有权同时还会受到政府城市土地利用区划的限制以及政府实行的其他方面的权益限制。从这个意义上讲,世界上并不存在绝对意义或完全意义上的所有权,所有的住房所有权均是在一定限制下的住房所有权。关于所有权的限制性,可参考专栏 11-2。

　专栏 11-2　所有权的限制性

　　所有权限制原则,是指现代民法关于所有权的内容及其行使的限制原则。近代社会以前,传统民法基本上奉行罗马法以来形成的所有权绝对原则。自 19 世纪末叶起,资产阶级各国民法对所有权的限制逐渐形成明显的趋势。

　　在立法精神和法律形式上主要表现为:(1)所有权纯粹私权观为法定权利思想所取代,立法不再将所有权视为个人绝对意志自由的领域,而对其内容、范围、客体种类加以限定,所有权仅在法定范围内才得以存在。(2)以财产所有为中心演化为以财产利用为中心;立法确定了禁止所有权滥用原则,确认土地所有权不及于与权利人毫无利益的高度和深度,确认不动产租赁权的物权化,即所谓"买卖不击破租赁"原则等。(3)权利个人本位观发展为权利社会本位观;法律对所有权的行使规定有各类义务限制,其中包括容忍他人合法侵害的义务,不违反社会公共利益和他人权益的不作为义务,以及某些作为义务。

所有权限制的主要原因如下:(1)维护社会主义基本经济制度的需要。从维护国家基本经济制度出发,《中华人民共和国民法典》确立了国有财产的专属性。按照这一原则,专属于国家的自然资源、法律规定属于国家所有的野生动植物资源、无线电频谱资源、法律规定属于国家所有的文物、所有国防资产等,不能由其他人所有、处置。民法典第二百五十八条规定,国家所有的财产受法律保护,禁止任何组织或者个人侵占、哄抢、私分、截留、破坏。对国有财产的专属性规定,无疑是为了保障国家对这些财产的专有权,维护国家的基本经济制度。(2)实现公共利益的需要。从世界各国法律规定来看,即使是在对私有财产的保护非常全面和完备的国家,也认为私有财产权并不是绝对不受限制的权利。国家出于公共利益的需要,可以对私有财产进行征收。所以,征收制度是各国法律普遍认可的制度。各国法律都规定基于法律规定、正当程序和公共利益的需要,可以对私人财产予以征收、征用。鉴于征收是对个人财产权的重大限制,征收行为的实施对个人财产利益关系巨大,其将导致个人财产权被限制,甚至剥夺。所以,为了强化对个人财产权的保护,各国法律大多是在宪法等法律中对征收制度作出规定的。(3)维护人与人之间的和睦关系,构建和谐社会的需要,人们在社会生活中,行使权利时应当考虑邻人的利益。因此,相邻一方在他人有利用自己土地和房屋的必要时,应当为其提供通风、采光等方面的便利。只要他人确实存在这种需要,相邻一方就有必要提供这种便利。可见,法律对于相邻关系的规定,实际上也就是法律对所有权以及使用权进行的限制,这种限制的目的,在很大程度上就是要维护人与人之间的和睦关系,有利于构建和谐社会。

资料来源:

邹瑜:《法学大辞典》,中国政法大学出版社,1991年。

(二)实践中对住房产权的限制性规定

在现实社会经济活动中,经济主体在获得住房时,其所想拥有的除了住房物质实体本身,还有附着于住房实体之上的关于住房所有、使用、处置、收益等一系列相关的权益。然而,实际上住房的所有者或占有者在使用住房时常常会受到来自政府、民间力量、甚至市场方面的种种限制。这些限制因素会影响到住房的使用方式、使用程度乃至利用收益,进而会影响到住房的价值。

以美国为例,对住房施加的政府限制主要包括以下四个方面:一是警察权。即在必要的时候公共主体可以对住房进行管理以增进公共安全和公共福利。二是为了公共利益,公共主体可以在任意时候收回住房产权,但要给住房所有者、使用者以"合理的补偿"。三是税收权。公共主体可以在合理的程序下对住房征税以筹集用于公共利益的资金。四是归还权。住房所有人去世,没有继承人的场合,政府可以收回该住房所有权。对住房使用的民间限制,是指在出售住房时常常会附加一些条件对业主或使用者进行必要的限制。例如,一些地区出售居民住房楼宇低层商铺时会要求购买者或使用者不能用于开设饭店或者舞厅等容易扰民的商业项目。除了政府限制和民间限制,最重要的还是市场对住房使用的限制。一个住房的用途要让购买者或使用者满意必须达到其期望的最低的利用收益目标。总体而言,政府限制、民间限制和市场限制三者共同决定住房的使用方式从而最终决定住房的价值。

第 2 节 中国住房产权制度改革

一、改革前的中国政府产权制度特征:名义上以公有制为主体

住房制度改革前,中国的住房产权制度特征是城市住房以公有制为主体。从公有住房的所有权方面来看,法律意义上完全应归国家或企事业单位所有。

然而,从实际情况来看,除去解放初期没收的城市房地产是"纯粹国有房产"外,在后来的增量住房中,从资金的终极来源来说,又可以分为两种情况:一是国家财政拨款,一是职工工资扣除的积累。在我国传统经济体制下,国民收入初次分配中,积累与消费的比例不当,职工工资中很少或根本不含住房消费,而是将这部分本应含在职工工资中的住房消费作为国家财政收入的一部分,然后由国家以财政拨款的形式进行住房建设投资。这就意味着国家的住房建设拨款的终极来源中含有职工用于住房消费的工资扣除。用这部分扣除工资建造的住房其终极产权应按比例于工资量化到个人。再从住房使用权及其派生权利来看,职工一旦获得住房使用权,便可永久占有和使用,并在客观上享有收益和处分等权利。可以说,职工已拥有了对住房的实际控制权,成为了事实上的所有者,国家纯财政拨

款于住房形成的产权部分则未能切实体现。[①]

二、中国住房产权制度改革的路径

(一)住房产权制度改革目标取向

中国住房产权制度改革的基本目标是:建立以私有住房产权为主,其他产权形式并存的多元化住房产权制度。

1. 强调住房产权的私有化

居民个人拥有住房的所有权,享有住房的占有、使用、收益、处分的权利,并且这些权利受到法律保障;机关、社会团体、企业事业单位等具有法人资格的组织同样可以拥有对住房的所有权,既可以用其进行投资,又可以解决内部成员的住房问题,任何外部组织机构均不得对其进行干涉。同时,必须建立一整套法律和措施以保证住房产权在社会范围内的自由流动,以达到住房资源的优化配置。选择私有产权作为住房产权的主要形式,这是由我国社会主义市场经济的本质特征决定的。在市场经济中,必须保证商品的私有权,才能进行顺畅的交易和消费。住房同样是一种商品,应列入生活资料的范畴之中。存量住房的私有化主要通过"公房"出售等改革方式逐步实现。

2. 注重住房产权的多元化

从权能构成的角度看,住房产权是一组可以分割成若干独立组成部分的"权利束",包括使用权、出租权、出售权、抵押权、继承权、收益权等,这个"权利束"的各个组成部分都应是可以独立转让的。

从住房所有权的形式来看,住房产权作为一种复杂的产权组合,主要有以下三种形式:第一,单独所有权,即业主,包括个人、家庭和企业等独立拥有住房。第二,两个以上主体共有,如政府与私人共有产权,私人与私人之间共有住房产权等。第三,公共主体所有,如政府拥有的具有所有权的公共住房。

因此,产权作为一种介于人与物、权与利以及人与人之间关系的社会契约,有着多样的组成形式,建立以私有产权为主体,多种产权形式并存的多元化的产权制度势在必行。

(二)住房产权制度改革的路径

中国住房产权制度改革大致可分以下四个阶段[②]。

1. 理论准备与出售公房试点期(1980—1985 年)

1980 年 1 月号《红旗》杂志刊载《怎样使住房问题解决得快些》一文,指出住房

---

① 曹振良等:《房地产经济学通论》,北京大学出版社,2003 年,第 290 页。
② 曹振良等:《房地产经济学通论》,北京大学出版社,2003 年,第 296-297 页。

当属消费品范畴而非生产资料,引发了房地产理论界及实践部门关于住房属性的大讨论,为我国之后的住房产权改革建立了理论基础。1982 年,国家正式批准郑州、常州、四平和沙市四城市作为住房补贴出售的试点,实行"三三制"售房,即住房价格由国家,单位各补贴 1/3,再由购房者负担 1/3。

2. 提租发补贴,以租促售的配套改革期(1986—1993 年)

1987 年 8 月,《人民日报》报道:烟台市以"提租发售,空转起步"为特征的城镇住房制度改革试行方案,经国务院正式批准,开始试行。这一改革,向住房商品化目标迈出了关键的一步。1988 年 1 月,全国住房制度改革工作会议在北京召开,房改开始了以提租为主要任务的阶段。提租补贴,租售结合,以租促售的政策是这一阶段房改的主题。

3. 综合配套,全面推进期(1993—1998 年)

1993 年底,第三次全国房改工作会议召开,次年 7 月国务院颁发了《关于深化城镇住房制度改革的决定》,确定全面推行住房公积金制度,积极推进租金改革。

4. 实行住房分配货币化,进一步深化住房制度改革的阶段(1998 年以后)

1998 年 7 月,国务院发布了《关于进一步深化城镇住房制度改革加快住房建设的通知》。通知要求 1998 年下半年停止住房的实物分配,逐步实现住房分配货币化。这是我国住房产权制度的一项重大变革,这意味着,新中国成立以来一直实行的福利分配住房制度和公房主导的住房产权制度于 1998 年底终结了。

三、中国现行住房产权制度的特征

(一)住房所有权类型

住房所有权是指住房所有者在法律规定的范围内对其所有的房产享有占有、使用、收益和处分的权利。目前我国住房所有权有多种所有制形式,这与我国特殊的住房制度改革背景和独特的土地产权结构有关。主要的住房所有权形式有以下几种。[①]

1. 国家住房所有权

国有住房主要包括以下两种产权类型:第一,国家授权城镇房地产管理部门直接管理的公房,即国有直管公房。在 1998 年我国城镇住房制度改革完成之前,我国城镇居民居住的房屋中属于房产管理部门管理的房屋多数属于这类产权类型。1998 年实施新的以住房市场化改革为目标取向的住房制度以来,我国许多城市为解决城镇居民住房困难而兴建的廉租房、公共租赁房等保障性住房,其所有权也属于国家或城市政府所有。第二,国家授权给机关、团体、企事业单位自行管

---

① 虞晓芬等:《不动产估价》(第二版),高等教育出版社,2019 年,第 32-33 页。

理的公房,即自管国有房产。

2. 私人住房所有权

通过自行建筑、购买、赠与等形式得到的以个人或家庭为所有权主体的住房所有权形式。目前我国城镇住房的绝大多数都属于这种所有权形式。目前,我国城镇住房以私有住房为主。[①] 城镇私人住房所有权的形成,既有居民自建房屋,也有从房地产开发商购买的住房和房改出售公房形成的私人住房产权。目前中国还有一种处于"灰色地带"的所谓"小产权房"(详细内容可参考本讲案例分析11-1)。

衡量私人住房占全部存量住房的比例,被称为住房私有率。此概念与住房自有率和住房持有率的区别参见专栏11-3。

 专栏 11-3   住房私有率、自有率和持有率

(1)住房自有率(homeownership rate),是以家庭作为统计对象,旨在衡量一个国家或地区有多少个家庭住在自己所有的房子里,同时基于此比率也可以发现有多少家庭租住在他人的房子里。

(2)住房持有率(the ratio of owner occupied dwellings),是以住房作为统计对象,旨在衡量所有的房子当中有多少套住房由业主持有,又有多少套住房供房客租住。

(3)住房私有率(the ratio of privately owned dwellings),是以住房作为统计对象,旨在衡量全部住房中有多大比例是私人所有的住房。例如,原建设部曾经发布《2005 年城镇房屋概况统计公报》,称"2005 年底全国城镇私有住宅建筑面积为 87.9 亿平方米,住宅私有率为 81.62%"。

3. 集体住房所有权

拥有集体所有权的住房主要是指我国具有法人资格的集体经济组织从事工业、商业、交通运输业、建筑业和文化教育等社会经济活动中,占有、使用和支配的建筑物及其相关辅助设施。

4. 共有住房所有权

共有产权住房最早源于 20 世纪 80 年代的英国。英国共有产权住房主要针对有一定购房能力,但又难以凭借自身能力在市场上购房的部分人群而设计的一种

---

① 早在 2005 年,我国的城镇住房私有率就已经高达 81.62%(钱飞鸣:《81.62% 高住房私有率背后的尴尬》,《深圳商报》2006 年 7 月 10 日)。

可部分和分阶段购买住房产权的方式,介于租赁型住房与销售型住房之间的一种住房产权获取方式①,因而被称为"中间产权住房"(参见专栏 11-4)。

专栏 11-4 英国的共有产权住房

　　什么是共有产权房(shared ownership)? 英国的共有产权房是购房者与机构(通常是住房协会)各拥有一定百分比的产权,共同持有这一住房。

　　根据 2020 年 9 月 8 日发布的新规,英国共有产权房的最低购买份额已从 25% 降低至 10%(最高为 75%),即个人最低只用付 10%,然后由机构继续持有剩余的 90% 产权。购房之后,购房者需向机构拥有的那部分产权支付租金,从而获得整个房屋的使用权。购房者尔后也可以最低 1% 的份额逐步买下完整 100% 的产权。与购房者共有房屋的住房协会,将在前 10 年承担修理和维护费用。

　　目前,共有产权住房占英国住房总量的 4%,在英国共有超过 20 万家庭、30 多万以上的人口居住在共有产权房里。根据 2020 年的官宣,英国政府未来将投资 120 亿英镑,在全英各地新建 18 万套保障房,其中一半将会是共有产权房。

　　英国共有产权住房的申请条件如下:家庭年收入不高于 8 万英镑,如果在伦敦,家庭年收入不高于 9 万英镑;年满 18 周岁,正在购买自己的第一套房;信用记录良好,拥有定期还款的能力;申请者一生只能使用一次这个计划。从共有产权房的历史销售数据来看,购买者大多数是现金首付能力不足的关键工作者,如教师、警察、护士等。从年龄分布来看,购买共有产权房的群体主要以年轻人居多。

　　英国共有住房的缺点如下:第一,共有产权房的本质其实就是长期租赁,只是你拥有了 10% 的产权和余下份额的优先购买权,在你把房子 100% 的产权买断之前,另一机构仍是房产所有人。如果无法负担房租,房产所有人有权将共有者驱逐出房屋,且根据法律,你一开始交的 10% 也不会退还。第二,由于你没有完整产权,因此无法对房子进行任何改动,除非真正的房产所有人点头同意。第三,共有产权房部分房源的产权仅有 99 年。第四,与你共同持有该房产的机构(通常是房屋协会)拥有优先回购的权利,即使你拥有 100% 的

---

　　①　黄忠华等:《英国共有产权住房的实践、经验及启示》,《中国房地产》2014 年第 7 期。

产权，他们在理论上也有权限制销售。

资料来源：

傅士鹏：《10万即可伦敦买房？英国的共享产权房，都有什么坑》，2021年6月21日，https://k.sina.com.cn/article_1786219095_6a778a5701900xdly.html，访问日期：2025年1月24日。

从广义角度来看，共有住房所有权属于私人住房所有权的一种类型。它通常是指不同的法人、公共主体或自然人所共同占有、支配、使用的住房所有权。共有的主体可以是私人与政府，也可以是私人与私人等。

中国目前的共有产权住房，是政府与购房者共同承担住房的建设资金，购房者拥有部分房屋产权，而政府则持有另一部分产权。这种住房模式主要是为了帮助低收入家庭实现居住需求，同时减轻其经济压力。2007年，江苏省淮安市最先在全国提出共有产权房的概念。2009年底，上海也开始在徐汇、闵行两区实施共有产权房试点。2017年9月30日，《北京市共有产权住房管理暂行办法》（京建法〔2017〕16号）开始实施。2020年12月21日，住房和城乡建设部提出"要加快构建以保障性租赁住房和共有产权住房为主体的住房保障体系"。2021年12月27日，《杭州市共有产权保障住房管理办法》（杭政办函〔2021〕58号）开始施行，2022年6月29日，杭州主城区第一个共有产权保障性住房项目"滨江区襄七房单元FG09-R21-C37地块"保障房项目正式开工。宁波于2022年2月26日开始施行《宁波市共有产权住房管理办法（试行）》（甬政办发〔2022〕2号）；2023年11月，宁波江北区甬樾湾北侧共有产权房项目开始接受申请。深圳市人民政府令（第354号）《深圳市共有产权住房管理办法》于2023年5月4日经深圳市人民政府七届76次常务会议审议通过，自2023年8月1日起施行；2024年12月，深圳首个共有产权房项目"珈誉时尚花园"获准预售。

（二）住房使用权及派生权利

对于不同的住房所有权形式，其使用权的法律制度安排也有所不同。国有住房除了在住房制度改革期间根据不同的情况出售给城镇职工个人以外，目前仍然保留的住房主要用于满足低收入居民的住房需求，属于保障性的住房使用制度安排。这种住房与近几年新增的廉租住房一样，由满足条件的城镇低收入居民租赁，政府严格限制承租人转租、抵押。集体所有和私人所有的住房可以按照法律规定出售（所有权交易）、出租（使用权交易）、抵押和赠与（处置权）。共有房屋必须由共有人同意，并且在法律许可的前提下，出租、出售、抵押、赠与等，这与私有住房产权并无本质上的不同。

第 3 节　住房产权制度的国际比较

一、朝鲜的住房产权制度

朝鲜长期实行计划经济和配给制,其住房制度与世界上其他国家的制度有很大不同。朝鲜住房产权制度的突出特色就是住房公有制。

为应对国内发展缓慢的经济状况和被联合国安理会大幅限制了的国际发展机会,近代以来,朝鲜住房制度已经历了多次变革和调整,但住房公有制的总体格局基本不变。所有住房都归政府或集体所有,私人拥有住房是违法行为。住房由国家集中配给政府将住房作为国家资产,所有人都有权利享受国家资产。

朝鲜原是实行完全的计划经济和配给制,但经过多次调整,目前住房分配分为两部分:教师、学生、公务员和研究人员等非生产型单位人员的住房仍由国家免费配给,而生产型单位的员工住房由国家分配给企业,企业再分配给员工,但是不再免费,而是需要承担一定的费用。[①]

二、新加坡的住房产权制度

新加坡建国初期住房供应高度紧张。1960 年 2 月 1 日,为了解决国内住房难问题,新加坡政府成立了建屋发展局(HDB),取代了改良信托局,负责公共住房的建设和管理,隶属国家发展部管理。之后,新加坡供给的住房主要是通过建屋发展局、按照居民的收入水平进行计划性出租或出售。新加坡政府最初规定,凡是月收入不超过 800 新元的家庭才有权租住公房,月收入不超过 1000 新元的家庭才有资格购买公房。

与上述住房分配制度相适应,早期新加坡住房产权制度格局是:低收入家庭只拥有住房的使用权而不具有住房的所有权及转租等其他派生产权;中等收入或高收入家庭则可以通过购买房屋而拥有住房的完全产权(包括所有权)。1979 年以后,随着住房紧缺状况的逐步缓解,低收入家庭逐渐也可以购买公房,再加上在政府鼓励下私人建房的增多,住房产权结构逐渐发生变化。20 世纪 90 年代以后,住房所有权私有化的比例已经大大提高[②]。

截至 2023 年末,新加坡共有 78％的家庭居住在 HDB 组屋中(其中大约有 9成的住户拥有其居住的组屋),剩余 22％的家庭居住在私人房产及其他房产中(有

---

① 中华网:《朝鲜观察,朝鲜实行住房分配制度,普通家庭的居住环境怎么样》,2024 年 10 月 7日,finance.sina.com.cn/wm/2024-10-07/doc-incrsnhi2246198.shtml,访问日期:2025 年 1 月 24 日。

② 曹振良等:《房地产经济学通论》,北京大学出版社,2003 年,第 286 页。

地私人住宅占 5％、私人房产-公寓占 17％）。[1] 假设家庭数等于住房存量,据此推算,新加坡目前的住宅私有化率大约在 92％。

三、德国的住房产权制度

德国住房市场是一个"重租轻售"的市场。德国人传统上以租房为主。在整个欧洲,住房自有率约为 70％,德国仅为 46％。在柏林等大城市,住房自有率更低。德国是欧盟国家中唯一的租房者多于房主的国家[2]。然而,从住房产权结构来看,德国仍然是一个以私有产权住房为主导的国家。从租赁市场供给(租房家庭占比约 54％)来看,德国住房政策研究专家马蒂亚斯·伯恩特告诉"德国之声",德国保障性住房和普通出租房的比例曾是 1 比 4,如今,保障性住房的数量为 100 万套,普通出租房为 2100 万套,比例达到悬殊的 1 比 21。[3] 假设普通出租房为非公共住房,由此可以推算,租赁市场上的 2200 万套住房中,非公共住房占比约 4.5％。另外,还有一组 1987 年的德国政府产权结构的数据也可以作为参考(见表 11-1)。

表 11-1 德国住房所有权结构(1987 年)

所有者	住宅单元/千套	占比/％
1.私人或合伙企业	19196	72.31
其中:租赁	9552	35.98
所有者持有	9644	36.33
2.共同所有	1835	6.91
其中:租赁	1048	3.95
所有者持有	787	2.96
3.合作住宅	1030	3.88
4.非营利房东	2584	9.73
其中:联邦政府和州政府所有	547	2.06
地方政府所有	788	2.97
5.商业房东所有	494	1.86
6.其他类型所有者	1409	5.31
总计	26548	100.00

数据来源:德国联邦统计局:《德国统计年鉴(1991)》。

---

[1] 新财经杂志:《保障房,楼市新局面? 新加坡组屋模式,住房自有率超 90％! 有何借鉴?》,2024 年 11 月 7 日,https://xueqiu.com/5557079529/311632530,访问日期:2025 年 1 月 24 日。

[2] 赵婷婷:《越来越多德国人陷入住房困境》,《中国青年报》,2024 年 4 月 25 日。

[3] 赵婷婷:《越来越多德国人陷入住房困境》,《中国青年报》,2024 年 4 月 25 日。

案例分析 11　中国的小产权房问题

讨论的问题：

1. 我国为什么会存在"小产权房"问题？

2. 小产权房的产权性质如何？小产权房对普通商品住房市场会有什么影响？

3. 如何从制度层面解决我国的"小产权房"问题？

习　题

1. 我国住房产权制度有什么特点？存在什么问题，改革方向如何？

2. 比较公有制主导的住房产权制度与私有制主导的住房产权制度的优缺点。

3. 查询文献，讨论在中国提供共有产权住房有何社会价值和经济意义？

4. 新加坡和德国的住房产权制度有哪些地方可供中国借鉴？

第12讲 住宅开发的经济学分析

第1节 房地产开发的基本范畴

一、房地产开发

房地产开发是指房地产企业为了实现城市规划和城市建设(包括城市新区开发和旧区改建)的目标而从事的土地开发、房屋开发及相应的房地产营销与物业管理等行为的总称。①

由于房地产开发是在依法取得国有土地使用权的土地上、按照城市规划要求所进行的基础设施和房屋建设活动,因此,获取国有土地使用权就构成了房地产开发的前提。然而,房地产开发活动也并非仅有房屋建设或商品房的开发,它还包括土地开发和房屋开发在内的一系列开发经营活动。房地产开发与城市规划紧密相关,是城市建设的重要组成部分。基于上述定义,我们可以把房地产开发活动的主要内容区分为两种类型:土地开发和房屋开发。

二、土地开发

土地开发是指对未利用土地通过工程、生物或综合措施,使其达到可利用状态的房地产经济活动。根据不同的定义和应用场景,土地开发又可以区分为广义和狭义两种概念。

广义的土地开发,是指因人类生产建设和生活不断发展的需要,采用一定的现代科学技术和经济手段,扩大对土地的有效利用范围或提高对土地的利用深度所进行的活动,包括对尚未利用的土地进行开垦和利用,以扩大土地利用范围,也包括对已利用土地进行整治,以提高土地利用率和集约经营程度。从狭义角度来看,土地开发主要是对未利用土地的开发利用,要实现耕地总量动态平衡,未利用

---

① 范翰章等:《中国房地产辞典》,中国建筑出版社,2003 年,第 222 页。

土地开发是补充耕地的一种有效途径。^① 狭义的土地开发主要是指对未利用土地的开发利用,以实现耕地总量动态平衡,而未利用土地开发是补充耕地的一种有效途径。

按用途划分,土地开发可分为农用地开发和建设用地开发两种形式。其中,建设用地开发是指用于各类建筑物、构筑物用地的开发。从房地产开发角度看,建设用地开发一般是房屋建设的前期工作,主要有两种情形:一是新区土地开发,即把农业或者其他非城市建设用地改造为适合工商业、居民住宅以及其他城市用途的城市建设用地。二是旧城区改造或二次开发,即对已经是城市土地,但因土地用途的改变、城市规划的改变或者其他原因,需要拆除原来的建筑物,并对土地进行重新改造,投入新的用途。

三、房屋开发

房屋开发是房地产开发活动的主要内容,可区分为四个类型:一是住宅开发;二是生产与经营性建筑物开发;三是生产、生活服务性建筑物的开发;四是城市其他基础设施的开发。

当然,房屋开发也可以简单地分类为:住宅开发和非住宅(如工业地产、商业地产和公共地产等的)开发。

四、住宅开发

住宅开发是指通过土地开发和建设活动,为居民提供住房和居住环境的房地产经济活动。住宅开发通常包括住宅小区、住宅楼宇等建筑物的建设,以及相关配套设施的建设和完善,如道路、绿化、公共服务设施等。住宅开发中的商品住宅开发通常是房地产开发研究关注的重点。

第 2 节 商品住宅开发的程序和涉及的主体

一、商品住宅开发的程序

不同的房地产开发商开发商品住宅的程序不尽相同,但常见的商品住宅开发的基本程序如下:项目可行性研究→土地获取→项目启动→项目施工建设→项目营销→项目竣工交付。

具体来说,包括以下六个阶段:①项目可行性研究:项目构思定位、概念设计和可行性分析。②土地获取:现场勘测、资料准备、合同签订和资金支付。③项目

---

① 自然资源部:《国土常识Ⅱ》,2009 年 6 月 16 日,www.mnr.gov.cn/zt/hd/tdr/2009/gtzs/201807/t20180709_2047525.htmlv.cn,访问日期:2024 年 12 月 5 日。

启动：方案设计、设计深化、市政配套、商业招标和证照审批。④项目施工建设：安全管理、质量管理、成本管理和进度管理。⑤项目营销：市场定位、产品定位、价格定位、广告策划和销售管理。⑥项目竣工交付：竣工验收、项目维保、竣工结算、项目总结和物业管理招标等。

二、商品住宅开发涉及的主体

商品住宅开发过程中涉及的主要政府部门和经济主体有以下几类。

(一)政府部门

1.国土资源管理部门

土地使用权批租者，同时要监督房地产开发项目符合规划和政策法规。目标是公共利益最大化。在商品住宅开发流程中，国土部门主要负责土地的出让、转让和土地使用权的登记等工作。房地产开发商在开发房地产项目前，需要获得国土资源管理部门的批准，确保项目的合法性和土地使用权的有效性。

2.城乡建设规划部门

城乡建设规划部门负责城市的规划和建设。在商品住宅开发过程中，该部门负责审批项目的规划方案，确保房地产项目符合城市的发展规划和建设标准。城乡建设规划部门还负责协调房地产项目与其他城市基础设施的关系，确保住宅开发项目的顺利进行。

3.房屋管理部门

房屋管理部门主要负责房屋的产权登记、物业管理以及住房保障等工作。在商品住宅开发中，房屋管理部门对于新楼盘的预售、房产证办理以及物业管理等方面起着重要作用。房地产开发商和购房者需要与房屋管理部门进行密切合作，确保房屋的合法性和购房者的权益。

4.税务部门

税务部门负责房地产行业的税收管理工作。在商品住宅开发过程中，涉及多个环节的税收，如房产税、营业税、土地增值税、企业所得税、契税和印花税等。税务部门确保税收政策的执行和税收的征收，对于规范商品住宅市场的运行和保障国家的财政收入具有重要作用。

上述政府部门中，国土资源管理部门作为城市政府土地使用权的批租者，在经营性土地使用权交易一级市场上，其目标是使土地批租收入最大化。除此之外的其他政府部门，作为公共主体，其目标是公共利益最大化。就商品住宅开发而言，其目标是确保商品住宅开发和商品住宅市场的顺畅运行，确保房地产商追求利润最大化的同时，不能损害消费者利益和公共利益。

(二)相关企业和机构

1. 房地产开发商

房地产开发项目的发起者和组织者。目标是利润最大化。

2. 建筑商

建筑商是商品住宅的施工和建设的主体,其目标是企业利润最大化。在商品住宅开发过程中起着关键性作用。

3. 金融机构

金融机构为商品住宅的开发与销售等活动提供融资服务。金融机构包括商业银行、公积金中心等金融企业或住房金融机构。商业银行不仅为房地产商融资,也为商品住宅销售融资。公积金中心主要为住房购买者提供资金支持。商业银行的目标是追求银行利润最大化。

4. 其他相关企业

其他相关企业主要包括建筑监理企业、物业服务企业(负责前期物业管理)、工程咨询、销售代理等企业。这些企业的经营目标是企业利润最大化。

三、房地产开发商跨行业经营之变革

前述商品住宅开发所涉及的各类企业中,除了建筑商属于第二产业之外,其他企业均属于第三产业的范畴。让我们思考一个问题:我国目前的房地产开发商和建筑商是否可以整合成一家企业呢?

事实上,早在 2007 年前后,我国曾经有过一次关于中国的房地产开发商是否应该存在的讨论。在这次讨论中,有学者明确提出取消房地产开发商的建议。[①]

我们认为,中国的房地产开发商倒不必全部取消,仍允许房地产开发商的存在,但也可以把建筑商和目前的房地产开发商整合为一个企业,使其兼具建筑商和房地产开发商的功能。政府应当鼓励这类企业存在,这样的企业便于建筑质量问题的追溯和住宅质量的长期维护。兼具传统房地产开发商功能和建筑商功能(甚至还具有住宅设计等功能)的新型房地产供应商,从行业定位上看,其实是综合了房地产及相关服务业(第三产业)和建筑业(第二产业)两个行业的功能。在美国,有些大型地产商同时也是建筑商、住宅设计商(参见专栏 12-1)。

---

① 冯海宁:《取消开发商的气话 不必再说》,《经济参考报》2008 年 6 月 25 日。

专栏 12-1　托尔兄弟：房地产开发与建筑施工的集成型企业

　　托尔兄弟(Toll Brothers)是由罗伯特·托尔(Robert Toll)与布鲁斯·托尔(Bruce Toll)两兄弟一手创建的。于 1967 年在宾夕法尼亚州霍舍姆市成立,1986 年公开上市。经历 50 多年的发展,托尔兄弟已经发展成为全美唯一的一家专供高档住宅的大型住宅营建公司。业务区域覆盖了美国 21 个州的 50 个市场。

　　托尔兄弟致力于全美高档住宅的开发,服务对象为豪华住宅购买者、第二物业买主、活跃的中老年以及退休人士。

　　托尔兄弟集建筑师、工程师、土地开发管理和营建施工队伍为一体,形成一个特有的设计定制体系。在专注高端市场的同时再次扩展了其产品线,推出了联排式住宅及活跃长者社区住宅。其"一站式"服务包括前面提到的个性化设计与营建项目管理及销售、按揭贷款、产权移交,还有住宅保安、有线电视和宽带网络、绿化及高尔夫球场的开发和管理等。

　　资料来源:

　　《美国榜样:Toll Brothers》,《企业文化》2008 年第 12 期,第 72-73 页。

第 3 节　商品住宅开发的经济分析

一、商品住宅开发的成本收益分析

(一)使用成本收益分析法的假设

　　使用成本收益法需要满足一定的假设条件,具体包括:第一,项目所提供的产品和服务存在需求情况下开发项目才有经济价值。第二,开发规模必须使净收益最大(边际收益等于边际成本)。第三,项目必须以符合项目总目标的最小可能成本实施。第四,项目开发的优先顺序应按照其经济合理程度排列。[①]

---

　　① Barlowe R. Land Resource Economics: The Economics of Real Estate. 4th edition, Pearson, 1985: 173.

(二)商品住宅开发的收益和成本核算

1. 商品住宅开发的收益[①]

商品住宅开发的收益,一般包括货币性收益和非货币性收益两部分。货币性收益是指销售收入和租赁收入。非货币收益是指由于提出新概念或改善城市环境获得专业上的认可,提高了开发商的社会声誉,这些社会声誉最终可以为开发商创造未来有利的投资机会。

2. 商品住宅开发的成本核算

商品住宅开发的成本是指为了获得建筑空间或提供相关服务而获取各种资源时必须付出的代价和费用支出,包括显性成本和各种隐含成本。成本有多种分类,如从投资估算角度可分为:土地费用、建筑安装费用、财务费用和各种税费等。

3. 收益与成本的比较

通常有四种比较与判断的方法。

(1)经济利润最大化:项目总收益扣除总成本($TR-TC$)。根据边际收益等于边际成本($MC=MR$)的决策原则,确定利润最大化的商品住宅开发规模。

(2)项目预期收益现值/预期成本现值:如果比值大于 1,说明项目具有经济可行性。

(3)项目净收益率:$(TR-TC)/TC$。

(4)项目投资报酬率:(预期收益现值—建造和投资成本、运营维护成本现值)/建造及投资成本现值。

二、住宅的最优容积率

(一)建筑容积率和建筑密度

1. 容积率

容积率(plot ratio/floor area ratio/volume fraction)是指一个住宅小区的地上建筑总面积与地块面积的比率,又称建筑面积毛密度。总建筑面积包括地上和地下所有建筑物的面积,但不包括地下车库和设备用房等非居住用途的面积。地块面积则是指规划红线内的土地面积。对于房地产开发商来说,容积率决定地价成本在房屋中占的比例;对于住户来说,容积率直接影响居住的舒适度。一个设计良好的居住小区,高层住宅容积率一般不超过 0.5,多层住宅应不超过 0.3,绿地率应不低于 0.3。但受土地成本的约束,并非所有项目都能达到。[②]

---

① 丰雷等:《房地产经济学(第四版)》,中国建筑工业出版社,2022 年,第 109 页。
② 张仕平:《工程造价管理(第 3 版)》,北京航空航天大学出版社,2021 年,第 92 页。

专栏 12-3　不同类型住宅项目的容积率

容积率一般是由政府规定的。现行城市规划法规体系下编制的各类居住用地的控制性详细规划,一般而言,容积率分为:独立别墅为 0.2～0.5,联排别墅为 0.4～0.7,6 层以下多层住宅为 0.8～1.2,11 层小高层住宅为 1.5～2.0,18 层高层住宅为 1.8～2.5,19 层以上住宅为 2.4～4.5,住宅小区容积率小于 1.0 的,为非普通住宅。

(1)容积率低于 0.3,高档独栋别墅项目。

(2)容积率为 0.3～0.5,一般为独栋别墅项目。

(3)容积率 0.5～0.8,一般的双拼、联排别墅,如果组合 3～4 层,局部 5 层的楼中楼,项目品位不低。

(4)容积率 0.8～1.2,如全部是多层,环境绝对一流。如果其中夹杂低层甚至联排别墅,环境一般。

(5)容积率 1.2～1.5,正常的多层项目,环境一般。如果是多层与小高层组合,环境更好。

(6)容积率 1.5～2.0,正常的多层＋小高层项目。

(7)容积率 2.0～2.5,正常的小高层项目。

(8)容积率 2.5～3.0,小高层＋二类高层项目(18 层以内)。

(9)容积率 3.0～6.0,高层项目(楼高 100 米以内)。

(10)容积率 6.0 以上,摩天大楼项目。

资料来源:上海乐居:《如何判断居住舒适度》,2023 年 10 月 6 日,https://sh.leju.com/scan/mfnds23/,访问日期:2024 年 12 月 6 日。

2. 建筑密度

建筑密度(building density/building coverage ratio),是指在一定范围内,建筑物的基底面积总和与占用地面积的比例,度量建筑物的覆盖率,具体指项目用地范围内所有建筑物基底总面积与规划建设用地面积之比,它可以反映出在一定的用地范围内土地占用率或建筑密集程度。

(二)最优建筑容积率[①]

1. 容积率对住宅价格的影响

容积率越大,就意味着规划用地面积相同的地块上的建筑面积越大,居住人口的密度越大,容积率小的住宅项目则意味着居住人口密度较小,居住的舒适度也较高。不仅如此,在同一块土地上,房子建得越少,楼层越低,小区楼宇之间的间距也就越大,绿化环境也会更好,从而提高了整体的居住舒适度。因此,尽管从理论上看,容积率的提高会增加住宅可售面积,但同时会降低住宅的居住舒适度,进而降低住宅的特征价格。

设住宅价格为 P,容积率为 F,α 代表容积率之外的其他住宅属性所决定的住宅价格之和,β 表示容积率每增加一单位导致住宅价格减少额,则住宅价格与容积率之间的关系可表示为:

$$P = \alpha - \beta F \tag{12-1}$$

2. 容积率对成本的影响

容积率增大对建筑物的基础、结构性能要求提高,需要加固基脚、增加电梯和防震设施等,从而增加单位住宅面积的开发成本。

$$C = \mu + \lambda F \tag{12-2}$$

上面的公式中符号从左至右分别代表住宅开发成本、单位面积住宅的固定成本、容积率增加引起的住宅成本增加额和建筑容积率。

3. 最优容积率的决定

单位土地面积的利润:

$$\pi = (P - C)F = (\alpha - \mu)F - (\beta + \lambda)F^2 \tag{12-3}$$

令上述利润函数的一阶导数等于 0,可以找到最优容积率进而找到最大利润的表达式:

$$F^* = \frac{\alpha - \mu}{2(\beta + \lambda)}$$
$$\pi^* = \frac{(\alpha - \mu)^2}{4(\beta + \lambda)} \tag{12-4}$$

根据最优容积率的表达式,当住宅开发的区位条件变好时,α 增大(非容积率因素决定的住宅特征价格增加),此时最优容积率会上升;单位面积住宅的固定成本 μ 增加,则最优容积率下降。

---

① 丹尼斯·迪帕斯奎尔,威廉·C.惠顿:《城市经济学与房地产市场》,龙奋杰等译,经济科学出版社,2002 年,第 76-83 页。

第4节 商品住宅的两种开发模式

按照住宅开发前的土地利用状况,可以把商品住宅开发模式区分为以下两种类型:一是初次开发。初次开发的主要特点是需要进行大规模的基础设施建设投资,然后才能实施商品住宅的开发和经营。其突出优点是地价相对便宜。二是再开发模式。再开发模式下,城镇基础设施项目建设大部分早已完成,房地产开发商可以直接进行商品住宅的开发和经营。其主要缺点是,地价会比较高。

一、商品住宅的初次开发

开发前的土地处于未利用或农业利用状态,此类土地进行的商品住宅开发属于初次开发。在城市边界扩张过程中,大多数的房地产开发都属于初次开发,如杭州市的丁桥大型居住区、长睦大型居住区、临平广厦天都城等的商品住宅开发都属于初次开发。

仅以杭州临平星桥天都城为例。调研发现,临平天都城的商品住宅初次开发模式之主要特征如下:政府与企业合作、企业主导;企业自主融资先进行城镇基础设施的建设(见表 12-1),然后再进行商业性房地产综合开发,主要是商品住宅的开发(见表 12-2)。

表 12-1　天都城的新建的公共设施和配套项目

项目类型	具体项目	投资主体
公共道路	天都大道、欢乐大道、天鹤路、600 米香榭大街、上塘河游步道等	天都实业
公共交通	公交站点、场,767、K535、K371、335、345、762 路,地铁专线	天都实业、杭州市公交公司
教育设施	北山幼儿园天都城分园,时代小学天都城校区(收费学校)	天都实业
医疗设施	星桥街道天都城社区卫生服务站(办公场所)	天都实业
社区管理	星桥街道香榭社区(办公场所)	天都实业
生活设施	联华超市、天都城农贸市场、天都城度假酒店	天都实业
娱乐设施	欢乐四季公园、欢乐广场、天都广场、上塘河景观带	天都实业
其他市政设施	给排水、供电、供气、邮电、通讯、环卫设施等	天都实业

资料来源:陈多长等:《基于治理地方政府土地财政依赖目标的城镇化模式创新研究》,浙江大学出版社,2018 年,108-109 页。

表 12-2　天都城主要的商品住宅项目

小区名称	建筑年份	土地面积/万平方米	建筑面积/万平方米
天都城天湖苑	2004	18.0	20.0
天都城天湖苑	2005	10.0	12.0
天都城天泉苑	2007	4.5	3.8
天都城天河苑	2007	10.3	12.6
天都城天月苑	2008	7.0	7.0
天都城爱丽山庄	2008	7.4	3.4
天都城天水苑	2009	9.8	20.0
天都城天星苑	2009	2.4	6.3
天都城温莎公园	2012	2.3	6.5
天都城爱尚公寓	2012	1.5	5.2
天都城紫韵公寓苑	2015	3.5	13.6
天都城蓝调公寓	2015	4.2	16.8
天都城爵士花园	2015	4.3	10.3
天都城锦上豪庭	2015	8.7	26.4
天都城宾果公寓	2017	2.3	7.3

资料来源:陈多长等:《基于治理地方政府土地财政依赖目标的城镇化模式创新研究》,浙江大学出版社,2018 年,第 109 页。

二、商品住宅的再开发

在商品住宅开发前,目标地块已经属于非农业利用状态的城市建设用地,则基于此类土地进行的房地产开发必须先行拆迁已有建筑物,此类房地产开发为商品住宅的再开发。在城市更新或城市道路的扩建过程中,大多数的商品住宅开发都属于再开发。如浙江大学华家池校区、中国计量大学、杭州电子科技大学等在杭高校老校区的商品住宅开发都属于典型的商品住宅再开发(见表 12-3)。

表 12-3　在杭高校校区扩张后部分外迁高校老校区土地竞价出让信息①

高校校区	出让土地面积/亩②	出让时间	出让总价/亿元	土地用途	受让方
原中国计量学院校区	118.854	2003-07-01	10.550	住宅	国都房产
原杭州电子科技大学校区	66.773	2003-09-26	5.807	住宅	华浙实业/兴财

①　此表中的杭州商学院是浙江工商大学的前身,其校区面积数据来源于《杭州商学院 2001 年硕士学位研究生招生简章》。中国计量学院于 2003 年 8 月整体搬迁到下沙高教园,老校区土地于 2003 年 7 月整体出让。

②　1 亩≈666.667 平方米。

续表

高校校区	出让土地面积/亩	出让时间	出让总价/亿元	土地用途	受让方
原浙江财经大学东方学院校区	25.250	2003-11-02	1.918	住宅	浙经房地产
原浙江理工大学校区	96.000	2005-04-29	11.242	住宅	金都房产
杭州商学院校区	54.197	2007-07-09	14.760	住宅/商业	雅戈尔集团
原浙江科技学院祥符校区	24.195	2011-08-31	2.886	住宅/公建	浙江城建房产
原浙江科技学院祥符校区	44.405	2013-02-20	6.360	住宅/公建	金地集团
浙江大学华家池校区	239.700	2013-09-05	136.730	住宅/商业	绿地/世茂/滨江
原杭州师范大学校区	68.361	2014-01-22	34.000	住宅	福州融信
原杭州电子科技大学校区	21.602	2014-10-30	9.270	住宅	龙湖地产

数据来源:陈多长:《在杭高校校区的三次扩张:驱动因素及其社会经济效应》,《社会科学家》2016 年第 1 期。

案例分析 12　万科地产在杭州住宅开发项目的区位选择

讨论的问题:

1. 良渚文化村周边住宅开发项目的成功,从区位选择角度看有哪些有利因素?

2. 通过调研找出 2015 年以来万科在杭州又开发了哪些住宅项目? 其区位选择特点有无发生变化?

习　题

1. 以商品住宅开发为例,说明完成整个开发过程需要经过哪些主要步骤?

2. 在商品住宅开发过程中涉及哪些主体? 据此说明为什么商品住宅市场价格异常波动会引起相关产业的剧烈波动。

3. 试从房地产开发商的角度分析杭州城区原高校土地用于商品住宅再开发有哪些有利和不利因素?

4. 如何评价商品住宅的初次开发对经济增长的贡献?

5. 商品住宅开发的成本收益分析方法有哪些?

6. 如何推导商品住宅开发的最优容积率? 分析最优容积率的意义在哪里?

7. 调查绿城中国在杭楼盘的地理分布、分析其地产项目类型、区域和区位选择的特点。

第 13 讲　住宅市场均衡分析

第 1 节　住宅市场均衡分析的两种范式

与土地市场均衡分析一样,住宅市场均衡分析,也可以用两种典型的分析范式:一种是 S-D 模型,另一种是基于货币数量论的分析范式。

一、S-D 模型

关于第一种分析范式(S-D 模型),其基本思路是首先分析住宅市场的供给/需求的决定,然后再分析均衡价格和交易量的决定。其中,应特别注意的是,住宅供给行为主要取决于市场结构类型。以住宅增量市场为例,如果假设是完全竞争市场,可以给出供给曲线;如果假设住宅市场为不完全竞争市场,就不存在供给曲线,但可以用边际成本曲线描述房地产开发商的供给行为。对于住宅需求行为的研究,假设价格以外因素不变,房地产需求仍然遵循需求规律;若价格以外因素发生变化,则会引起需求曲线的变化。通过分析影响住宅市场供求的决定因素,最后确定住宅均衡价格和成交量及其变化。

在 S-D 模型下,均衡价格变化的分析步骤如下:第一,分析某因素是影响住宅的供给行为,还是影响住宅需求行为,如果同时影响两者,就要判断影响哪个方面更大。第二,分析该因素影响下供给(或边际成本线)和需求变化的方向。第三,分析在新的均衡状态下,住宅市场价格的涨落和均衡交易数量的增减。

二、货币数量方程

第二种范式是货币数量论的分析框架,其基本思路与土地市场货币数量方程一样,是基于货币数量方程:$MV = PY$,或者 $M = KPY$,构建住宅市场货币数量方程,以此为工具分析住宅价格及其变化率的决定。

尽管目前商品住宅价格波动机制的主流分析范式仍然是供求均衡模型,但用货币数量论的思路来分析商品住宅价格波动机制却是一个值得尝试的创新方向。

从货币数量论应用于价格分析的历史看,大约经历了以下几个阶段:①用于解释一般物价水平波动。古典货币数量论既基于解释一般物价水平的波动而产生,又直接应用于通货膨胀的解释。至今为止的主流文献集中于货币数量方程的理论研究和应用于解释 CPI 波动的经验实证研究。②用货币数量的变化来解释资产价格波动。当发现整体经济中货币供给量与 CPI 关联性减弱之后,众多经济学家开始关注货币数量对资产价格的影响,且一开始主要关注的是货币数量对股票价格波动的影响。最近几年,经济学家开始关注整体货币供应量与包括房地产、股票在内的所有资产价格之间的关系。但总体来看,上述研究仍然是货币数量论在资产市场上的不完全应用,因为这些文献在分析资产价格/房地产价格波动时所使用的货币数量是整体经济的货币数量,而不是流入到股票市场或房地产市场上的货币数量。此外,目前已有的文献对考察期内资产供应数量的变化对资产价格的影响并未给予足够的关注。③尝试利用货币数量论来分析房地产价格波动机制。这类文献比较少见,目前仍处于探索阶段。有文献曾经给出了应用货币数量方程分析房地产价格及其波动机制的理论模型,并对住宅市场货币数量方程的有效性进行了初步的实证检验。[①] 另有文献基于 SVAR 模型,尝试利用货币数量方程对货币供给对 CPI 和房地产价格的影响进行了初步研究。[②] 但其主要缺陷如下:一是仍用总量货币供应量同时考察其对消费物价和房地产价格的影响。二是将交易的商品和房地产数量设定为常数,这等价于不考虑房地产供给数量对房地产价格的影响。事实上,经典货币数量论的一个核心结论是,货币数量变化和产出数量变化两者共同决定一般物价水平的变化。同样,商品住宅数量变化和商品住宅市场货币数量变化两者共同决定商品住宅价格变化。因此,同时测度出流入到商品住宅市场的货币数量和商品住宅供应数量的变化(一级变量),并进一步考虑影响两者的关键因素(二级变量)才能很好地解释商品住宅价格的波动机制,这方面的研究目前仍待深入。

本讲分别利用以上两种分析范式,探讨影响住宅市场均衡价格的关键因素以及住宅价格是如何决定的。

---

① 陈多长:《浙江省房地产业健康发展研究:产业定位的角度》,中国社会科学出版社,2008 年。

② 任碧云,梁垂芳:《从"历史数据看货币供给对消费价格与房地产价格的影响》,《华北金融》2010 年第 4 期。

第 2 节　S-D 模型下的住宅市场均衡分析

一、住宅市场供给

(一)基本范畴

1. 住宅供给

所谓住宅供给,是指房地产开发商或房地产拥有者在一定价格水平上所愿意且能够出售的住宅数量。在某个时点上,住宅供给量是由住宅存量和住宅增量供给共同构成的,如式 13-1 所示:

$$S_{t+1} = S_t + C_t - \delta S_t \tag{13-1}$$

上述公式中,从左至右各个项目分别表示:S_{t+1} 表示本期的住宅存量,S_t 表示上期住宅存量,C_t 表示上期的新建住宅量,δS_t 表示住宅折旧量(等于折旧率乘以上期的住宅存量)。

2. 住宅存量供给

所谓住宅存量供给,是指在某一时点上现存的住宅单位数。在短期内住宅存量的供给是固定的,不随价格的变动而变动,即短期内住宅存量的供给是零价格弹性的,供给曲线是一条垂直于横轴的直线。这是因为在短期内,住宅不能通过新建或由其他的建筑物转换用途立即生产出来或通过折旧、毁损而迅速减少。

(二)影响住宅供给的主要因素

影响住宅供给的主要因素除了住宅价格以外,主要有生产要素价格、技术水平、预期因素和政策因素等。

1. 价格(P)

保持其他因素不变,住宅供给量与住宅价格呈正相关,即价格上升、住宅供给量增加。这就是住宅市场的供给规律,这与其他商品或服务市场的供给规律并无本质上的不同。

2. 生产要素价格(C)

住宅的生产要素主要包括土地(T)、资本(K)、劳动(L)和建筑材料(M)等。这些要素的价格上升,意味着住宅的生产成本上升,这会引起住宅供给减少。

3. 住宅生产技术(A)

从生产技术角度看,技术进步如采用工业化住宅和装配式建筑(参见专栏13-1),会引起住宅供给的增加。

专栏 13-1　德国的装配式建筑

　　德国是一个工业化高度发达的国家，在建筑工业化领域也走在世界前列。20 世纪 50 至 70 年代，为了应对二次大战之后出现的严重住宅短缺问题，德国运用预制混凝土大板（PC）技术和部分装配式内装方式，建造了大量住宅建筑。

　　德国居住建筑中约 11% 为木结构建筑（独栋和双拼别墅为主），木结构居住建筑中超过 80% 为装配式建筑和装配式内装。根据德国国家统计局的数据，德国过去十多年间的非居住类建筑（包含公共建筑、工业建筑等）中装配式建筑占比在 40%～46%。居住建筑中约 11% 为木结构建筑（独栋和双拼别墅为主），木结构建筑中超过 80% 为装配式建筑和装配式内装。居住建筑近 88% 为钢筋混凝土建筑，钢筋混凝土居住建筑中 97% 为现浇和砌体结构，只有不足 3% 为装配式建筑。

　　德国装配式建筑（fertigteilbau，"预制构件建筑"）的定义：一座建筑当其大部分（可理解为 50% 以上）承重的外墙或内墙、采用楼层高度或房间宽度的预制构件建造，称为装配式建筑。其中，"大部分承重外墙或内墙"以承重结构的体积计算，包含建筑基础和地下室部分。

　　德国居住建筑近 88% 为钢筋混凝土建筑，钢筋混凝土居住建筑中 97% 为现浇和砌体结构，只有不足 3% 为装配式建筑。但钢筋混凝土居住建筑中 90% 以上钢筋混凝土居住建筑采用了一定数量的预制叠合板作为楼板、墙板，以及工厂化生产加工的部品，包括预制楼梯、预制楼板、可循环使用的金属模板和高精度砌体承重墙等。

　　德国住宅设计注重实用性、经济性、耐久性和健康环保，虽然统计数据显示按照德国装配式建筑定义建造的混凝土结构住宅只占 3%，但钢筋混凝土居住建筑中 90% 以上采用了一定数量的预制叠合板作为楼板、墙板，德国发明的这种技术结构整体性好，混凝土表面平整度高，为室内装修节省了抹灰找平工序。叠合楼板重量轻，方便运输和吊装，外立面形式比较灵活，经济性较好。

　　此外，德国居住建筑大量使用工厂化生产加工的部件，包括预制楼梯、可循环使用的金属模板、高精度砌体承重墙，部分项目采用复合预制外墙板、预制电梯井（双层绝缘隔声构造，隔声值达 71db）等。概括一下，德国建筑工业化的发展以技术进步和市场需求为动力和导向,通过优化技术体系,提升施工效率、降低成本、提高住宅品质,不盲目追求高装配率。

资料来源:卢求:《德国装配式建筑发展研究》,《住宅产业》2016 年第 6 期。

4. 预期因素($\Delta P/P$)

预期因素对住宅供给的影响主要表现为:如果预期住宅价格持续上升,短期供给会减少,反之则反是(参见专栏 13-2)。

 专栏 13-2　记者调查:房地产商囤积房源抬高房价

房价上涨有很多原因,其中一个就是房地产开发商面对大量的有购房需求的消费者,通过囤积房源不断抬高房价。

请看记者近日在北京的调查。在这家位于北京南三环附近的售楼处,工作人员在热情地为我们讲解了小区的各种配套设施后,提醒我们因为房子非常好,所以已经所剩不多了。销售人员说:"加起来一共还剩七套房吧。"记者说:"这是你们的销控表么?"销售人员说:"对,没价钱的都是卖了的。"果然,在这张销控表上,90%的房子都被画了斜杠,表示已经卖掉,没有卖掉的屈指可数。这样的畅销速度令同来看房的消费者颇感无奈。购房者说:"我买房子一年多了,看了好几套房子,但凡有点中意的,基本上都说卖完了,给我们一种压力,其实房源是不是没有了,我们比较怀疑。"真的如此畅销吗?我们的怀疑随后在北京市建委的管理网站上得到了答案。监控信息显示,这家楼盘尚有超过一半的房子没有卖出去。

另一家楼盘做得就更绝了,根据资料,这家楼盘在一年前就已经拿到了预售许可证,但记者发现,这里的许多房子至今没有开盘。销售人员说:"一单元一直都没开,因为一单元是我们整个三期中最好的房子,最好的房子肯定要留到最后卖,要收尾的。"销售人员说:"顶层是跃层,我们都留着都没卖。"记者说:"为什么不卖?"销售人员说:"留到最后我们跟园景一块卖。"好房子不卖,可不是不想赚钱,而是留着赚大钱。销售人员告诉我们,因为没卖的房子比较好,吊足了许多消费者的胃口,虽然目前的价钱比刚开盘时已经贵了将近3000 元,但还是有很多人排队等着这些房子的放盘。

记者对 10 家销售楼盘调查发现,有超过一半的开发商或多或少地存在囤房的现象。有的开发商在收回部分成本后,就停止销售,等到现房或房价高涨的时机再出手。而囤积后再出手的房源绝不银保监会和第三套平均涨幅都在1000元以上。

专家：商品房供应充足，消费者应理性消费面对一些房地产开发商、为了追求高额利润、不断翻新的招数。专家认为，这正是利用了消费者、不成熟的购房心理，因此，消费者在购房时、应放平心态，理性消费。专家认为，根据权威部门的统计数字，我国的商品房数量完全可以满足购房者的需求，但在面对买不到房的紧张局面时，消费者往往会比较冲动。专家表示："房价上升，老百姓比较着急，看房价节节攀升，那我还不如早点买。这样就造成了供不应求。把心态放平，不能迎合开发商，如果大家都不着急了，那么开发商的虚假信息还有对象吗？他正是看准了你这个心态。"另外专家也认为，我国的房地产市场发展时间很短，因为企业的集中度较差，项目公司极多，就造成诸如炒作、空手套白狼等很多不规范的市场行为。因此，政府应从源头予以监管，为消费者筑起一堵防护墙。

有专家指出，提高首付比例对房地产市场发展是有好处的，但在具体实施中、还面临着一些问题。中国社科院金融研究所研究员易宪容说："提高首付比例，措施尚需完善。这个原则对房地产有利，但是操作起来比较困难。如果把按揭贷款区别性对待，第一套住房一定是（有）比较好的政策，不能提高（价格），对于民众来说，尽量（以）低的价格进入房地产市场，这是我们房地产市场保证发展的一个关键。"易宪容认为，目前很多人还买不起第一套住房，而对于多套住房的所有者，如何区别第二套，第三套住房还存在问题，对于多套住房、高档住宅和别墅提高首付比例的措施目前不容易操作。易宪容说："如何来区别第二套和第三套住房，如果我们有一个好的信用体系和一个好的识别方式，（否则实施起来）可能有困难，银保监会出台的仅仅是一个原则性问题，各大商业银行会采取什么措施，都是不确定的，识别不好的情况下，它可以用模糊的东西尽量把执行的力度减弱，这个原则效果是很有限的。"

央行：房贷一枝独秀增长最快。中国人民银行发布的这份报告显示：中国个人住房贷款比例目前不断扩大，但汽车贷款却在大幅减少。截止到2005年末，中国个人消费信贷中，个人住房贷款占比不断扩大，已经占到全部消费贷款余额的70%以上。与此同时，初期发展迅速的汽车贷款则开始大幅减少。另外，住房装修、助学、大件耐用消费品等方面的贷款数量非常少。报告同时显示，占全国GDP一半以上的东部地区聚集了中国60%以上银行业金融资产，其中广东最多，达到4.1万亿，其次分别为北京和上海。

联播观点:囤积房源绝不是市场行为。刚刚公布的国六条中再次强调,要加强土地使用监管,制止囤积土地行为。其实,房子也不能囤积,这和囤积土地一样都是哄抬物价、扰乱市场的行为。一些开发商坚称囤房是市场行为,是销售策略,这明显站不住脚。市场行为应该反映真正的供求关系,信息应该是透明的。看来,治理房价急需更严厉的措施,让开发商不能隐瞒楼盘销售的真实情况,让消费者明明白白消费,这样一来,急于出手的,就该是开发商了。

资料来源:中央电视台:《记者调查:房地产商囤积房源抬高房价》,2006 年 5 月 27 日。

5. 政策因素(S)

影响住宅市场供给的政策因素主要包括财政政策、货币政策和产业政策等。具体而言,如果政府针对房地产市场采用扩张性财政政策,如减免房地产开发相关税收或者对住房开发实施财政补贴等;实行宽松的房地产信贷政策等。比如,如果银行增加房地产开发贷款额度、降低房地产开发贷款利率,住宅供给就会增加(参见专栏 13-3)。

专栏 13-3　促进住宅供给增加的货币政策和财政政策

2024 年 10 月 17 日,住建部部长倪虹在国新办新闻发布会上表示,2024 年的年底前,将房地产开发"白名单"项目的信贷规模增加到 4 万亿元。城市房地产融资协调机制要将所有房地产合格项目都争取纳入"白名单","应进尽进、应贷尽贷",满足项目合理融资需求。

2024 年 11 月 12 日,财政部税务总局住建部公告 2024 年第 16 号《关于促进房地产市场平稳健康发展有关税收政策的公告》,其中第二条"关于有关城市取消普通住宅和非普通住宅标准后相关土地增值税、增值税政策"规定如下:

第一,取消普通住宅和非普通住宅标准的城市,根据《中华人民共和国土地增值税暂行条例》第八条第一项,纳税人建造普通标准住宅出售,增值额未超过扣除项目金额 20% 的,继续免征土地增值税。根据《中华人民共和国土地增值税暂行条例实施细则》第十一条,有关城市的具体执行标准由各省、自治区、直辖市人民政府规定。具体执行标准公布后,税务机关新受理清算申报的项目,以及在具体执行标准公布前已受理清算申报但未出具清算审核结论的

> 项目,按新公布的标准执行。具体执行标准公布前出具清算审核结论的项目,仍按原标准执行。
>
> 第二,北京市、上海市、广州市和深圳市,凡取消普通住宅和非普通住宅标准的,取消普通住宅和非普通住宅标准后,与全国其他地区适用统一的个人销售住房增值税政策,对该城市个人将购买2年以上(含2年)的住房对外销售的,免征增值税。

同样,从产业政策角度来看,政府如果把房地产业作为国民经济的支柱产业,则会促使住宅供给长期、持续增加。1998年7月,国发〔1998〕23号文件《国务院关于进一步深化城镇住房制度改革加快住房建设的通知》颁布,提出"加快住房建设,促使住宅业成为新的经济增长点";2003年8月,国发〔2003〕18号文件《国务院关于促进房地产市场持续健康发展的通知》发布,确认房地产业已经成为国民经济的支柱产业。2021年12月11日召开的"2021—2022中国经济年会"上,国家统计局局长重申,房地产业是我国国民经济的支柱产业。国家对房地产业的支柱产业定位,有利于住宅供给持续增长。

(三)住宅的供给价格弹性

住宅供给价格弹性是指住宅供给量对住宅价格变动的反应敏感程度。计算公式如下:

$$E_{sp} = \Delta Q/Q \div \Delta P/P \tag{13-2}$$

E_{sp}:住宅供给价格弹性系数

Q:初始供给量

ΔQ:供给的变动量

P:初始价格

ΔP:价格的变动量

例如,如果住宅价格上升10%引起住宅供给量增加20%,则$E_{sp}=2$,表示住宅价格与供给量存在正向变动关系。

当$/E_{sp}/>1$时,住宅供给是有弹性的。

当$/E_{sp}/=1$时,住宅供给是单位弹性的。

当$/E_{sp}/<1$时,住宅供给是缺乏弹性的。

当$/E_{sp}/=+\infty$时,住宅供给是完全有弹性的,供给曲线为一水平线。

当$/E_{sp}/=0$时,住宅供给是零弹性,供给曲线为一垂线。

在实际的市场分析中,我们习惯用中点公式来计算供给价格弹性:

$$E_s = \frac{\Delta Q \times (P_1 + P_2)}{\Delta P \times (Q_1 + Q_2)} \qquad (13\text{-}3)$$

值得注意的是,住宅的短期与长期供给价格弹性不同:短期内住宅供给缺乏价格弹性,极端情形下,我们可以合理地假设住宅的短期供给价格弹性近似为零。住宅短期供给缺乏弹性的原因主要有以下几个:第一,土地供给限制。第二,住宅用地规划的限制,既定面积的土地上,建筑容积率会受到政府用地规划的严格限制,住宅建筑面积就有一个上限。第三,建筑周期的限制。不同类型的住宅建筑周期不同,但一般来说,最快的住宅供给周期也要 3 年左右。那么,住宅短期供给低弹性乃至零弹性的市场后果是什么呢?根据市场供求均衡原理,如果住房短期供给零弹性,导致出现以下几种市场后果:第一,需求决定价格。第二,对住宅交易征税,税负由卖方承担。第三,住宅很容易成为投机炒作的对象。

但在长期内,住宅供给价格弹性可能大于 1,即富有供给价格弹性。叶剑平等曾经根据流量模型,估计 2000—2007 年我国 35 个大中城市新建住宅供给价格弹性系数在 4～11,2008—2013 年的价格弹性系数在 5～13 之间;利用存量调整模型得到的估算结果是 2008—2013 年我国的新建住宅供给价格弹性系数在 1～6。[①]

二、住宅市场需求

(一)住宅需求的定义

所谓住宅需求,是指在某一价格水平上,家庭愿意并且有能力选择的住宅数量。从需求满足的形式来看,住宅需求可分为租赁需求和购买需求。从需求的性质来看,住宅需求又可以分为消费性需求和投资性需求。

(二)住宅需求的影响因素

除了自身价格(或租金)以外,影响住宅需求的主要因素有收入、人口、偏好、预期和政策(如金融支持和税收政策)等因素。

1. 价格(P)

保持其他因素不变,住宅价格与住宅需求量反相关,即价格上升、住宅需求量减少。这就是住宅市场的需求规律,这与其他商品或服务市场的需求规律并无本质上的不同。

2. 可支配收入(I)

一般而言,居民住房抵押贷款首付款的主要来源是居民可支配收入转化的储蓄存款。居民可支配收入提高,居民储蓄存款增加,住房需求增加(住房需求曲线

---

① 叶剑平等:《我国新建住宅长期供给价格弹性估算:基于 35 个大中城市的实证研究》,《中国房地产》2014 年第 20 期。

右移)。

3. 人口(H)

人口是形成并决定住房需求的最基本的因素之一。住房市场需求分析时,我们通常关注人口的以下几个特征:一是人口的总量规模,二是人口的年龄结构特征,三是人口的教育结构特征等。

(1)人口的总量规模。假设家庭平均的人口规模不变(或家庭小型化),人口规模持续扩大,则住房需求会持续增加。相反,如果人口总量规模缩小或家庭规模大型化(而人口总量规模基本不变),则住房需求会逐渐萎缩。

(2)人口的年龄结构特征。人口的年龄结构之所以会影响住房市场需求,是因为不同年龄段的人群对住房的需求不同(参见表 13-1)。

表 13-1 美国人受教育程度与有房者比例

年龄/岁	中位数收入 (无大学学位)/美元	中位数收入 (有大学学位)/美元	有房者比例 (无大学学位)/%	有房者比例 (有大学学位)/%
22~35	9045	74843	25.0	42.0
36~49	51559	106328	49.2	73.4
50~63	53000	105387	63.8	82.2
63 以上	34040	71182	68.4	81.2

数据来源:搜狐网:《数据显示,美国人收入和教育水平与住房有很大关系》,2017 年 8 月 23 日,https://www.sohu.com/a/166613968_174814,访问日期:2025 年 1 月 24 日。

(3)人口的教育结构特征。其基本逻辑是,一般而言,居民受教育程度越高,其收入水平也相对较高,住房需求越高、住房拥有率也就越高(参见表 13-1 和表 13-2)。

表 13-2 美国人受教育程度与有房者比例

教育程度	年收入中位数/美元	有房者比例/%
高中肄业	26874	40.5
高中毕业	48842	56.4
学士学位	82202	67.3
研究生学位	98772	73.6
博士学位	117684	73.7
专业学位	134680	76.0

数据来源:搜狐网:《数据显示,美国人收入和教育水平与住房有很大关系》,2017 年 8 月 23 日,https://www.sohu.com/a/166613968_174814,访问日期:2025 年 1 月 24 日。

4. 偏好(T)

偏好主要是指不同国家/地区、不同民族的居民在住房租赁与购买问题上的倾向性选择。根据显示偏好理论,居民最终决策其实已经体现了其对住宅产权类型的偏好。中国人民受到"有恒产才有恒心""有土斯有财"等传统财富文化观念的深刻影响,大多数偏好于购房。这也是我国商品住房所谓"刚需"旺盛的重要原因之一。

不仅中国人偏好拥有住房,有着深刻的历史和社会文化背景,而且从世界范围来看,拥有住房所有权对提高居民对社会满意度,增强居民社会安全感、归属感,促进子女健康成长等都有积极作用。美国总统罗斯福曾经说过,"住房所有者组成的国度是不可征服的"。这表明,在美国拥有住房对国家的稳定和国防安全意义重大。

2017 年 5 月,浙江工业大学曾经对杭州主城区 650 位入住公租房的对象进行了问卷调研,结果如下:92.15% 的人认为"拥有自己产权住房的年轻人,在择偶上占明显优势";84.31% 的人认为"在杭州拥有一套自己的住房已经成为生活中最大的压力";不满意因素中排第 1 位的是"不是属于自己的房子",有 80.77% 的人被调查者认为"应该拥有自己产权的住房",其中排第 1 位的理由是"有套自己产权的住房才有归属感和安全感";表示对目前居住状况很满意的仅占 2.62%,比较满意的仅占 19.69%;只有 21.69% 的人被调查者表示可以接受"永不买房,租房居住到老"。可见,拥有住房所有权对租赁户是多么重要,也反映了城市居民对购买产权住房的强烈偏好。

5. 预期$(\Delta P/P)$

(1)预期房价上涨,购房需求增加。2017 年 5 月,浙江工业大学对杭州楼市需求进行调研,结果发现,认为"居住者应拥有自己产权的住房"的受访者理由中,房价上涨、子女教育和搬家风险为首要考虑因素,所占总样本比例分别为 38.2%、33.8% 和 31.1%。房价上涨因素排在第一位。

(2)预期开发商债务风险增大,住房需求减少。近几年来,随着恒大地产等地产企业的债务危机的爆发,导致其"烂尾楼"风险加大,极大地打击了购房者的信心,楼市预期悲观,严重地抑制了住房市场需求。为逆转目前楼市的悲观预期、重建市场信心,政府出台了积极的金融支持政策(参见专栏 13-4)。

专栏 13-4　稳定房地产市场预期的金融政策

中共中央政治局 2024 年 9 月 26 日召开会议,强调要促进房地产市场止跌回稳,对商品房建设要严控增量、优化存量、提高质量,加大"白名单"项目贷款投放力度,支持盘活存量闲置土地;要回应群众关切,调整住房限购政策,降低存量房贷利率,抓紧完善土地、财税、金融等政策,推动构建房地产发展新模式。

促进房地产市场止跌回稳,除了要遵循最基本的供需规律,还要充分重视"市场预期"的作用。所谓预期稳定,是指经济主体的行为选择能够得到一个较为明确的预期结果。结果不明确则预期不稳定,预期不稳定会直接影响行为选择。

优化房地产金融政策要以稳定市场预期为出发点,预期稳则信心足。一方面,稳定需求端预期,统筹存量与增量,既要做好"保交房"工作,让购房者交了钱就能拿到房,也要调整住房限购政策,进一步释放合理购房需求。另一方面,稳定供给端预期,充分用好城市房地产融资协调机制,在此机制的带动下,有效引导金融机构满足房地产企业的合理融资需求。

稳定需求端预期,要稳定购房者的信心,切实做好"保交房"工作,加大城市房地产融资协调机制"白名单"项目的贷款投放力度。最新数据显示,截至目前,商业银行已审批"白名单"项目超5700个,审批通过的融资金额达1.43万亿元,支持400余万套住房如期交付。之后,可进一步发挥属地政府的统筹协调作用,缓解银行、房企之间的信息不对称。尤其是针对那些有融资需求但暂不满足"白名单"标准的项目,属地政府要督促有关各方研究整改方案,压实房企自身责任,尽快修复问题项目,推动符合"白名单"标准的项目"应进尽进""应贷尽贷"。

稳定供给端预期,要在有效防控风险的前提下,引导金融机构满足房地产企业的合理融资需求。当前,在房地产融资协调机制的带动下,金融机构对房地产行业的支持力度不断加大。截至2024年8月末,今年的房地产开发贷款较年初实现了正增长,扭转了房地产开发贷款的下滑态势,房地产并购贷款、住房租赁贷款分别增长14%、18%。中国人民银行行长潘功胜表示,接下来,将研究允许政策性银行、商业银行贷款支持有条件的企业市场化收购房企土地,盘活存量用地,缓解房企资金压力,必要时也可以由人民银行提供再贷款支持。

继续坚持因城施策,促进房地产市场逐步实现平稳健康发展。2024年前8个月,在一系列政策措施的作用下,房地产市场的部分指标出现了边际收窄。从未来的发展趋势看,中国城镇化进程持续推进,房地产发展新模式正在加快构建,房地产市场仍然具有较大的潜力与空间。为此,要继续坚持因城施策,优化房地产金融政策,确保政策的落地、落细,进一步稳定市场预期,更好满足人民群众的住房需求,促进房地产市场逐步实现平稳健康发展。

资料来源:郭子源,《稳定房地产金融政策预期》,《经济日报》2024年10月4日。

6. 金融支持(M)

关注抵押贷款利率和首付款比例(成数)的变化对住房需求的影响。抵押贷款利率下降,住房需求增加;首付款比例下降,居民购房能力增加,住房需求增加。

(1)利率下降,住房需求增加。以美国为例,1980 年 4 月—1986 年 10 月,伴随美联储多次降息,美国 30 年固定住房抵押贷款利率从 16.3% 下降至 10.0%,其间居民住房可负担性有所缓解,住房需求持续增加。之后,美国住房抵押贷款利率保持长期下降趋势,30 年固定抵押贷款利率到 2001 年初已经降低到 7.0%,其后又快速下降至 2003 年中的 5.2%,刺激了购房需求快速增加,也为 2008 年美国的次贷危机和金融危机埋下了伏笔。[①]

(2)首付款比例下降,住房需求增加。1995—2001 年,美国住房抵押贷款首付比例大大降低,刺激了住房购买需求(见表 13-3)。

表 13-3　美国住房抵押贷款首付款比例变化

单位:%

年份	购买类型	首付比例(联邦住宅管理局贷款)	首付比例(其他贷款)
1995	首次购买	21.6	29.8
	重复购买	22.0	33.3
	总体	23.2	33.5
1999	首次购买	13.8	22.1
	重复购买	16.7	24.3
	总体	16.0	25.7
2001	首次购买	16.3	24.1
	重复购买	26.5	28.5
	总体	22.6	27.0

数据来源:The American Housing Surveys, 1995, 1999, 2001。

7. 财政政策(F)

(1)刺激住宅需求增加的财政政策。对住房购买进行财政补贴(如对居民购买住宅实行贷款贴息政策等),或者减免住房交易契税等税收优惠政策,会刺激住房需求增加。中国自 1998 年以来,长期实行刺激住房需求的税收政策,出台了许多鼓励房地产交易与住房消费的税收政策。以杭州市为例,曾经长期对房地产交易中的营业税进行减免,契税实行减半征收(对购买普通住宅按照 1.5% 的税率征

---

① 中金公司研究部:《历轮降息周期中美国住房市场表现复盘》(研究报告),2024 年 9 月 10 日。

收契税,一些城市/城区甚至购房退契税),新税法早有规定的土地增值税和继承税没有开征,房产转让所得税没有持续实施(2004年元旦杭州开征二手房产转让所得税,当年9月1日停征);尚未开征物业税/财产税等。这些优惠的财税政策,均极大地支持了住房需求的增加。2024年11月12日,财政部、税务总局和住建部公告2024年第16号《关于促进房地产市场平稳健康发展有关税收政策的公告》,再次出台刺激住房需求的政策(参见专栏13-5)。

专栏13-5　促进住宅需求增加的财政政策

2024年11月12日,财政部、税务总局、住建部《关于促进房地产市场平稳健康发展有关税收政策的公告》(2024年第16号),其中第一条"关于住房交易契税政策"规定如下:

(一)对个人购买家庭唯一住房(家庭成员范围包括购房人、配偶以及未成年子女,下同),面积为140平方米及以下的,减按1%的税率征收契税;面积为140平方米以上的,减按1.5%的税率征收契税。

(二)对个人购买家庭第二套住房,面积为140平方米及以下的,减按1%的税率征收契税;面积为140平方米以上的,减按2%的税率征收契税。

家庭第二套住房是指已拥有一套住房的家庭购买的第二套住房。

(三)纳税人申请享受税收优惠的,应当向主管税务机关提交家庭成员信息证明和购房所在地的房地产管理部门出具的纳税人家庭住房情况书面查询结果。具备部门信息共享条件的,纳税人可授权主管税务机关通过信息共享方式取得相关信息;不具备信息共享条件,且纳税人不能提交相关证明材料的,纳税人可按规定适用告知承诺制办理,报送相应的《税务证明事项告知承诺书》,并对承诺的真实性承担法律责任。

(四)具体操作办法由各省、自治区、直辖市财政、税务、房地产管理部门制定。

(2)抑制住宅需求增加的财政政策。根据国际经验,不少发达国家/地区普遍征收"物业税",个别国家如德国对房地产交易征收重税或动用刑法。2004年开始,大量境外资金涌入德国房地产市场,其房地产投资/投机资金总量占欧洲总量约1/3。然而,德国各级政府利用严厉的行政、法律、税收组合政策严厉打击房地产投机,使境外资金无功而返。德国政府治理房价炒作的核心手段有三个:一是严格执行房价、地价、房租指导价制度。二是对抬高房价者实行刑罚制裁,对于房屋出售者的房价超出"合理房价"者最高可判3年徒刑。三是严厉的房地产交易税收。上述政策的严格执行导致包括境外投机者在内的所有房地产投机者,甚至投资者在德国房地产市场上无利可图,德国房地产价格也很难暴涨。[①]

(三)住宅需求弹性

1. 住宅需求价格弹性

住宅需求价格弹性是指住宅需求量对住宅价格变动反应的敏感程度。计算公式如下:

$$E_{dp}=\Delta Q/Q\div \Delta P/P \qquad (13\text{-}4)$$

E_{dp}:住宅需求价格弹性系数

Q:初始需求量

ΔQ:需求的变动量

P:初始价格

ΔP:价格的变动量

例如,如果住宅价格上升 10% 引起住宅需求量减少 5%,则 $E_{dp}=-0.5$,表示住宅价格与住宅需求量之间存在正向变动关系。

当 $/E_{dp}/>1$ 时,住宅需求有弹性。

当 $/E_{dp}/=1$ 时,住宅需求单位弹性。

当 $/E_{dp}/<1$ 时,住宅需求缺乏弹性。

当 $/E_{dp}/=+\infty$ 时,住宅需求完全有弹性,需求曲线为一水平线。

当 $/E_{dp}/=0$ 时,住宅需求是零弹性,需求曲线为一垂线。

在实际的住宅需求分析中,我们通常会用中点公式来计算住宅需求价格弹性:

$$E_{dp}=\frac{\Delta Q\times(P_1+P_2)}{\Delta P\times(Q_1+Q_2)} \qquad (13\text{-}5)$$

2. 住宅需求收入弹性

住宅需求收入弹性是指住宅需求量对收入变动反应的敏感程度。计算公式如下:

$$E_{dI}=\Delta Q/Q\div \Delta I/I \qquad (13\text{-}6)$$

E_{dI}:住宅需求价格弹性系数

Q:初始需求量

ΔQ:需求的变动量

---

① 参见郇公弟:《海外炒房团"缘何败走德国》,《四川党的建设(城市版)》2008 年第 5 期,第 64 页。

I:初始收入

ΔI:收入的变动量

例如,如果居民收入增加 10% 引起住宅需求量增加 8%,则 $E_{dI}=0.8$,表示居民收入与住宅需求量之间存在正向变动关系。

当/E_{dI}/>1 时,住宅需求有弹性。

当/E_{dI}/=1 时,住宅需求单位弹性。

当/E_{dI}/<1 时,住宅需求缺乏弹性。

当 E_{dI}<0 时,住宅需求负弹性,表明住宅或住宅服务是低档品。

当 E_{dI}>0 时,住宅需求正弹性,表明住宅或住宅服务是正常商品。

在实际进行住宅需求收入弹性分析时,我们通常也会用中点公式来计算住宅需求收入弹性系数:

$$E_{dI}=\frac{\Delta Q\times(I_1+I_2)}{\Delta I\times(Q_1+Q_2)} \tag{13-7}$$

三、住宅市场均衡

(一)住宅供给函数

根据前文对住宅供给影响因素的分析,我们可以把住宅供给函数简单表示如下:

$$Q_s=A\,f\,(P,C,\Delta P/P,S) \tag{13-8}$$

(二)住宅需求函数

根据前文对住宅需求影响因素的分析,我们可以把住宅需求函数简单表示如下:

$$Q_d=g\,(P,I,H,T,\Delta P/P,M,F) \tag{13-9}$$

(三)住宅供求均衡

根据式 13-8 和式 13-9,令 $Q_s=Q_d$,可得到住宅市场的均衡条件:

$$A\,f\,(P,C,\Delta P/P,S)=g\,(P,I,H,T,\Delta P/P,M,F) \tag{13-10}$$

第 3 节　货币数量论与住宅价格决定[①]

一、问题的提出

早在 2003 年前后,随着我国住房制度改革的完成,房地产投资开始急剧升

[①] 陈多长:《浙江省房地产业发展研究:产业定位的角度》,中国社会科学出版社,2008 年,第 166-171 页。

温,个别地区房地产价格呈现非理性上涨,这些现象引发了社会各界人士关于房地产价格上涨成因、上涨机制和发展趋势等空前激烈的争论。从学术界来看,关于这个主题主要有两种观点:一是认为,对我国的房地产市场而言,"商品房的大量空置与房地产价格快速上涨并存"这个矛盾现象,表明房地产开发商具有很强的垄断定价势力,造成房地产市场中供求规律的失灵。这种观点实际上排除了利用市场供求规律来解释我国房地产价格变动规律的可能。二是认为,不管房地产市场结构如何,供求规律仍然可以解释房地产价格变化。这也是现有文献解释房地产价格变动机制的通用理论模式。该模式采用比较静态分析,先厘清影响供求的主要因素,然后观察其对供求曲线的影响,据此判断房地产市场价格如何发生变化。本书认为,即使在我国目前垄断势力很强、管理极不规范的房地产市场上,市场供求规律仍然不会失效,房地产价格的涨落依然是市场供求均衡的结果。但必须明确指出,由于房地产市场信息的严重不对称,房地产开发商手中持有的房地产数量与真正拿到市场上参与交易的数量(即有效房地产供给量)其实是两个完全不同的概念。房地产开发商通过调整房地产供给数量达到垄断定价、操纵价格的目的,其实是利用了房地产市场的供求规律,而不是对房地产供求规律的颠覆。

事实上,比较静态分析虽然可以在大多数情况下直观地表现出房地产价格的变动方向,但通常无法准确揭示房地产价格变动的主导因素及其作用的动力机制,也无法准确表达其作用于房地产价格的数量界限。基于此局限性,本书提出了一种基于货币数量论的分析思路,主要工作是提出一个房地产价格决定的解释性理论框架,根据这个框架我们可以清楚地看到推动房地产价格涨落的主要因素及其作用机制,旨在为政府科学调控房地产市场、土地市场寻找政策着力点。

本讲主要讨论住宅市场—货币数量论,以解释房价及其波动的决定机制。

二、房价及其变化率的决定:住宅—货币数量论

(一)命题 1 及其证明

基于货币数量论的基本思想,提出以下命题:

> 在封闭的住宅市场上,房价由房屋数量、居民收入水平和银行对住宅消费的信贷支持力度等因素决定;而房屋数量长期内主要决定于政府的土地出让数量,短期内主要决定于房地产开发商的供应行为。

假设某城市的住宅市场不存在土地投机与房源囤积行为,政府的土地供给完全决定了未来某个时间的住宅供给,仍假设每年住宅用地供给量为 Y_t^L(m²)。为简化分析,假设土地供应当年住宅可以预售,对应的住宅供给量为 Y_t^H(m²)。设容

积率为 α_t ,则有以下关系成立:

$$Y_t^H = \alpha_t Y_t^L \tag{13-11}$$

设某年居民购房货币总量为 M_t^H ,则每年购买住宅的货币总需求决定于住宅供应数量 Y_t^L 与房屋平均价格 P_t^H ,即:

$$M_t^H = P_t^H Y_t^H \tag{13-12}$$

根据式 13-11 和式 13-12 得到:

$$M_t^H = \alpha_t P_t^H Y_t^L \tag{13-13}$$

式 13-13 揭示了住宅市场价格与土地数量和住宅货币需求量之间的关系:房价与居民购买住宅的货币需求量正相关,与住宅用地供给量和容积率反相关。

假设第 t 期住宅抵押贷款比例平均为 β_t ,首付款为 C_t^H ,则

$$M_t^H = \frac{C_t^H}{1 - \beta_t} \tag{13-14}$$

根据式 13-13、式 13-14 得到:

$$\frac{C_t^H}{1 - \beta_t} = \alpha_t P_t^H Y_t^L \tag{13-15}$$

对上式两端求各项目的变化率并令房价的变化率为 π_H ,经处理后得到:

$$\pi_H = \frac{\dfrac{dC_t^H}{dt}}{C_t^H} + \frac{\dfrac{d\beta_t}{dt}}{1 - \beta_t} - y_L - \frac{\dfrac{d\alpha_t}{dt}}{\alpha_t} \tag{13-16}$$

如果某城市居民年可支配收入总量为 I_t ,住宅边际消费倾向为 γ_t ,它被定义为居民可支配收入中用于购买住宅的比例。为简化分析,假设由居民可支配收入和住宅边际消费倾向所共同决定的住宅购买支出正好等于银行所要求的住宅抵押贷款的首付款总量,即 $C_t^H = \gamma_t I_t$ 。

根据式 13-16 可以得到:

$$\pi_H = \frac{\dfrac{d\gamma_t}{dt}}{\gamma_t} + \frac{\dfrac{dI_t}{dt}}{I_t} + \frac{\dfrac{d\beta_t}{dt}}{1 - \beta_t} - y_L - \frac{\dfrac{d\alpha_t}{dt}}{\alpha_t} \tag{13-17}$$

由此可知,房价变化率与住宅边际消费倾向变化率、居民可支配收入变化率以及银行住宅信贷支持力度的变化率呈正相关,与政府土地供应量的变化率和建筑容积率的变化率呈反相关。

假设所有的房地产开发商都按照土地出让合同中的约定按期、按量地供应住宅。这当然是对现实世界的简化,其研究结论只适用于住宅市场的长期情况。现在考虑住宅市场的短期情形。一个可以被大家接受的观点是:住宅市场的长期供

给主要决定于政府的土地供给,而短期供给则主要决定于房地产开发商的行为①。在短期内,政府的土地供应只是决定了住宅的潜在供给量;而房地产开发商的行为则决定了市场上实际的、有效的供给量。在一些地区的住宅市场上,房地产开发商囤积土地、囤积房源或推迟销售("销控")等行为均会降低住宅的短期有效供给量,使市场上实际供应的房屋数量偏离住宅供地所决定的住宅理论值。经过简单变换,很容易得到短期内的房价变化率的决定方程:

$$\pi_{H0} = \gamma_0 + i_0 + \frac{\dfrac{\mathrm{d}\beta_t}{\mathrm{d}t}}{1 - \beta_t} - y_H \tag{13-18}$$

其中,π_{H0} 为短期内房价变化率,i_0 为居民可支配收入的变化率,γ_0 为短期内住宅边际消费倾向的变化率,$\dfrac{\dfrac{\mathrm{d}\beta_t}{\mathrm{d}t}}{1 - \beta_t}$ 为银行按揭贷款的变化率,或者首付款比例变化率的相反数;y_H 为短期内住宅供应量的变化率。

由式 13-18 可知,住宅短期价格的变化率与住宅边际消费倾向的变化率、居民可支配收入的变化率以及银行信贷支持的变化率呈正相关,与房地产开发商住宅供应量的变化率反相关。

(二)命题 2 及其证明

> 在开放的住宅市场上,置业货币需求主要受本地居民收入、区外居民财富和银行对住宅消费信贷的支持力度等因素的影响。房屋数量长期内主要决定于政府的土地出让数量,短期内主要决定于房地产开发商的供应行为。置业货币需求与房屋数量共同决定房价。

前文讨论的是一个封闭性住宅市场。实际上,我国许多地区(如上海、广州、深圳、杭州、北京等地)的住宅市场早已变成了开放的"泛区域市场"了。现在我们再来考虑加入外地需求的住宅市场价格决定问题。显然,在开放的住宅市场上,外地购买者的加入,扩大了住宅需求的来源,降低了房价与本地居民可支配收入的关联程度。

如果假设外地人购房需求占整个市场需求的比例为 η_t,则本地居民的市场需求为 $1 - \eta_t$,仍然假设第 t 期住宅销售市场上本地居民购买住房首付款总量为 C_t^H,则住宅货币需求总量为:

---

①　必须指出,如果排除房源囤积、土地囤积等投机行为,住宅市场的短期与长期市场因素将趋于一致:短期的住宅供给与由土地数量决定的长期住宅供给应当是一致的。然而这只是一个理想化的情形。

$$M_t^H = \frac{C_t^H}{(1-\beta_t)(1-\eta_t)} \qquad (13\text{-}19)$$

令长期内房价的变化率为 π'_H ，则参考式 13-17 可得到：

$$\pi'_H = \frac{\dfrac{d\gamma_t}{dt}}{\gamma_t} + \frac{\dfrac{dI_t}{dt}}{I_t} + \frac{\dfrac{d\beta_t}{dt}}{1-\beta_t} + \frac{\dfrac{d\eta_t}{dt}}{1-\eta_t} - y_L - \frac{\dfrac{d\alpha_t}{dt}}{\alpha_t} \qquad (13\text{-}20)$$

式 13-14 揭示了开放住宅市场上房价变化率的六个决定因素：住宅置业者的行为、本地居民可支配收入、信贷支持力度、政府土地供应行为、建筑容积率和区外购买者的比例。其中，房价变化率与建筑容积率和土地数量两者的变化率呈反相关，与其他因素的变化率呈正相关。

与封闭市场相比，开放住宅市场上房价的变化，除了有居民收入、住宅边际消费倾向、银行信贷支持、政府土地供应和建筑容积率等本地因素的贡献以外，区外购买比例是第六个决定因素，该比例的增加将推动住宅市场价格上涨。大量的经验证据也表明，近几年来逐年增加的区外购买比例的确已经成为推动杭州、上海、北京等城市房价快速上涨的重要因素（2003—2005 年三地商品房的外地购买比例均在 30％以上，高档住宅的比例会更高）。

仍然假设外地需求比例为 η_t ，住宅短期价格变化率为 π'_{H0} ，则有式 13-21 成立：

$$\pi'_{H0} = \frac{\dfrac{d\gamma_t}{dt}}{\gamma_t} + \frac{\dfrac{dI_t}{dt}}{I_t} + \frac{\dfrac{d\beta_t}{dt}}{1-\beta_t} + \frac{\dfrac{d\eta_t}{dt}}{1-\eta_t} - y_H \qquad (13\text{-}21)$$

式（13-21）揭示了短期内房价变化的五个决定因素：本地住宅置业的住宅边际消费倾向、本地居民可支配收入、信贷支持力度、房地产开发商的住宅供应行为和区外购买者的比例。前 4 个因素对房价上涨率的影响与封闭市场情形完全相同。外地购买比例增加，即住宅市场对外开放程度提高，推动房价上涨。其政策含义是，任何旨在开放本地住宅市场的政策（如杭州从 2006 年就开始在部分城区实行的"购房入户"政策）均会导致房价的上涨。

三、结论与讨论

（一）结论

基于货币数量论对住宅价格变化机制进行了初步探讨，得到了以下五点结论。

（1）住宅价格上涨本质上是一种货币数量现象。

（2）房价的涨落则是政府、银行、本地居民、区外居民和房地产开发商等主体互动的结果。

(3)长期内土地供给与住宅货币需求共同决定了房价及其变动;短期内住宅供给与住宅货币需求共同决定了房价,而与地价没有直接的关联。

(4)住宅价格的下降与其上涨一样都是房地产市场波动的常态。房地产价格的涨落决定于房地产数量与货币数量的相对增长率,任何关于房地产价格只涨不落的言论均缺乏理论支持。

(5)治理房地产价格上涨过快的主要政策着眼点是:短期内力促房地产开发商按期提供住宅,长期内稳定增加土地供应量,同时减弱银行对投资性或投机性住宅信贷的支持力度。

(二)讨论

本书认为,需要进一步研究的问题主要有以下两个方面。

(1)住宅市场投机交易比例和货币流通速度均会影响住宅价格的波动。住宅市场投机的重要特征:一是它所实现的住宅需求在短期内又变成住宅供给,二是它会导致货币流通速度加快。显然,住宅市场投机交易分别从住宅供给和货币数量两个方面影响住宅价格。本书的住宅市场货币数量方程中,货币数量是指实际参与住宅市场交易的货币数量,它相当于住宅市场中的货币存量与货币流通速度的乘积。这是对经典货币数量方程 $MV = PY$ 的简化。如果住宅市场上存在投机行为,货币流通速度会加快,有效的货币数量 MV 增加,推动住宅价格上涨。

(2)理论模型需要做实证检验。由于我国住宅市场统计体系尚不完善,我们无法准确获得下列数据:某个时段内投入特定区域房地产市场的土地数量、可售房屋数量、房地产开发商投入的自有资金和银行信贷资金的数量等,因而无法进行住宅市场货币数量方程的经验实证研究。此处的研究只是纯理论的解释性探讨。但是,从为政府部门提供房地产市场调控政策依据的角度来看,这种分析显然已经达到了预期的目的。

案例分析 13　杭州房地产新政如何影响房地产市场?

讨论的问题:

　　请根据房地产经济学有关理论逐条分析杭州房地产新政对杭州商品住宅市场价格的影响。

习　题

1. 课后阅读下列文章(姜春海:中国房地产市场投机泡沫实证分析,《管理世界》2005 年第 12 期;陈龙:中国房地产泡沫的历史及现状,《经济体制改革》,2005年第 2 期),回答以下问题:

(1)什么是住宅需求定律?

(2)在住宅价格快速上涨时期,住宅需求量与住宅价格呈正相关,这是否违反需求定律? 如何解释?

2. 比较 S-D 模型和货币数量论两种范式分析住宅价格影响因素及其决定机制的异同。

3. 拓展性问题:查询文献,回答以下问题:

(1)解释什么是住宅市场四象限模型? 它有哪些方面的应用?

(2)说明什么是居住隔离? 我国是否存在同类现象? 如何形成的?

(3)解释住宅交易成本对住宅交易的阻滞效应。

(4)解释什么是住房自有率? 比较中外住房自有率。

第14讲　住宅保障政策的经济学分析

第1节　住宅保障政策概述

一、住宅保障政策的定义

住宅保障与失业保障、养老保障和医疗保障等都是社会保障体系的组成部分。住宅保障是一个含义广泛的概念。从广义角度看,农村的"宅基地"、城市的"公共租赁房"等都是住宅保障的一种具体形式。从狭义角度看,保障主要是指政府对城镇居民中的低收入家庭实施的住房援助。本书主要讨论狭义的住宅保障概念。

住宅保障是低生产力水平下保障"人人有房住"的基本社会制度。单独依靠市场配置住房资源,并不能实现人人都有房住的社会目标。根据国际经验,市场机制配置住房资源,不仅不能解决低收入人群的居住问题,而且最终会导致住房分配的两极分化(即住房不平等),与市场机制会导致收入分配两极分化一样。因此,住房分配也是市场失灵的重要领域,需要政府介入。

在市场经济条件下,为了保障每个人都有房子住,政府要实施一些特殊的政策措施,帮助单纯依靠市场解决住房有困难的群体,以治理或纠正住房分配的市场失灵,这些政策统称为住宅保障政策。从治理住房市场失灵的角度来看,住宅保障本质上是政府针对住房分配失灵和住房不平等的一种纠正机制。

二、住宅保障政策目标

住宅保障的目标在不同的经济制度、不同的国家或地区,可能不同。一般来说,住宅保障的目标可以分为以下几个层次:

第一层次目标:即基本目标。居民能够居住在满足最低质量要求的居所中,从而消除无家可归(homelessness)的问题。

第二层次目标:旨在改善弱势群体居住条件和社区环境。例如,美国在20世纪 50 年代实施的城市更新计划（urban renewal program），旨在改善公共租赁住房条件。

第三层次目标：产权目标，即提高住房自有自住率，帮助特殊家庭购买住房，获取住房所有权。

根据《中华人民共和国国民经济和社会发展第十四个五年规划和 2035 年远景目标纲要》，中国在"十四五"时期，将以发展保障性租赁住房为重点，进一步完善住宅保障体系，增加保障性住房供给，努力实现全体人民住有所居。由此可见，中国的住宅保障近期目标是"实现全体居民住有所居"。

中国住宅保障和住宅发展的远期目标是逐步实现"全体居民享受更舒适居住条件"（详细讨论见本讲专题分析 14-1）。

三、住宅保障方式

住宅保障的方式可以从不同角度进行分类，其中最重要的一个角度是从获取住宅保障利益的形式或途径来划分，可以分为货币型保障、实物型保障和价格管制等三种形式。

（一）货币型住宅保障

货币型住宅保障从货币发放的对象角度看，又可以分为供给方补贴和需求者补贴两种。

1. 供给方补贴

供给方补贴，如向非营利住房机构发放低息贷款或财政补贴，向私营住房供应机构发放财政补贴或者减免税收，以引导和激励这些机构提供面向低收入家庭的住房，实现政府住宅保障目标。例如，美国自 1986 年开始实施的低收入房屋税收授信计划（Low Income Housing Tax Credit，LIHTC），如果投资建设住房的业主能够满足一定条件，政府就会给予一定的税收减免优惠。

2. 需求者补贴

需求者补贴可以分为以下两种形式：一是向符合保障条件的低收入家庭发放租房补贴，二是直接向住房保障对象发放购房补贴。为需求者发放货币补贴的目的是提高低收入家庭的货币支付能力，让他们自己到市场上租赁或购买住房。在需求补贴的住宅保障政策下，政府并不直接干预住房市场的运行。

（二）实物型住宅保障

实物型住宅保障是直接向住房保障对象提供住房（包括使用权和所有权）。例如，中国自房改以来，实施的实物型住宅保障手段包括提供经济适用住房、限价商品房、公共租赁房（不能租住廉租房，又买不起经济适用房；不能买经济适用房，又买不起商品房;刚刚毕业、收入不低但没有积蓄,买不起房又租不到便宜、稳定的住房——这就是人们常说的"夹心层")、廉租房(杭州等地已经把此类保障房合并到公共租赁房系列中),以及近几年政府力主推行的共有产权住房等。当然,这些实物型保障房还可以从产权角度进行分类(相关内容参见《住宅产权理论》)。

第 2 节　住宅保障政策的经济学分析

本节拟根据第 1 节关于住宅保障方式的分类,从货币型保障、实物型保障和价格管制三个角度分别探讨主要的住宅保障政策的经济效应。

一、货币型住宅保障政策的经济效应

(一)供给方补贴的效应

由于供给方货币补贴的接受主体不同,住宅保障政策对商品住房市场的影响就不同。

如果是对非营利性住房机构进行财政补贴,会直接增加保障性住房的供给,使被保障家庭数量增加,分流了商品住房市场上的租赁和购买需求,降低了市场租金和价格。这就是对非营利性住房机构补贴的价格效应。财富分配效应是,享受住房保障的家庭和商品住房市场上的需求者均获得了政府保障的利益,唯有商品住房市场的供应方利益受损。

如果是对私营住房机构进行财政补贴,会直接增加商品住房的供给,导致市场租金和价格降低,所有家庭因支付的租金、价格下降而受益。这就是对营利性住房机构补贴的价格效应和财富分配效应。

(二)需求方补贴的效应

需求方货币补贴增加了人们对普通质量住宅的需求。在短期内,普通质量住宅的供给固定,结果导致市场价格上升明显。长期内,住宅供给有一定弹性,住宅价格也会上升,但上升幅度小于短期,时间越长,价格增量越小。

财富分配效应是,符合住房保障政策要求的家庭因获得住宅保障而获益,房东则因房价或房租提高而受益,非住宅保障家庭却需要承受更高的房价和房租,其利益因此而受损。

二、实物型住宅保障政策的经济效应

从理论上看,政府提供公共租赁房和销售型的保障房(如共有产权住房或经济适用住房)对商品住房市场的影响进而对土地市场和土地财政的影响如何呢?为了分析方便,我们根据住宅保障制度中关于分配对象的设定情况的不同,分别予以讨论。

（一）分配仅限于无能力购买商品住房者且保障房的供给并不减少商品住宅的供地

在这种情况下，由于保障房供给量的增加并没有显著地影响到商品住房市场的住房需求和供给，因此，住宅保障对商品住宅市场的影响就十分有限，商品住宅市场价格也不会有显著的变化，商品房用地市场价格同样不会发生大的变化，对土地财政的间接效应也就很小。

（二）分配仅限于无能力购买商品住房者但保障房的供给减少了商品住宅供地

由于城市土地用途之间的竞争性，在增量土地供应过程中，一种土地供应量的增加通常会减少其他用途的土地供应数量。假如因扩大保障性住房用地供应而显著减少了商品住房用地供给，则保障房供给增加会导致商品住房价格上涨（如图 14-1 中的 E_2 所示），进而会拉动商品住宅用地价格的上涨。

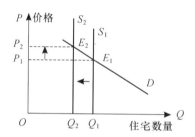

图 14-1　增加保障房导致商品住宅价格上升：分配仅限于无能力购买商品房者且减少商品住宅供地

土地财政收入是否增加，取决于保障性住房用地供应增加、商品住宅用地数量减少而引起的土地财政收入减少效应和商品住宅用地价格上升引起的土地财政收入增加效应之净效应。

（三）分配不限于无力购买商品住房者且不减少商品住宅的供地

通常情况下，保障性住房的分配目标不一定很精准，这就导致在实际的住房保障政策实施中，有一定数量的保障性住房分配给了靠自身能力可以到商品住房市场解决住房问题的家庭。在这种情形下，保障房供应数量的增加会引起商品住房市场需求的减少，则商品住房价格会下降（图 14-2 中的 E_1），从而引致地价下降、政府土地财政收入减少。

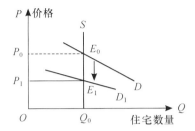

图 14-2　增加保障房导致商品住宅价格下降:分配不限于无能力购买商品房者且不减少商品住宅供地

(四)分配对象不限于无力购买商品住房者且减少了商品住宅供地

在这种情形下,保障房供给增加不仅会因分流商品住房市场需求而使房价下降进而引起地价下降,也会因减少商品住房市场供给而使房价上升,两者对土地财政收入的净效应是不确定的。如以分流住房需求的效应为主,则市场净效应是房价下降(如图 14-3 中的 E_2),相应地,地价下降、土地财政收入将减少。

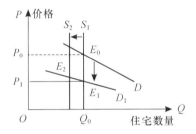

图 14-3　增加保障房导致商品住宅价格下降:分配不限于无能力购买商品房者且小幅度减少商品住宅供地

基于以上讨论,可以得到以下结论:政府扩大保障性住房供应,确保受益人群是那些无力通过市场实现住房需求的低收入人群,同时又保证不减少商品住房(用地)供应,这种情况下既可以实现住房保障目的,又可以起到抑制商品房市场价格上升,稳定商品住房成交量的良好市场效果。

三、价格管制:房租管制

房租管制是指通过控制租金(政府规定房租的上限)对房屋租赁进行管制,旨在解决低收入家庭可以低价租到住房,是住宅保障的一种方式。房租管制通常在房荒严重、房租高涨等情况下实施,是一种行政性的保障租赁市场价格稳定和公平的手段。

世界上有不少国家或地区实行过房租管制,如美国、英国、德国、日本、韩国和荷兰等①。荷兰目前大约57％的住房存量为业主自住,33％的住房受租金控制,只有9％的住房可供希望租房的高收入者选择。② 房租管制的市场效应:短期内租赁供给固定,租金管制价格低于市场价格,其效果只是把收入从房东转移给了房客;长期内供给有弹性,价格下降导致供给下降。无论是短期还是长期,租金管制均导致住房租赁市场上出现超额需求(见图 14-4)。

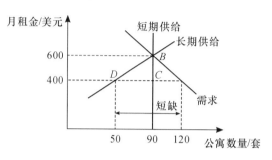

图 14-4　房租管制的长期和短期市场效应

第 3 节　中国住宅保障政策实践

一、我国现行的住宅保障体系

目前,我国住宅保障手段中,货币型保障手段中主要有房租补贴和购房补贴等,也有对提供保障性住房的机构或企业进行财政补贴、税收优惠(如经济适用住房的开发商)的政策。但最重要的住宅保障方式仍是提供实物型具有保障功能的住房,其供应体系如表 14-1 所示。

表 14-1　我国的实物型住宅保障供应体系

保障对象	政策类别	实施时间	实施范围	实施主体	资金来源
低收入家庭	廉租住房	1994—2014 年	全国	中央、地方政府	中央、地方财政
	棚户区改造	2009 年以来	全国	中央、地方政府	中央、地方财政
中低收入家庭	公租房	2010 年以来	全国	地方政府	中央、地方财政及社会筹集
	经济适用房	1998 年以来	全国	地方政府	政府无偿划拨土地,开发商先期垫付资金

① 李颖,高波:《国外房租管制政策》,《价格月刊》2002 年第 12 期;杰拉德·弗拉格,大卫·巴伦:《城市的界限:创新是如何被扼杀的?》,上海译文出版社,2020 年,第 178-180 页。

② 《荷兰政府出手管制房屋租金,社会住宅 5 月起有望增加》,《中荷商报》2022 年 3 月 28 日。

续表

保障对象	政策类别	实施时间	实施范围	实施主体	资金来源
中等收入家庭	限价商品房	2007 年以来	部分城市	地方政府	限价房、竞地价
	共有产权房	2014 年以来	部分城市	地方政府	地方政府、购房者

资料来源：丰雷等：《房地产经济学（第四版）》，中国建筑工业出版社，2022 年，第 283 页。

二、主要实物配售型保障性住房

（一）经济适用住房

2004 年，建设部、国家发展和改革委员会、国土资源部、中国人民银行联合发布的《经济适用住房管理办法》第二条给出了经济适用住房的定义：

> 经济适用房，是指政府提供政策优惠，限定建设标准、供应对象和销售价格，具有保障性质的政策性商品住房。

经济适用住房的特征如下：第一，微利商品房，利润控制在 3％以内。第二，不完全产权，其交易受到政府限制。第三，供应对象为中低收入家庭。第四，以划拨方式取得建设用地批准书和划拨国有土地使用权证。第五，建设规模由政府土地、计划、建设主管部门，通过年度土地供应计划和开发额度进行控制。第六，销售价格，限价或者基准价由政府物价部门按"七项成本"审定，报当地人民政府审批后执行。第七，建设标准接受政府部门控制。第八，物业管理费低。第九，项目运作主体主要为当地国有企业。第十，开发时享受土地出让金减免、行政事业收费减半缴纳的优惠政策，具有"投入少，启动快"的特点。

各地关于经济适用房供应、分配、交易的规定不尽相同。以杭州市为例。2007 年 9 月《杭州市区经济适用住房管理办法》出台，核心规定如下：第一，家庭人均年收入低于上年度城镇居民人均可支配收入的 60％。第二，保障面积标准为建筑面积 60 平方米，家庭成员 4 人（含）以上的，保障面积标准为建筑面积 80 平方米。第三，满 5 年后允许上市交易，并按届时销售价与当时经济适用住房购买价（包括超过享受面积部分的经济适用商品房）差价的 55％向政府缴纳土地收益等价款。第四，满 3 年后可将房屋转让给符合经济适用住房购买条件的家庭。第五，对已购买经济适用住房的家庭，如购买其他住房的，原经济适用住房由政府按规定回购；未满 5 年或因各种原因确需转让的，经批准可向政府申请经济适用住房回购。

（二）共有产权住房

在中国，共有产权住房最初是从经济适用住房演化而来的，是经济适用住房的进化版。所谓经济适用房"共有产权",是指政府与购房人共同拥有房屋产权,即将政府用于建房的财政性支出(主要包括减免的土地出让收益和税费)转化为投资,政府按投资比例拥有房屋部分产权和相应权利,而受助购房者获得住房完全的占有权和使用权。当受助家庭收入提高、不符合补贴标准时,政府依法行使收益权和处分权,或向对方转让产权收回投资;或按市场价格向对方收取租金;或收购对方产权,收回房屋的全部占用权和使用权等。

2007年7月1日,江苏省制定并实施了《江苏省共有产权经济适用住房试行办法》,开始全面推行"产权共有型"经济适用住房制度,旨在解决城市中"夹心层"市民的住房问题。

根据江苏省的规定,共有产权经济适用住房每套户型面积最大不超过70平方米,个人拥有产权的份额不低于50%。共有经济适用住房国有产权份额,由经济适用住房主管部门代表国家按国有资产进行管理,并向居住人收取租金。租金标准可为公有住房租金标准,也可介于公有住房租金与廉租住房租金之间。购房者在购买共有产权经济适用住房5年内,可一次或分期按原共有产权经济适用住房成本价购买国有面积的产权。5年后,按照经济适用房主管部门会同物价部门重新确定的价格执行。取得完全产权5年后,经当地经济适用住房主管部门同意,可按照市场评估价格上市出售,按届时同地段普通商品住房与经济适用住房差价的50%向政府缴纳土地出让金等收益。而政府将这笔收益纳入城市住宅保障发展资金管理,专项用于今后的共有产权、租赁型经济适用住房的建设。①

深圳2023年8月1日开始实施的《深圳市共有产权住房管理办法》(深圳市人民政府令第354号)中称,共有产权住房是指政府提供政策支持,主要采用市场化方式建设筹集,限定套型面积、销售价格、使用和处分权利等,面向符合条件的居民供应,实行政府与购房人按份共有产权的住房。申请人及共同申请人均具有本市户籍,购房人产权份额按照项目销售均价占同期同区域同品质商品住房市场参考价格的比例确定,原则上不低于百分之五十;其余部分为政府产权份额。共有产权住房实行封闭流转制度。购房人自签订买卖合同之日起未满五年的,不得转让所购共有产权住房;自签订买卖合同之日起满五年的,可以将所购共有产权住房转让给符合条件的对象。

(三)限价商品房

所谓"限价房",是指"限房价""限地价"的"双限"商品房。一般地,"双限房"的价格比当地市场价低,房型比普通商品房标准小。销售对象主要是买不起市场

---

① 陈达:《江苏试行经适房"共有产权制"有望转为商品房》,《第一财经日报》2008年2月29日。

商品房的中低收入本地市民,不包括住宅保障体系规定的廉租房和经济适用房的适用人群。土地供应上,政府在出让地块时,必须采用"竞地价、竞房价"的"双竞"招标方式来选择房地产开发商。各地限价商品房的申购条件和管理措施不尽相同,仅以成都和青岛两地为例进行简要介绍。

1. 成都的限价商品房

2015 年发布的《成都市中心城区限价商品住房管理办法》(成房发〔2015〕149号)第五条规定:中心城区家庭或单身居民年收入在规定的收入标准以内,且符合下列条件之一的,可申购一套限价商品住房:(1)家庭人口两人以上(含两人),其中主申请人具有中心城区正式城镇户口,人均自有住房(含租住公房)建筑面积在规定的标准以内的家庭。(2)具有中心城区正式城镇户口,年满 25 周岁,无自有住房(含租住公房)的单身居民。(3)家庭人口两人以上(含两人),其中主申请人具有成都市户籍并在中心城区务工,人均自有住房(含租住公房)建筑面积在规定的标准以内的家庭。(4)具有成都市户籍,在中心城区务工,年满 25 周岁,无自有住房(含租住公房)的单身居民。(5)非成都市户籍,夫妇双方或离异(丧偶)带有子女的家庭,其中主申请人在中心城区务工,且连续在中心城区缴纳三年以上城镇职工社会保险,无自有住房(含租住公房)的外来从业人员。第六条规定,2015 年起中心城区申请限价商品住房的家庭年收入标准为 10 万元以内(单身居民年收入为 5 万元以内),自有住房(含租住公房)人均建筑面积标准为 22 平方米以下。

2. 青岛的限价商品房

青岛市 2008 年发布的关于限价商品房的管理文件中,对限价商品房的核心要求如下:第一,限价商品住房规划设计应当严格控制套型面积,套型建筑面积应当控制在 85 平方米以内。第二,开发建设单位根据已确定的价格,按照住房楼层、朝向、质量和位置等因素,在上下不超过 10% 的幅度内确定销售价格,但总平均销售价格不得高于土地出让时确定的价格。第三,申请条件:申请人具有市内四区常住户口;申请人财产、人均收入和人均住房面积符合市政府批准并定期向社会公布的标准。①

专题分析 14-1　中国"更舒适居住条件":标准与实现路径②

住房问题既是民生问题又是发展问题,关系着经济社会发展全局。以习近平

---

① 《青岛市限价商品住房管理办法》(青岛市人民政府令第 198 号),2008-08-04。2012 年青岛市政府对此文件又进行了修订。

② 本专题主要内容以陈多长、王一敏等为作者,发表于《建筑与文化》2023 年第 6 期,第 153-156 页。

同志为核心的党中央一直高度重视人民群众的住房问题,要求政府在满足城镇居民"住有所居"的基础上,努力让人民群众住得更加舒适。党的十九大报告也明确提出"坚持在发展中保障和改善民生。在住有所居上不断取得新进展"。党中央不断强调的人民群众对"住有所居"和"更舒适的居住条件"的强烈期盼,也为各级政府今后在住房工作方面指明了努力的方向、提出了新的要求。

2020年,伴随着小康社会的全面建成,我国城镇居民的居住条件已有了显著改善。但是,随着我国社会经济进一步快速发展和居民收入的快速增加,城镇居民对居住条件的需求在"量"和"质"上均呈现出不断提高的趋势,对"更加舒适的居住条件"的诉求日益强烈。党的十九届六中全会再次提出,要坚持在发展中保障和改善民生,促进共同富裕。在此背景下,顺应人民群众对美好生活的向往,努力为人民创造更美好、更幸福的生活,研究创建更加舒适居住条件的理论依据、评价标准与发展路径就显得异常迫切。

一、新时代"更舒适居住条件"的内涵与理论依据

(一)"更舒适的居住条件"的内涵

"更舒适居住条件"是中国社会发展的新时期,社会主要矛盾发生变化以后对住房和居住条件的新需求。对此概念的理解至少包含两层含义:一是指全部或绝大多数的城镇居民已经达到了舒适的居住水平;二是指在原来居住条件的基础上,城镇居民居住的舒适度进一步改善、居住满意度进一步提高。因此,"更舒适的居住条件"既是一种衡量居民居住水平的标准,更是一个不断改善居民居住条件以适应其日益提高的居住需求的渐进过程。

(二)打造"更舒适居住条件"的理论依据

根据心理学家马斯洛的观点,人类的需要从低级到高级依次为生理需求、安全需求、感情需求、尊重需求和自我实现需求五个层次,随着低等级的需求得到满足之后,人们会逐渐激发出更高层次的需求[1]。伴随着社会经济的不断发展,在不同的需求阶段中,人们对住房的要求也会有所不同[2]。根据需求层次理论,最低级的生理需求反映到居住领域就是对居所最简单、最基本的栖身的需求,即住房小区只要能满足人们衣食住行等的基本需求即可。但随着收入的增加,居民对住房和住宅小区在安全、舒适和宁静等方面的需求也会随之增加,对社区环境条件的要求逐步提高。当这些需求得到满足之后,居民对住房和住宅小区的区位条件、

---

[1] McLeod S. Maslow's hierarchy of needs. Simply Psychology,2007(1):1-8.
[2] 王芬:《需求层次理论"视角下传统"住房观念"的嬗变》,《晋中学院学报》2012年第6期,第32-35页。

公共空间的舒适性、邻里关系、绿化质量、公共服务的便利性、基础设施的完善程度以及物业服务等方面的质量和舒适性要求又会逐步显现和提高(见表 14-2)。客观上,每个人对居住的舒适性都有从低到高渐次提高的需求,这是提出打造"更舒适的居住条件"的重要的心理学理论依据。

表 14-2 马斯洛需求层次理论下人们对住房的需求

需求层次	一般需求	住房需求
生理需求	保障生存的基本需求,包括水、空气、食物、健康、性欲	最基本的居住需求;保障基本的居住空间;住房价格具有可承受性
安全需求	人身安全、生活稳定以及免遭痛苦、威胁或疾病	要求住房设施安全,没有安全隐患;医疗卫生设施健全
社交需求	对友谊、爱情以及隶属关系的需求	居住社区的交通比较方便;住宅小区及邻近社区有适当的开放性公共空间,邻里关系和谐
尊重需求	成就、名声、自我尊重、地位、晋升机会、被他人尊重以及尊重他人等。	住房空间足够大;住房单元具有足够的私密性;住房装修和居住小区绿化等具有较高的档次
自我实现需求	追求真善美至高人生境界而产生的需求	住房本身乃至住宅小区的规划、设计、物业服务等均可以满足业主个性化的设计要求等

资料来源:作者根据调研的文献资料整理。

二、住房舒适性的评价标准

国内外学术界和政府相关部门对"小康住宅"、"康居示范工程住宅"、"健康住宅"和"舒适住宅"等做了大量研究,还有许多学者从不同角度对住房宜居性提出了多种评价体系,包括地段、户型、交通、人居环境、景观设计等方面。[①] 本书借鉴目前已有的相关研究成果,结合我国现行的政策,基于需求层次理论,立足住房的居住属性,认为达到"舒适居住条件(水平)"至少应满足以下六个方面的要求。

(一)居住空间的舒适性

居住面积是反映居住空间舒适程度的最重要指标,通常用人均住房面积来表示。人均住房面积是指住房内每人能拥有的使用面积,这不仅是对住房生活空间大小的度量,还是衡量居住质量好坏的最基本的指标。住房不仅应该是一个休息

---

① 梅绍辉等:《考虑业主心理感受的高层住宅居住舒适性评价研究》,《城市住宅》2018 年第 11 期;朱政等:《长沙市居住区空间宜居程度研究》,《地理科学》2020 年第 11 期;胡勇:《城市居民小区居住舒适性精细化评价》,《江西科学》2021 年第 2 期;Andargie M S,Touchie M,O'Brien W:A review of factors affecting occupant comfort in multi-unit residential buildings,Building and Environment,2019,160:182;Ge J,Hokao K:Residential environment index system and evaluation model established by subjective and objective methods,Journal of Zhejiang University-Science A,2004(9):1028-1034.

和睡觉的地方,更应该是一个人们感到安全、有隐私和个人空间、可以养育一个家庭的地方。而居住空间的舒适性不仅会直接影响家庭成员的身心健康并引发家庭矛盾,严重时还会危及孩童的社会和情感发展。早在 20 世纪 70 年代末,联合国就将居民居住水平由低到高分为最低标准、文明标准和舒适标准三个层次。但随着社会经济的快速发展,"人均居住面积 10 平方米"的舒适标准已经无法满足我国人民日益增长的美好生活需要。国家住建部早在 2003 年提出的小康住房标准规定,"户均一套房、人均一间房,人均建筑面积 30 平方米"。2004 年确立的小康社会居住目标又明确提出了"城镇人均居住建筑面积 35 平方米,每套住房平均面积在 100—120 平方米,城镇最低收入家庭人均住房建筑面积大于 20 平方米"的住房面积标准。2019 年,中国城市规划设计研究院又对我国城镇家庭居民提出了新的"住有所居"面积标准[①](见表 14-3)。

表 14-3　关于居住空间的三个建议标准

标准等级	联合国(20 世纪 70 年代末)	中国城市规划设计研究院(2019 年)
最低标准	每人一张床,人均居住面积 2 平方米	人均住房面积 13 平方米
提升标准	户均一套房,人均面积 8 平方米以上	人均住房面积 20～30 平方米
舒适标准	每人一个房间,人均居住面积 10 平方米以上	人均住房面积 30～40 平方米

在 2020 年,我国城镇家庭人均居住面积已达 36.52 平方米[②],基本实现了"户均一套房、人均一间房"的小康标准。但目前世界上的发达国家,美国人均居住面积约 78.70 平方米,法国、德国的人均住房面积也都在 45 平方米以上。[③] 日本早在 1985 年就设立了"最低居住水平标准"和"平均居住水平标准",其中平均水平标准以三口之家为例,卧室面积的要求就达到 46 平方米。[④] 有鉴于此,我国居住空间"更舒适"的标准应确定为"户均一套房、人均一间房,人均建筑面积在 40 平方米以上"。

(二)住房设施条件的舒适性

住房设施条件是实现居住功能的物质基础。住房设施主要包括厨房、卫生间、供水、供气、供电、供热(北方)、网络等方面(见表 14-4)。

---

① 中国城市规划设计研究院联合中国建筑设计研究院有限公司发布《城镇家庭居民"住有所居"量化指标研究报告》,2021 年。

② 国家统计局:《中国人口普查年鉴》,2020 年。

③ 上海易居房地产研究院课题组:《后开发时代的中国房地产业》,《上海房地》2021 年第 5 期。

④ 马庆林:《日本住宅建设计划及其借鉴意义》,《国际城市规划》2012 年第 4 期。

表 14-4　舒适居住条件下的住房设施主要标准

设施类别	住房设施选择项
厨房	家庭独立使用
卫生间	独立使用抽水/冲水设施
客厅	家庭独立使用
供电	有稳定的供电保障
网络	有便捷的网络服务
供气	有稳定的管道燃气供应

资料来源:《浙江省更舒适的居住条件:目标与举措研究》,2017 年 12 月。

从住房的使用功能来看,一套普通住房其基本功能需要具备:休息私密功能、日常起居活动功能、餐厨功能、浴厕卫生等设施化功能。人们对居住的最基本要求是居住空间独家享用,其次再是各功能区基本独立,日常起居生活功能从休息私密功能中独立出来,居寝分离。目前,我国小康社会的居住标准为住房成套率达 95％以上。[1] 在日本,一个三口之家的"城市地区住房标准目标"为 2 间卧房、1 间餐厅、1 间厨房、1 间起居室,设施齐全。此外,自进入 21 世纪以来,随着物质生活条件的不断提高,除了住房设施条件的完备程度,人们还开始关注住房布局情况,对户型的功能要求也越来越高。故而,"更舒适的居住条件"需要在满足居住需求的基础上对户型结构进行合理安排,尽量遵循动静分离、干湿分离、公私分区、通透良好和动线合理这五个原则,增加生活的舒适感。

(三)居住的物业及所在小区的安全性

居住的安全性是创造更舒适居住条件的基本前提。只有保障了居住安全性,居民才能放心地享受生活。一般而言,居住安全性主要包括住房结构的安全、居民用水、用电和用气安全、材料与设施的安全,以及小区安全等方面(见表 14-5)。住房结构安全是指结构承载力能满足正常使用要求,无潜在的危险点。用水安全是指水质达到《生活饮用水卫生标准》。用电安全、用气安全是指不发生用电、用气事故。材料安全是指材料的环保性能、防火性能好。住房设施安全是指电梯设施、休闲运动设施、消防设施等可正常运行、安全性达到国家相关标准。小区安全则是指在物业小区内构筑人防、物防、技防相结合的安全防控网络,使小区居民的人身和财产安全得到有效保障。

---

[1]　住房成套率指由若干卧室、起居室、厨房、卫生间、室内走道或客厅等组成的供一户使用的住宅套数占全部住宅的比例。

表 14-5　舒适居住条件的居住安全主要指标

设施类别	安全性选择项
住宅结构安全	能够满足居民居家正常使用要求,无潜在危险点
住宅用电用气安全	能够满足居民正常使用要求,无潜在危险点
住宅材料安全	符合现行的国家环保标准,对居民身体健康无损害
住宅设施安全	电梯、消防等设施正常运行,无潜在危险点
住宅小区安全	防控体系健全,无潜在危险点

资料来源:《浙江省更舒适的居住条件:目标与举措研究》,浙江省住房和城乡建设厅、浙江工业大学研究报告,2017 年 12 月。

(四)居住环境的舒适性

居住环境是影响居住舒适性的重要因素之一。从城市学角度来看,居住环境是一个多要素构成的复杂系统,但总体来看,它又可以被分为住宅小区环境和城市环境两个层次。从住宅小区环境来看,若小区内绿地率高、绿化好、噪声低、卫生整洁,居住舒适度就高。从城市环境来看,若城市噪声低于限值、人均公共绿地面积达到较高标准、污水处理率与生活垃圾无害化处理率高、空气质量优良(见表14-6),城镇居民的居住舒适度就高。

表 14-6　舒适居住条件的居住环境舒适性主要指标

指标	参考标准
噪声(在关窗状态下)	昼间≤45 分贝;夜间≤35 分贝
小区绿地率	≥30%
无障碍设施	达到无障碍设施的设计规范
人均公共绿地面积	≥8 平方米
污水处理率	≥75%
生活垃圾的无害化处理率	≥55%
500 米内公共交通线路覆盖率	≥95%
市区车辆行驶平均速度	≥25 千米/小时
公共服务设施的配置	≥国家标准

资料来源:《浙江省更舒适的居住条件:目标与举措研究》,浙江省住房和城乡建设厅、浙江工业大学研究报告,2017 年 12 月。

(五)城市公共服务的便捷性

城市公共服务的便捷性是评价城镇居民居住舒适性的另一个重要指标。在理论上,城市公共服务的便捷性主要取决于公共服务设施的完善程度。城市公共服务设施主要包括教育、医疗卫生、文化体育、商业服务、金融、邮电、市政公用、行政管理和其他等八类设施。如果一个城市的教育、医疗、文化体育设施,商业金融设施,社区服务设施、行政管理设施等都能够按较高的标准配置,这些公共服务设施的面积、服务的内容,特别是服务质量达到一定水准,例如,居民出行十分便捷,步行 10 到 15 分钟范围内就有公共交通覆盖、公交线网密度大、车辆行驶可保持正常时速,社区生活圈内,居民可方便地获得买菜、购物、看病、就学、养老、社区居民交往等服务,那么,居民的居住舒适度和生活满意度就会提高。当然,随着社会经济的快速发展和居民收入的不断增加,居住舒适的要求也就越来越高,这必定会推进住房空间更加宽敞、住房设施更加齐全、居住环境更加安全、生活环境更加舒适、公共服务更加完善。

(六)居住的经济可承受性

所谓居住的经济可承受性,是指一个家庭的居住消费支出在家庭可支配收入中的占比适当,不至于挤出该家庭其他的正常生活消费。在美国,如果家庭住房消费支出超过家庭可支配收入的 30% 则被认定为过度消费负担,由政府发放"住房券",由政府承担合理市场租金与家庭收入 30% 的差额,并给予政策优惠。据国家统计局统计,我国 2020 年的居住消费支出比例为 24.6%。此外,还有另一个反映住房经济可承受性的指标,房价收入比。国际上通常认为的房价收入比的合理值区间为 4—6 倍,考虑到我国发展中国家的基本国情,房价收入比要更宽一些,综合我国当前的贷款利率水平,按照我国银保监会发布的《商业银行房地产贷款风险管理指引》规定住房支出不超过家庭收入 30% 的比例计算,合理值应为 8 倍以内。

三、新时代"更舒适居住条件"的发展路径

2020 年,我国全面建成小康社会的奋斗目标已顺利完成,接下来,从 2020 年到 2035 年,我国要基本实现社会主义现代化;从 2035 年到 2050 年,我国要建成富强民主文明和谐美丽的社会主义现代化强国。基于这个预断,确定我国新时代背景下的城镇居民住房发展的总体目标、发展路径和阶段性目标。

(一)新时代背景下城镇居民住房发展目标及其发展路径

新时代需要有新的住房发展理念,由新的住房发展理念引导形成可持续的住房发展目标。目前我国住房领域的主要矛盾已经转化为住房消费不充分、不平衡,必须转变过去基于总量不足形成的住房发展理念,建立"以人为本"的住房发

展理念,在发展中保障和改善民生,全面改善居住条件。① 因此,住房发展目标的确定也应坚持以人民的住房利益为中心的理念,随着人民群众住房需求的升级而适时调整住房发展目标。

根据"两个一百年"奋斗目标,我们认为,我国住房发展目标演进的路径是:从新时代背景下全体人民"住有所居"到"住有宜居",再到享有"更舒适居住条件"。这就需要我们在正确理解三个不同的住房发展阶段性目标含义的基础上,牢牢地把握住房发展目标变迁的规律,确定我国城镇居民未来住房发展的总体目标(长远目标)和阶段性目标。

(二)新时代住房发展的阶段性目标与发展计划

根据"两个一百年"奋斗目标和住房发展的总体目标,结合城镇居民住房现状,我们可以把我国住房发展的总目标分解为三个阶段性目标:

第一阶段,2020年到2025年,建立新型住房制度,加强住房市场的多主体供给、多渠道保障、租购并举,解决住房绝对贫困,逐步改善住房质量,实现"全体居民住有所居"。我们认为,我国传统意义上的"居者有其屋"过度强调了住房的资产(所有权)属性。② 而"住有所居"强调住房的基本居住属性,而居住需求既可通过购买住房(获取所有权)、也可以通过租赁住房(获取使用权)来实现,这是一个我国新时代背景下通过政府、个人、社会多方力量共同努力能够实现的住房发展目标。"住有所居"不仅要求居民有足够的居住面积,重点解决住房绝对数量贫困问题;也要适当关注住房质量、环境和居住安全等,并开始着手解决住房绝对质量贫困问题。

第二个阶段,从2025年到2035年,全面提升住房质量,使住房基本达到舒适水平,实现"全体居民住有宜居"。"住有宜居"强调在实现"住有所居"目标、消除住房绝对数量贫困的基础上,更加关注住房质量、环境和服务标准的提升,以彻底解决住房绝对质量贫困问题。

第三个阶段,从2035年到2050年,为住房现代化阶段,目标是逐步实现"全体居民享受更舒适居住条件"。"更舒适居住条件"是实现了"全体居民住有所居"和"住有宜居"的目标之后,对住房面积、质量、设施、服务、安全、价格、产权等要素提出了更高层次的要求。因此,"更舒适居住条件"至少包含两层含义:一是指全部或绝大多数的城镇居民已经达到了基本的宜居水平;二是指在原来居住条件的基

---

① 汪利娜:《新时代租售并举住房制度的构建》,《城乡建设》2018年第1期。
② 联合国有关文件明确:每个人都享有住房的权利,这被看作基本的人权并被写入了国际法和联合国可持续发展议程,各国都承诺在2030年之前实现"居者有其屋"。居者有其屋,应是每个人都享受住房居住权,可以是但不必是所有权意义上的"居者有其屋",即并不要求每个人都拥有所有权。

础上,城镇居民居住舒适度进一步改善、居住满意度进一步提高。让全体人民享受到更舒适的居住条件是我国住房发展的长远目标。各级政府应制订住房发展计划,从居住空间、住房设施、住房安全、居住环境、住房价格/租金水平、公共服务和权益保障等维度制定满足不同发展阶段住房发展目标的具体评价标准。此外,为顺利实现上述住房发展的阶段性目标,政府应立即启动新一轮住房制度改革,以住房发展的阶段性目标为政策导向,尽快建立"多主体供给、多渠道保障、租购并举"的新型住房制度;借鉴日本等国家或地区住房发展的成功经验,制定新时代有中国特色的"住房发展计划",量化住房发展阶段性目标和评价标准。

案例分析 14　美国联邦政府补贴低收入人群租房:民有其居

讨论的问题:

1. 根据以上材料,美国有哪些住房保障手段?

2. 上述保障政策的福利效应及其对商品住宅市场的影响如何?

3. 查询资料,分析美国住房问题的主要表现及其成因。

习　题

1. 为什么在住房分配上商品住房市场会失灵?

2. 政府提供公共租赁住房和经济适用住房对商品住房市场的租金和价格会产生什么影响? 请作图分析。

3. 分析实物型住宅保障和货币型住宅保障的收入分配效应。

4. 试分析房租管制和房价管制对商品住房市场的影响。

5. 拓展性问题:查询资料,归纳新加坡住宅保障政策的特点及其对中国的政策启示。

6. 拓展性问题:查询资料,分析德国住宅保障政策体系及中国可以借鉴的经验。

第 15 讲　工商业地产

第 1 节 工业地产

一、工业地产的概念

工业地产概念起源于 19 世纪晚期的工业化国家,最早在 20 世纪早期的美国和英国出现。[①] 工业地产,简而言之,就是工业性质的土地,以及在这种土地上建成的房屋及附属物,通常包括厂房、仓库、研发楼等建筑物和附属物,是区别于住宅地产、商业服务业地产、综合类用途地产、公共地产等以外的地产形式。随着经济的发展,工业地产的含义变得更加丰富了。它不单纯指一种物业形式,更代表一种投资模式、盈利模式和产业发展模式。工业地产往往是一个城市乃至国家的经济支柱。日本的工业地产占全世界的 30%,对日本 GDP 贡献在 40% 以上;美国工业地产占全世界的 27% 左右,对本国 GDP 贡献也超出了 30%。[②]

现代意义上的工业地产,是指直接用于工业生产和辅助工业生产的建筑物实体及其所附属的所有权益。其中的建筑物包括房屋和构筑物,构筑物是指不能直接在内从事生产活动的建筑物,一般属于工业生产不可缺少的辅助设施,与直接用于工业生产的建筑物在功能上不可分离。工业生产用的构筑物主要有烟囱、水塔和料仓等辅助设施。[③]

---

① PPP 产业大讲堂:《中美两国园区工业厂房开发比较》,2023 年 7 月 14 日,http://mp. fxdjt. com/details? id=4006a9154c225c2f3dd8f1d72291479d,访问日期:2025 年 1 月 23 日。

② 殷杰:《工业地产 PK 商业地产》,《北京房地产》2006 年第 10 期,第 42-45 页。

③ 曹振良等:《房地产经济学通论》,北京大学出版社,2003 年,第 387 页。

二、工业地产的特点

工业地产主要有以下七个特点①。

(一)显著的专用性

专用性是指某类工业地产专门为某类工业生产而设计和建造,具有特殊的建筑结构和设施。它通常需要满足一定的生产工艺和环境要求,如通风、排水、供电、供气等。

工业地产广泛分布于各类工业企业之中,各类工业企业有各自不同的生产技术要求,即使生产同一产品的工业企业,由于工艺、流程不同,其厂房和仓储设施也可能不同。工业厂房有很强的专用性。除少数通用厂房外,大多数工业厂房都是针对不同的生产工艺要求而建造的,大部分工业地产在使用过程中很难改作他用。

(二)产品价值决定地产价值

工业地产价值是通过工业产品的销售并获取了产品收益而实现的。工业产品的价值决定了工业地产的价值。在经济活动中,工业地产是工业企业的重要生产资料,为了生产产品而不得不在生产过程中逐渐磨损掉,其价值也在产品生产过程中被逐步转移。由于这个特性,决定特定工业地产价值的最关键的因素常常不是企业的区位,而是企业所出售产品的价值及企业的经济效益状况。

(三)区位的重要性

尽管工业地产对区位的依赖度和敏感度不及住宅地产和商业地产,但区位选择对工业地产来说,仍然非常重要。一般而言,工业地产布局需要考虑到交通的便利性、资源的丰富性、市场需求的潜力等因素。比如,工厂通常选择距离原材料供应地和市场消费地较近的地点布局,这样就可以大大地降低物流成本。

(四)较高的承载能力要求

普通的民用地产只承受静荷载,而工业地产不仅要承受更大的静荷载,还要承受动荷载。工业厂房的承载能力标准根据其用途和使用范围的不同而有所差异。一般的标准厂房的承重量为:500 斤每平方米(60 厘米的梁架),要达到 1 吨的承重量,梁架柱的宽度要达到 90 至 100 厘米。工业建筑楼面在生产、使用或者安装、维护时,应当根据实际情况考虑设备、管道、运输工具和可能的隔墙造成的局部荷载,并可以使用等效的均匀荷载代替。②

---

① 曹振良等:《房地产经济学通论》,北京大学出版社,2003 年,第 389 页。
② 搜狐网:《厂房承重标准是多少》,2018 年 3 月 1 日,https://sohu.com/a/224632434_7977399,访问日期:2025 年 5 月 24 日。

(五)投资主体比较单一

除少数通用厂房以外,大部分工业地产的投资者是工业企业自身,工业地产投资经常是以一种生产性的固定资产形式出现的,投资回收期长,投资风险大,投资主体相对单一。

(六)工业地产的市场化程度较低

工业地产经常以企业自建、自用、自管的形式出现,即使要租售,也仅限于非常小的行业领域。从供给来看,因大量专用厂房需特殊的开发条件,地产开发商介入风险大,投资积极性不高。从需求来看,工业地产的需求又非常分散,不同的需求主体和不同的生产工艺,对工业地产有很多独特的要求。因此,工业地产的市场发育存在着天然的障碍。

(七)政府管制严格

政府对工业地产投资的调控力度大,管制严格。政府通过规划和法律形式严格限定工业用地,严格控制土地的投机倒卖行为,并牢牢把握工业园区用地的审批权限。

三、工业地产分类

工业地产可以从多种角度进行分类,此处仅介绍两种比较常见的分类方案。

(一)按标准化程度划分

按照标准化程度可以把工业地产分为标准厂房和非标准厂房。其中,标准厂房一般适用于一些轻工业产品的生产,如电子装配、成衣加工等,一般具有标准的柱距、层高和楼面负载。在一些新兴工业园区、出口加工区,就有许多这类标准厂房可供出租。通用厂房一般都是标准厂房。工业厂房中绝大部分为非标准厂房,即根据各类生产的个性化需要而设计建造的其他规格的厂房。这类厂房的跨度、柱距、梁底标高、(行车)轨顶标高、楼面负荷等等,都是根据生产的需要而定,还有一些非标准厂房只有屋盖、没有围护(外墙)。专用厂房一般都是非标准厂房,而其通常只能为冶金、化工、纺织、造纸、采掘或军事工业的特定生产工艺服务。因为其专用性,这类厂房的沉没成本通常很高。[①]

(二)按工业产业的类型划分

按照工业产业的类型划分,有两种分类方案。

(1)把工业地产区分为重工业地产、轻工业地产、仓储地产(包括物流地产)和

---

① 曹振良等:《房地产经济学通论》,北京大学出版社,2003 年,第 387 页。

自由贸易区地产(指带有特殊政策的贸易加工型通用型工业地产)。

(2)把工业地产区分为物流类地产、科学园类(研发办公类)地产和制造业类地产[①]。科学园类工业地产多在 C6 类土地上开发,会发展科技园区、研发楼、总部基地等。科学园类地产是市场上比较活跃的工业地产投资领域,已进入该领域的企业有新加坡腾飞(Ascendas)集团、枫树集团(Maple Tree)和大连软件园等。物流类地产也是市场上具有活力的工业地产投资领域。已进入该领域的企业有Prologis、Maple Tree、Gazaley 和深圳赤湾等。制造业类地产包括各种类型的制造业企业。制造业类地产包括单层/多层,混凝土/钢结构等多种类型,电力/层高/承重是其中比较重要的因素;制造业类地产不是海外投资商的主要投资方向,即使有也是以单个项目的售后回租为主。目前开发制造业类地产(多为小型标准厂房园区)的多为国内中小型地产投资商。

四、工业地产开发模式

工业地产具有前期投资大、运营周期长、政府管制多等特征。在我国,根据规模及发展目的之不同,工业地产主要存在五种发展模式(参见专栏15-1)。

专栏 15-1　工业地产常见的开发模式

模式一:工业园区开发模式。此模式大多是在政府主导下运行,通过相关产业政策支持、税收优惠等营造优势,然后通过招商引资、土地出让等方式引出工业发展项目。工业园区开发模式受政府政策的影响较大。

模式二:主体企业引导模式。此模式大多是在自身企业入驻且占主导的前提下,通过土地出让、项目租售等方式引进其他同类企业的聚集,实现整个产业链的打造及完善。

模式三:工业地产商模式。此模式大多运用于工业园区已经建设完毕,在进行项目的道路、绿化等基础设施上配置标准厂房、仓库、研发等房产项目的营建,然后以租赁、转让或合股、合作经营的方式进行项目相关设施的经营、管理,最后获取合理的地产开发利润。

模式四:园中园模式。此模式即在已经建成的工业园内再建设一座微型专业园,为入驻企业"量身定制"研发、生产、办公场所,可以避免企业自行拿地、

①　李敏:《工业地产——房企的新宠?》,《亚太经济时报》2014 年 10 月 9 日,第 A03 版。

自行建设带来的分散经营精力和开发建设周期过长等问题。同时,也可以避免企业拿地后"圈而不建"的现象,提高土地的使用率。

模式五:综合运作模式。 工业地产项目一般具有较大的配置范围和涉及策划范畴较广的特点,既要求在土地、税收等政策上的有力支持,也需要在投资方面能跟上开发建设的进程,还要求具备工业项目的经营运作能力的保证,因此,会对以上种种开发模式进行综合利用。

上述几种模式中,园中园模式是目前较为领先的工业地产开发模式之一,入园企业不用担心拿地和建设问题,进驻园中园内直接就可以办公。通过园中园,还可以将相同类型的企业聚集在一起,形成产业聚集。

资料来源:

华律网:《工业地产开发模式及注意细节》,2024 年 9 月 21 日,https://www.66law.cn/laws/290373.aspx,访问日期:2025 年 1 月 23 日。

五、工业地产供求均衡分析

(一)影响工业地产需求的主要因素

影响工业地产的主要因素有工业产品需求、工业就业量、人均工业产品产量和存货量、经济周期波动和资源利用状况等。[1]

第一,工业产品需求。由于工业地产的价值需要相关产品的价值实现后才能实现,因而工业地产的需求往往受到工业产品需求的影响。如果工业产品需求增加,工业地产需求增加;工业产品需求减少,工业地产需求也随之减少。

第二,工业就业量。与上述因素关联,工业产品需求增加,工业就业量增加,工业地产的需求就会上升。

第三,人均工业产品产量、存货量。这两个指标数值越大,工业房地产需求越多。

第四,经济周期波动。工业地产需求水平受经济周期波动的影响很大,受影响程度超过商业地产。在经济发展的上升期,工厂产量增加超过需求的增加。在经济衰退时期,工厂减少的产量比消费需求减少得更甚,因为此时,零售商、批发商、制造商都希望减少库存。在这条经济长链中,制造商位于某个起点,批发商和零售商位于长链中的某个环节。工厂减产造成厂房空置,销售疲软迫使商家临时

---

[1] 曹振良等:《房地产经济学通论》,北京大学出版社,2003 年,第 395 页;丰雷等:《房地产经济学(第 4 版)》,中国建筑工业出版社,2022 年,第 100-101 页;迪帕斯奎尔,丹尼斯,威廉·C. 惠顿:《城市经济学与房地产市场》,龙奋杰等译,经济科学出版社,2002 年。

或永久地减少部分营业。零售商、批发商、制造商为适应经济继续衰退,纷纷减少库存,对仓库的需求也减少。空置的仓库与厂房充斥着需求下降的房地产市场,导致工业地产租金下降。

第五,资源利用状况。关键原材料和燃料的利用状况对很多工业房地产的需求有重大影响。特别是那些对原材料和燃料有巨大依赖性的工业生产更是如此。如火力发电厂房常要靠近煤、石油、气等资源的产地。而一旦所依赖的资源开始枯竭,这类工业活动将衰败,此类工业地产的需求也就自然萎缩。

 专栏 15-2 工业上楼:企业需要何种工业地产?

　　珠三角早期的工业以自发为主,在"村村点火、户户冒烟"的发展模式下,村级工业园成为主要的产业空间载体,以 1—3 层扁平式分布为主。随着土地成本日益提升,为提高土地利用效率,电子、家电、医药等行业开始"工业上楼",立体工厂开始出现。

　　东莞和佛山中小企业数量众多,由于企业资产有限,难以购买地块自主开发建设,进入商品厂房成为中小企业增资扩产的主要选择方向,企业可租用或购买单独一层厂房或一个生产单元,将剩余资金用于购买设备和投入研发。近年来,商品厂房发展较快,松湖智谷、天安数码城等成为东莞市商品厂房的代表,佛山市顺德区已建成的商品厂房园区超过 40 个。根据调研,部分商品厂房空置率较高,主要原因是厂房的层高、承重等建设标准达不到企业需求。企业难以在本地找到适合自己的生产厂房,只能选择迁往中山、江门、惠州等地价较低的地区。部分商品厂房运营商开始意识到这个问题,采用了"先招商、后建设"的模式,为目标企业建设定制型厂房。

　　"工业上楼"中,企业需要什么样的生产空间? 我们通过对东莞和佛山顺德 46 家工业企业(14 个行业)开展深入调研,试图回答以下三个问题:

　　(1)哪些行业易上楼? 调查发现,大部分行业都可以上楼。从行业上看,除了机械装备难以上楼,其他 13 个行业的企业生产环节一般都可以上楼。涉及大型设备的零部件生产环节难以上楼,其他环节可以上楼。企业难以上楼的原因首先是注塑、冲压、挤压、五金开模等环节需要用到的生产设备尺寸大、重量大,需要放在首层,主要包括机械装备、电子信息、五金、机器人等行业。其次,包装、功能材料等行业的生产设备规格大(比如某包装企业设备长 150 米、高 12 米),部分行业由于环保原因需要设置管道(比如某灯饰企业需安装排气管道),也需要将生产环节放在首层。对于无法上楼的企业,一般会将仓储和核心部件生产环节放在一层,组装环节放在二层,将办公、展示、会议、检测等功能放在更高楼层,形成"下生产、中组装、上服务"的空间布局。(2)工业上楼可以去到多高?首先,工业上楼并非越高越好,6—8层是合理区间。从技术上来说,大部分行业可以上到高层。考虑到运输成本、工艺流程、厂房建设成本等因素,调研企业不愿意上到高层。一般机器生产企业(如家电、家具、电子信息、机器人、五金)最高可以到6层,劳动密集型产业(如服装、制鞋)或知识密集型产业(如医药)企业最高可以到8层。其次,容积率上限是4.0。根据调研,考虑到政策要求、企业家与员工的心理接受程度、运输成本等,立体厂房的容积率最高可达4.0。对于生产过程中需要用到重型设备的制造业(如机械装备、包装印刷等)容积率一般在0.8左右;一般制造业(如五金、机器人等)容积率一般在1.5左右;轻型制造业(如家电、家具、纺织服装、制鞋等)容积率一般在2.0左右;高新技术行业(如电子信息、新材料、生物医药等)容积率较高,一般可达2.5以上。

(3)"工业上楼"对厂房有什么新要求?第一,首层最受欢迎,首层层高、荷载要求高。企业"工业上楼"行为存在市场偏好,首层最受欢迎,中间层容易闲置。首层由于原料和产品运输方便,成为企业首选,售价或租金也相应最高。根据调研,顺德龙江某商品厂房首层售价超过4000元/平方米,2—5层单价约为3000元/平方米,5层以上单价低于3000元/平方米。东莞某商品厂房首层租金为30元/平方米,2层及以上租金为15—16元/平方米。对于部分企业来说,首层可通过隔板改造为两层使用,成本可平衡。由于大部分厂房售价或租金是逐层递减的,对于厂房空间要求较低的企业,偏向于选择高层,因此容易出现中间楼层厂房闲置的现象。新建厂房难以开拓地下空间。由于首层荷载要求高,新建厂房无法开拓地下空间,包括地下停车场、地下车库等。首层层高、荷载要求高。为适应"工业上楼",厂房的建设标准也有所提高,主要体现在层高、荷载两个方面。不同行业对于层高的需求各不相同。包装印刷、功能材料行业由于设备规格比较特殊,首层层高要求不低于12米。机械装备行业由于设备较高,首层层高要求不低于10米。家电、家具、五金、电子信息、机器人、生物医药、塑料制品等行业首层层高要求不低于8米。其他行业首层层高一般6米即可满足。不同行业对于各楼层的荷载也有不同需求。对于有重型设备的行业,如机械装备、家用电器、机器人、包装印刷、五金等行业,首层地面荷载需要2吨/平方米,其他行业一般在1.5吨/平方米及以下荷载标准。第二,防震防尘成为新需求。伴随着生产环节与产品的精细化和精确性等更高要求,对立体厂房的防震和防尘要求成为企业的新需求。具体表现在:电子信息产业尤其注重防震和防尘要求,尤其是芯片、线路板等核心零部件生产环节对厂房环境要求较高,既不容许上下楼层有震动较大的企业,还要求生产空间是无尘车间,以保证产品的精确性。生物医药产业由于其行业的特殊性,生物制品和药品生产需要无菌无尘的密封环境,一般无法与其他行业的生产空间置于同一栋楼,以避免对药品的污染。包装印刷行业(尤其是电子油墨)、仪器仪表行业(高精尖产品为主)、新材料(电子薄膜等功能材料)均要求生产车间为无尘空间。第三,多种货运方式成为可能。"工业上楼"背景下,立体厂房主要有以下 3 种货运方式。货梯:一般保证每个标准层至少设置 2 台载重 3 吨以上的货梯,并且每个生产单元至少设置 1 台载重 2 吨以上的货梯。货梯适用于各类制造业。U 型货车通道:这种形式适用于多层厂房,每层厂房均可作为首层使用,2 层及以上楼层的层高、荷载一般按照首层设置,柱网宽度适当加宽。这种形式适用于各类制造业。AGV＋立体仓库:一些基础较好的大企业已经开始在生产和仓储过程中通过 AGV 小车运输物料,设计自动化立体仓库。这种形式适用于物料较轻的行业,如家电、电子信息、新材料、生物医药、机器人等。

不同企业对于"工业上楼"的态度、厂房空间要求具有明显的行业特征。东莞、佛山现有工业厂房建设标准难以满足企业需求,一方面可引导对空间要求较低的行业企业(如纺织服装)进入现有载体,另一方面在新载体建设之前应明确产业招商方向,建设符合目标企业需求的厂房,以逐步实现供需对接。"工业上楼"是一个从平面到立体生产空间转变的过程,在机器代人、工业互联网等新技术应用下,企业生产工艺与流程发生较大改变,由此对生产空间的平面连贯性、垂直方向上的货物运输联系、总控中心的设置等也产生新的需求,以"灯塔工厂"为代表的智能型工厂将是未来工厂发展的趋势。

资料来源:

黄玫瑜等:《什么样的厂房最吃香? 46 位企业家告诉你》,2022 年 4 月 22 日,https://www.huxiu.com/article/536650.html,访问日期:2025 年 1 月 23 日。

(二)影响工业地产供给的主要因素

影响工业地产供给的因素很多,主要有经济景气状况、土地资源供应与政府管制、预期利润率和技术进步等。

第一,宏观经济景气波动。经济处于景气循环的上升期,工业地产供给增加,反之则减少。

第二,土地资源供应与利用管制。工业地产的形成受工业用地的制约,而工业区土地规划常常对工业用地的具体利用方式作了严格的规定,这就使工业地产的供给随政府的政策导向而变动。土地资源对工业地产供给的制约是直接而明显的,土地资源的自然局限和政府施加的行政约束对工业地产供给的影响是供给者所必须关注的。

第三,预期利润率。工业地产预期利润率越高,投资者投资愿望越强烈,投资规模越大,供给水平越高。

第四,技术进步。工业建筑技术进步,如装配式建筑技术的应用,缩短了房地产开发的建设周期,工业地产供给会增加。

(三)工业地产供求均衡分析[①]

影响工业地产需求的因素很多,帕斯奎尔,丹尼斯,威廉·C.惠顿认为,其中最重要的因素是制造业和批发业的就业人数、工人的人均工业产量和工业地产的租金。于是,工业地产需求函数可以表示为:

$$OC_t = \alpha_0 + \alpha_1 EM_t + \alpha_2 EW_t + \alpha_3 Q_t - \alpha_4 R_t \tag{15-1}$$

右侧大写字母分别表示:制造业就业人数、批发业就业人数、每个工人工业产量和工业地产的租金。

假设工业地产供给等于 OS_t,则工业地产的供求均衡:

$$OS_t = OC_t = \alpha_0 + \alpha_1 EM_t + \alpha_2 EW_t + \alpha_3 Q_t - \alpha_4 R_t \tag{15-2}$$

$$R^* = 1/\alpha_4 (\alpha_0 + \alpha_1 EM_t + \alpha_2 EW_t + \alpha_3 Q_t - OS_t) \tag{15-3}$$

由此可以判断,均衡租金的主要影响因素有以下几个:工业地产均衡租金决定于批发业和制造业人数,人均产量和工业地产供给量。

第2节 商业地产

一、商业地产的概念

商业地产是指用于商业目的的非住宅房地产,是商店、写字楼、旅馆酒店等类地产的统称。与工业地产和特殊地产相区别,商业地产能够为拥有者带来经济收益、属于非生产加工场地的非住宅地产,通常拥有者是利用该类地产的空间来从事各种交易活动。

---

① 迪帕斯奎尔·丹尼斯,威廉·C.惠顿:《城市经济学与房地产市场》,经济科学出版社,2002年,第311-319页;丰雷等:《房地产经济学(第4版)》,中国建筑工业出版社,2022年,第102页。

二、商业地产的特点

(一)商业用途

顾名思义,商业地产主要用于商业用途,如零售、批发、餐饮、娱乐、健身、休闲、办公等。这些用途使得商业地产与住宅地产和工业地产有着明显的区别。

(二)经营形式多样

由于商业的业态丰富多样,由此决定了商业地产的形式和经营的形式也是多种多样。商业地产形式包括商铺、购物中心、办公楼、酒店等。这些不同的形式满足了不同的商业需求,提供了丰富的商业经营环境。从经营方式上来看,在同一宗商业地产中,往往也会有不同的经营内容,如公共商业楼宇中,一部分经营商品零售、一部分经营餐饮,一部分经营娱乐等,不一而足。不同的经营内容一般会有不同的收益率。不仅如此,商业地产的收益获取方式也是多种多样:有的业主自己经营,有的出租给他人经营,有的则以联营的形式经营。

(三)转租经营多

商业地产的转售转租频繁,尤其是小型商铺更是如此。商业地产的业主常常将其商业地产出租给别人经营,有的承租人从业主手上整体承租后又分割转租给第三人。因此,商业地产一般具有较为复杂的产权关系。

(四)具有较高的物业价值

商业地产通常位于城市中心、次级中心或繁华地段,具有较高的物业价值。其租金收益和增值的潜力也较大,吸引了大量的投资者和地产开发商。

(五)投资风险较高

由于商业地产的价值受经济景气形势和市场波动的影响较大,投资风险也相对较高。投资者需要具备较强的市场分析和风险管控能力。

(六)政策影响显著

商业地产的发展受到国家政策的影响较大。政府的土地供应政策、房地产调控政策和税收政策等都会对商业地产的市场供求关系和租价产生重要影响。

三、商业地产分类

(一)从用途角度分类

(1)零售商业地产:主要用于销售商品和服务。如购物中心、商场和零售商铺等。

(2)办公地产(写字楼)。主要为企业提供办公空间,通常配备现代化的办公设施和便利的交通网络。

（3）酒店和休闲地产。主要提供住宿和娱乐服务，如酒店和度假村等。

（4）餐饮商铺。专门为各类餐饮服务业设置，如餐馆、咖啡店等。

（二）从产权性质角度分类

（1）临时转移产权型。是指大型商场的开发商向多位个体投资者出售部分物业一定年限的产权（经营使用权），到期后开发公司退还投资款，收回物业。它与分散出租物业的区别是一次性收取价款。

（2）分散产权型。即将整体商场物业分割成不同大小的若干块，出售给各个业主，物业的产权由多人拥有。

（3）统一产权型。即物业产权只属于某个房地产开发公司或某个大型业主。但由于一次性投资大，经营或招商所面临的风险也大，在整个商场物业中的比例逐步变小。分散产权型和临时产权型的商场物业正在逐步增加，采用这种形式开发商既可以尽快收回投资，又能满足众多个体经营者的需要。[①]

四、商业地产经营模式

商业地产的经营模式主要有纯销售模式、纯出租模式、不售不租模式、租售结合模式和证券化模式等5种模式（详见专栏15-3）。

 专栏15-3　商业地产常用的经营模式

　　模式一：纯销售模式。地产开发商只销售、出让产权，销售完成之后基本上就不再进行干预，仅由物业管理部门进行日常的统一维护管理，这是传统商业地产开发普遍采用的经营方式。在此模式下，开发商可以快速回收投资，并且无需承担后期经营的压力和风险。但是，由于经营权分散，难以统一招商和经营管理，业态组合混乱，商铺价值受到影响。

　　模式二：纯出租模式。由商业地产开发商进行市场培育，营造商业氛围，并承担经营风险，通过持续有效的经营管理来提升商业地产价值。如果经营良好，有利于打造项目的品牌价值，提升项目的竞争力，享受物业升值所带来的持续稳定租金收益。但是，这种模式对开发商的资金实力要求高，资金压力大。

　　模式三：不售不租模式。商业地产开发商对旗下的商业物业不售不租，采取自主经营模式，深度介入百货、超市、家居等零售行业。在这种模式下，开发商

---

① 曹振良等：《房地产经济学通论》，北京大学出版社，2003年，第403-404页。

自主经营,在商业经营中具有集中规划、控制商业业态的优势。此外,出于融资方面的考虑,一些开发商可以利用零售超市百货的流动资金。但是,房地产开发与商业经营行业的差距巨大,导致此类商业地产开发的风险较高。

　　模式四:租售结合模式。租一部分售一部分,开发商将物业的一部分租给主力店,再销售小部分商铺。在此模式下,开发商可以掌握大部分的产权,出售的只是小部分,将高楼层整体出租与品牌商家经营,将低楼层作为大商家的辅营区分割后出售,即"主力店＋辅营区"的模式。该模式可有效平衡资金压力和经营风险的矛盾。例如,上海大拇指广场的主力店家乐福长期租赁 2 万 m²,剩余 4 万 m² 商铺销售,将所有权出售给投资者,但收回其经营权统一管理。

　　模式五:证券化模式。商业地产证券化是把一个或一组优质且未来能产生稳定现金流的成熟商业物业作为底层资产,通过一定的结构设计及增信措施,将资产的预期现金流转换成流动性更高的证券类金融产品的过程。目前,商业地产证券化主要有类 REITs,即直接或间接持有物业产权,以私募基金份额发行资产支持证券(ABS)。例如,上海市卢湾区新天地商圈的"八号桥嘉实金地八号桥资产支持专项计划",系国内首单"二房东"模式文创园区 ABS。再如,重庆市江北观音桥核心商圈大融城购物中心的"首誉光控—光控安石大融城资产支持专项计划"("大融城 REITs")。

　　资料来源:

　　毛艳:《国内商业地产证券化案例研究》,《房地产世界》,2022 年第 5 期,第 6-9 页;黎俏:《我国商业地产经营模式探析》,《中国商论》,2015 年第 27 期,第 9-11 页;曹磊:《商业地产开发运营对策探讨》,《住宅与房地产》,2021 年第 9 期,第 9-10 页。

五、商业地产供求均衡分析

(一)商业地产的需求分析

　　商业地产的需求除了受商业地产自身价格和租金的影响以外,还受到经济景气循环状态、相关地产景气状况和政府政策等因素的影响。[①]

　　第一,商业地产价格与租金水平。根据需求规律,商业地产的租金和价格越高,其需求量就越小。

　　第二,经济景气循环状况。当宏观经济循环(或周期)处于上升通道时,就业

---

　　① 曹振良等:《房地产经济学通论》,北京大学出版社,2003 年,第 409-411 页。

增加,居民收入增加,商业地产的需求增加;企业盈利水平上升,商业地产需求增加。

第三,相关地产景气状况。例如,当住宅小区形成时,就会形成对相关商业楼宇的需求,零售店、超市的需求就会增加,因为住宅和非住宅之间具有某种互补品的性质。另一种现象是,某个地区一个新商场的开业可能对原有的大批零售商店的经营造成很大的冲击,因为它们在很大程度上具有替代关系。

第四,预期因素。预期未来商业物业价格、租金上升,当前需求增加;预期未来商业物业价格、租金下降,当前需求减少。

第五,政府政策。对高档写字楼的购买征收附加的税费,商业用地的获取程序及对某些商业经营活动实行政府管制等,都会对当前的商业地产需求产生消极的影响。

基于以上分析,我们可以用以下需求函数表示商业地产需求量对不同影响因素的依存关系。该公式形式如下:

$$Q_d = f(P, Q_0, Y, \Delta P/P, G, \cdots) \tag{15-1}$$

该公式的含义是商业地产需求量的大小取决于其价格(P)、相关物业供给(Q_0)、收入(Y)、预期因素($\Delta P/P$)和政府行为(G)等多方面因素。

(二)商业地产的供给分析

第一,商业地产价格与租金。较高的价格和租金必然会使其供给水平提高。

第二,物业开发成本。物业开发成本下降会使商业地产的供给增加。

第三,政府政策。凡是使开发成本和收益发生重大改变的政策均直接影响供给。

第四,预期。预期未来商业物业价格、租金上升,当前供给下降。

第五,关联物业的供给。住宅供给量的大量增加可能对多种类型的商业服务设施的供给起推动作用,而大型超市的出现对许多零售物业的开发起着抑制作用。

$$Q_s = g(P, C, G, \Delta P/P, Q_o, \cdots) \tag{15-2}$$

该公式的含义是商业地产供给量的大小取决于其价格(P)、物业开发成本(C)、政府行为(G)、预期因素($\Delta P/P$)以及其他关联物业的供给 Q_0 等多方面因素。

(三)商业地产的市场均衡

商业地产的供给与需求共同决定了商业地产的价格水平。

均衡条件:

$$f(P, Q_0, Y, \Delta P/P, G, \cdots) = g(P, C, G, \Delta P/P, Q_o, \cdots) \tag{15-3}$$

均衡价格决定：

$$P^* = h(P，Q_0，Y，\Delta P/P，G，C，\cdots) \tag{15-4}$$

案例分析 15　商业地产轻资产化运营模式

讨论的问题

1. 比较商业地产轻资产运营模式与传统的商业地产运营模式的优势和劣势。

2. 根据商业地产轻资产运营模式产生的背景和动因，预测这种模式的发展趋势。

习　题

1. 住宅物业与商业物业的供求关系有什么相互影响？

2. 分析工业地产供求的影响因素。

3. 分析商业地产供求的影响因素。

4. 材料分析题（根据商务部提供的信息：2015 年全国网络零售交易额为 3.88 万亿元，同比增长 33.3%，其中实物商品网上零售额为 32424 亿元，同比增长 31.6%。国家统计局发布的信息：2016 年，全国网上零售额 5.1556 万亿元，比上年增长 26.2%。其中，实物商品网上零售额 41944 亿元，增长 25.6%，占社会消费品零售总额的比重为 12.6%；在实物商品网上零售额中，吃、穿和用类商品分别增长 28.5%、18.1%和 28.8%。2020 年，全国网上零售额约 11.7601 亿元，比上年增长约 10.90%。其中，实物商品网上零售额 97590 亿元，增长约 14.80%，占社会消费品零售总额的比重为 24.9%。2022 年，全国网上零售额达到约 13.79 万亿元，比上年增长 4.0%；2023 年，全国网上零售额达到了 15.40 万亿元，比上年增长 11.0%）。阅读以上材料，回答以下问题：

（1）电子商务的发展对商业地产市场有怎样的影响？

（2）预测这种影响未来的发展趋势如何？你的依据是什么？

（3）商业房地产投资者如何应对电子商务的冲击？

模块三　房地产市场失灵与政府管制

第16讲　房地产市场失灵之一：
房地产公共物品

第1节　房地产公共物品:分类和概念

一、物品的类型

(一)经济学理论上的分类

在经济学上,根据物品的竞争性和排他性,可以把所有的物品(包括服务)区分为私人物品、自然垄断、共有资源和公共物品等四种类型。

1. 私人物品

私人物品是指既具有排他性又具有竞争性的物品,即同时具有排他性和竞争性的物品。如手机、服装、拥挤的收费道路等。

2. 自然垄断

自然垄断类物品是指具有排他性但无竞争性的物品。自然垄断产生于具有典型规模经济效益,全部产品由一家提供比两家以上企业提供的平均成本更低的行业。自然垄断的实例很多,包括自来水、电力供应、电信、邮政、铁路和拥挤的收费道路等。这些行业通常具有网络经济的特征,依赖产业网络为市场提供商品和服务。例如,供水、电力、煤气、热力供应、电信和收费但不拥挤的高速公路等行业,它们的产品和服务需要通过特定的网络才能输送到社会消费领域。这些网络节点越多,边际投资收益就越大。因此,这些行业具有初始投资巨大、资产具有很强的专用性、很高的沉淀性,一旦投入资金短期内很难收回等特点。

3. 共有资源

共有资源是指具有竞争性但没有排他性的物品或资源。如拥挤但不收费的道路、公共草地(林地)等。

由于共有资源具有非排他性和竞争性,即一旦被使用,其他人就无法同时使用或减少其他人使用所得到的利益。因此，合理管理和保护共有资源非常重要，以避免过度开发和浪费。政府和社会组织可以通过立法和政策来管理共有资源，确保其可持续利用。

4. 公共物品

公共物品是指既无排他性又无竞争性，即同时具有非排他性和非竞争性的物品，换言之，不能排除人们使用一种公共物品，而且一个人享用一种公共物品并不减少其他人对它的享用。如不拥挤的不收费道路、国防、基础研究和环境保护等。

公共物品的存在一般有以下三个主要原因：一是产权原因，如共享资源，公海、南极大陆；二是消费的不可分性，如空气、道路；三是显著的外部经济性。

(二)公共政策分析中的物品分类

1. 纯公共物品

这类物品完全具备非竞争性和非排他性特征。最典型的例子就是国防和灯塔，它们通常免费提供给公众，而且在现实生活中这类物品相对较少见。

2. 准公共物品

一般而言，可以定义准公共物品为满足"非排他性、非竞争性"两个条件之一的物品。具体而言，无排他性但有竞争性的物品，典型的例子是前述分类中的共有资源；无竞争性但有排他性的物品，典型的例子是前述分类中的自然垄断行业提供的产品或服务。

在具体的政策分析中，只要具有有限的非竞争性和局部的排他性，这类物品均被看作准公共物品。当使用量超过一定临界值时，这类物品或服务的非竞争性和非排他性会消失，随之出现拥挤现象。从这个广义角度来看，准公共物品可以进一步分为以下两类：

(1)公益性物品(服务)：这类物品包括义务教育、公共图书馆、博物馆、公园等，它们旨在服务公众，提高社会福利水平。

(2)公共事业物品(即自然垄断产品)：如电信、电力、自来水和管道煤气等。这些物品通常由政府提供或监管，以确保服务质量、保证社会公平性。

二、房地产中的物品类型

(一)私人物品性质的房地产

商品化的住宅、通过住房保障政策分配的住房(包括所有权和使用权)、通过市场配置土地使用权的土地资源，以及工商业用的非住宅房地产，都属于典型的私人物品。私人物品的房地产是房地产经济学分析的重点。

(二)纯公共物品性质的房地产

各种不拥挤的城市公共道路、灯塔等公共基础设施，国防设施(广义房地产)

及政府房地产等都是纯公共品性质的房地产。此外,用于防疫救灾、防洪救灾以及维护生态环境用的不动产也属于纯公共品性质的房地产。

(三)准公共物品性质的房地产

一是自然垄断类的准公共房地产,即为社会提供电信、电力、自来水和管道煤气等产品/服务的房地产,是准公共房地产的主要类型。二是公益性房地产,包括提供义务教育、公共图书馆、博物馆、公园、科技和公共卫生等服务的房地产。三是共有资源,如未进入自然保护区的国有草地、林地和共有石油资源(属于广义的土地资源)等。

第 2 节　房地产公共物品的特征与资源配置效率

一、纯公共物品性质的房地产

(一)纯公共物品性质房地产的特征

公共物品包括以下两类:一是公共基础设施,如城市道路、不拥挤的免费公路、公共广场与绿地、公共交通、军事设施、防洪设施等。这些设施本身就属于广义房地产的范畴,不妨称之为"公共房地产"。基于公共房地产所提供的服务也属于典型的纯公共产品(服务),对这些设施的使用不会因为某个人的使用而减少其他人的使用。二是公共服务,如国防、公安司法、义务教育、公共福利事业等。这些服务的使用不会因为某个人的使用而减少其他人的使用,提供这类公共服务的房地产被称为公共服务房地产。我们重点讨论第一类"公共房地产"的特征。

基于公共物品的特征,我们认为,纯公共物品性质的房地产也具有以下几个特征:非竞争性、非排他性、效用的不可分性和外部性等特征。

1. 非竞争性

公共物品的非竞争性意味着一个人对公共物品的消费不会减少其他人对该物品的消费。例如,国防保护了所有公民,其费用以及每一公民从中获得的好处不会因为多生一个小孩或出国一个人而发生变化。

2. 非排他性

公共物品的非排他性指的是产品在消费过程中所产生的利益不能为某个人或某些人所享有,要将一些人排斥在消费过程之外,不让他们享受这一产品的利益在技术上、经济上都是不可能的。

3. 效用的不可分割性

公共物品的效用不可分割地影响全体公众,而不管其中任何个人是否愿意消费。例如,免疫保健措施对所有人都起了保护作用,而绝不只是那些付钱接种疫苗的人。

4．外部性

由于纯公共品具有非排他性、利益的不可分性、消费的非竞争性,因此,对每个厂商和消费者来说,公共品对他有多大成本和收益是要根据博弈的结果来定,一般总是会产生成本和效益的溢出。因此,这类公共房地产也存在极强烈的外部性（externality）。外部性产生的经济原因在于市场主体的目标函数（生产函数或效用函数）中含有共同的变量,可表示为:

$$U^A = f^A(x_1, x_2, \cdots, x_n, y_1, y_2, \cdots y_m) \tag{16-1}$$

即消费者 A 的效用不仅受其自己控制的活动 $x_1, \cdots, x_n$ 所影响,也受到其他的生产者和消费者控制的活动 $y_1, \cdots, y_m$ 的影响。这些对他人生产或对他人消费产生影响的生产或消费活动很广泛,如给众人带来公共社会福利的具有正外部性的纯公共品性质的防洪大堤和灯塔等。[①]

(二)纯公共品性质房地产的资源配置效率

关于纯公共物品性质的房地产的供给决策,必须考虑以下三个关键特征:

(1)纯公共品房地产的社会效益显著。由于这类房地产消费和使用的非竞争性特点,公共品消费的总效用等于全体使用者个别效用垂直加总之和。

(2)纯公共品房地产的市场需求价格等于零。由于这类房地产消费和使用的非排他性(开放性)特点,公共品的消费过程中天然存在"搭便车"的可能性,消费者的支付意愿为零。

(3)纯公共品房地产的市场供给价格很低。这类房地产一般具有固定成本巨大、变动成本很小的特点,基于这类房地产提供服务的边际成本就很低。如果按照边际成本等于价格的原则定价,投资回收期就会很漫长。

纯公共品性质房地产的以上三个特征表明,虽然其社会效益显著,但市场机制却不能解决这类房地产的资源配置和市场供给问题,市场机制在这个领域是失灵的。

二、准公共物品性质的房地产:以共有资源为例

(一)共有资源的特点

共有资源(common resources)是指具有非排他性但有竞争性的商品或服务,如公海的鱼群、清洁空气和公共草地(牧场)等。

---

① 曹振良等:《房地产经济学通论》,北京大学出版社,2003 年,第 423 页。

从其定义中可以看到,共有资源具有以下两个典型特征:一是非排他性,即不必付费即可使用该资源。二是竞争性,即如果某人已经使用了该共有资源,则其他人就不能再同时使用该资源或减少其使用的数量。

(二)提高共有资源的市场效率

1. 共有资源——石油资源的配置效率

石油资源可以看作广义土地的组成部分。[①] 假设一块土地的地下储藏有石油资源,且这块土地的产权安排是共有产权,即归一些人共有(不妨假设 A 公司和 B 公司二者共有),他们均可开发利用这块土地上的石油资源。这两个共有资源的产权人博弈的结果如图 16-1 所示。石油资源的两方博弈结果是双方采取高产策略,个人理性导致资源配置低效的结果。再次印证了,共有资源场合下市场配置资源的无效性。

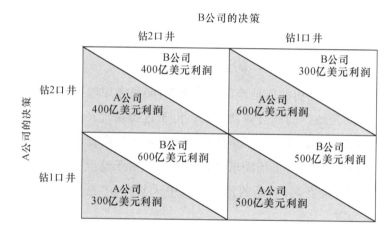

图 16-1 共有石油资源的两方博弈

2. 共有资源——公共草地的资源配置效率

让我们再来看一个共有资源——公共草地(牧场)资源配置的例子。假设在一块公共草地上养牛的成本是 $c = 5x^2 + 2000$, x 是指养牛的头数。每头牛的市场价格为 $p = 1800$ 。试作如下推理:

(1)假设为单一土地利用者,则牧场利润最大时的养牛数量是多少?

---

① 1972 年,联合国粮农组织在荷兰召开的土地评价专家会议对土地作如下定义:"土地包含地球特定地域表面及以上和以下的大气、土壤及基础地质、水文和植被。它还包含这一地域范围内人类活动的种种结果,以及动物就它们对人类利用土地所施加的重要影响"。1975 年,联合国发表的《土地评价纲要》对土地的定义是:"一片土地的地理学定义是指地球表面的一个特定地区,其特性包含着此地面以上和以下垂直的生物圈中一切比较稳定或周期循环的要素,如大气、土壤、水文、动植物密度,人类过去和现在活动及相互作用的结果,对人类和将来的土地利用都会产生深远影响"。

$$\pi = px - c(x) = 1800x - (5x^2 + 2000) \tag{16-2}$$

令利润函数的一阶导数等于零，可以得到 $x = 180$

（2）假设有 5 户牧民进入牧场，平均分担成本，则养牛头数是多少？此时，每个牧民最大化个人利润：

$$\pi_i = px_i - \frac{1}{5}c(x) = 1800x_i - \frac{1}{5}(5x^2 + 2000) \tag{16-3}$$

$$x = \sum_{i=1}^{5} x_i$$

令利润函数的一阶导数等于 0：

$$\frac{\mathrm{d}\pi_i}{\mathrm{d}x_i} = 1800 - 2x \cdot \frac{\mathrm{d}x}{\mathrm{d}x_i} = 0 \tag{16-4}$$

$$x = 900$$

（3）如果有 10 户牧民进入牧场，平均分担成本，养牛头数为多少？此时，每个牧民最大化个人利润：

$$\pi_i = px_i - \frac{1}{10}c(x) = 1800x_i - \frac{1}{10}(5x^2 + 2000) \tag{16-5}$$

$$x = \sum_{i=1}^{10} x_i$$

令利润函数的一阶导数等于 0

$$\frac{\mathrm{d}\pi_i}{\mathrm{d}x_i} = 1800 - x \cdot \frac{\mathrm{d}x}{\mathrm{d}x_i} = 0 \tag{16-6}$$

$$x = 1800$$

（4）资源配置的结果是市场失灵，即共有资源——作为共有资源的草地被过度利用，草原必定退化，此即所谓的"公地的悲剧"（the tragedy of the commons）（参见专栏 16-1）。

 专栏 16-1　公地的悲剧

1968 年英国加勒特·哈丁教授（Garrett Hardin）在《科学》杂志上发表了一篇文章"The tragedy of the commons"，文中首先提出公地悲剧概念。

英国曾经有这样一种土地制度——封建主在自己的领地中划出一片尚未耕种的土地作为牧场（称为"公地"），无偿向牧民开放。这本来是一件造福于民的事，但由于是无偿放牧，每个牧民都养尽可能多的牛羊。随着牛羊数量无节制地增加，作为共有资源的公地牧场最终因"超载"而成为不毛之地，牧民的牛羊最终全部饿死。

哈丁解释说,作为理性人,每个牧羊者都希望自己的利益最大化。在公共草地上,每增加一只羊会有两种结果:一是获得增加一只羊的收入;二是加重草地的负担,并有可能使草地过度放牧。经过思考,牧羊者决定不顾草地的承载能力而增加羊群数量。于是他便会因羊只的增加而收益增多。看到有利可图,许多牧羊者也纷纷加入这一行列。由于羊群的进入不受限制,所以牧场最终被过度使用,草地状况迅速恶化,悲剧就这样发生了。

公地作为一项资源或财产有许多共同的拥有者,他们中的每一个人都有使用权,但却没有权利阻止其他人使用,从而造成资源过度使用和枯竭。过度砍伐的森林、过度捕捞的渔业资源以及污染严重的河流和空气,都是"公地悲剧"的典型例子。之所以被称为悲剧,是因为每个当事人都知道资源将由于过度使用而枯竭,但每个人都对阻止事态的继续恶化感到无能为力,而且也都抱着"及时捞一把"的心态放任事态的恶化。

资料来源:

搜狐网:《无处不在的公地悲剧》,2018 年 9 月 1 日,https://www.sohu.com/a/251402820_819818,访问日期:2024 年 12 月 11 日。

三、关于房地产公共物品资源配置效率的结论

通过关于房地产公共物品市场配置效率的讨论,我们可以得到以下两个基本结论:

第一,对于纯公共物品性质的房地产如果让市场配置资源,此类房地产的市场供给量为零。

第二,对于准公共物品性质的房地产,如共有资源类的公共草地、公共林地等,让市场配置资源,最终将导致资源的过度利用和资源退化。

以上两种情形下均证明了市场的失灵,需要政府介入。那么,政府介入的方式是政府部门直接提供或政府出资、委托其他经济主体提供(纯公共物品场合)?抑或政府对资源利用进行管制(共有资源场合)呢?

第 3 节　房地产公共物品市场失灵的治理

一、纯公共物品性质房地产:解决供给问题

从逻辑上分析,既然公共物品如国防设施、基础教育设施和防洪救灾设施等(广义房地产)由市场提供,其有效供给量为零,政府来提供这类具有显著社会效

益和广泛正外部性的产品成为供给决策的一种必然选择。

政府提供公共房地产，意味着政府直接介入了社会资源的配置，这场合政府替代了市场功能，对社会资源进行分配。政府的资金来源主要是税收、国有资产收益和政府债券。

(一)决策机制

基于理论分析和实践经验的总结，目前主要有 6 种公共品供给的决策机制，公共房地产供给决策可以参考(详见表 16-1)。

表 16-1　公共房地产供给的决策机制

类型	典型特征	主要缺点
市场机制	分散决策、契约安排	市场失灵
直接票决制	可显示公众的偏好	决策成本高
代议制	可减少搭便车行为	未必代表大多数人意见
集权制	决策效率较高	决策失误概率大、执行成本高
理性者集团	决策结果理想	政府部分未必为理性者集团
民主集中制	整合了集权式和民主式的优点	责任容易模糊化

数据来源：曹振良等：《房地产经济学通论》，北京大学出版社，2003 年，第 426 页。

基于中国的国情，我们认为，除了市场机制可以直接排除外，其他 5 种公共物品的供给决策机制中，对我国比较可行的决策机制是集权式决策和民主集中制决策，且以民主集中制为主。

(二)公共房地产供给的具体途径

根据国际经验，公共房地产的供给途径无非有以下几种：一是通过税收强制消费，由政府组织供给，如国防设施、防洪救灾设施、治安设施等。二是通过一定的途径增加消费的排他性，这样就可以激励私人提供，使供给具有经济可行性，如高速公路收费等。关于如何提供公共房地产，可以借鉴西方国家提供公共物品的主要经验做法。

1. 政府直接提供

①中央政府直接经营部分公共物品。例如，造币厂和中央银行等多数国家都由中央政府直接经营。②地方政府直接经营，如保健事业、医院、自然资源保护、供水、图书馆、博物馆等。③由地方公共团体经营。

2. 政府与企业签订合同，委托企业经营

政府与私人签订合同，由私人经营公共物品。具体做法如下：①政府授予经营权：如自来水公司。在美国，开办电台和电视台需要到联邦通讯委员会申请。

②经济资助:包括补助津贴、优惠贷款、无偿赠款、减免税收、直接投资等。主要领域有科学技术、住宅、教育、卫生、保健、图书馆、博物馆等。③政府参股:主要领域包括桥梁、水坝、发电站、高速公路、铁路、电讯系统、港口、飞机场等。④法律保护私人进入。

二、共有资源:解决资源的过度使用问题

此处以共有土地资源为例,讨论共有资源低效率的治理问题。共有资源市场低效率配置的表现是资源的过度使用问题。主要的治理思路有:产权改革、政府管制、收费制和民间环保公益组织的介入等四种。

(一)共有资源的产权改革

产权改革的方向有两个:①实行共有资源产权公有化/国有化,这样,政府就可以建立起自然保护区等,使得原来的共有资源具有了排他性,就可以解决过度进入和过度利用的问题。②把共有资源变为私人物品,这是一种较为激进的治理措施。"公地悲剧"中的土地资源有一种较简单的解决方法——该镇可以把土地分给各个家庭,每个家庭都可以把自己的一块地用栅栏圈起来,这样每个家庭放牧时就会考虑效益最大化,从而避免了过度放牧,保证草地资源的可持续利用。

(二)政府管制

如果不改变共有资源的产权属性,政府也可以对共有资源的利用施加管制措施,比如,政府可以通过颁布旨在保护土地资源过度利用的法律、法规,授权行政部门监督共有资源的利用。

(三)收费制

对于国家公园这类共有资源,解决过度拥挤、过度利用问题,还有一个可供选择的方案是实行收费制,这样可以在一定程度上减轻资源的无效利用程度。例如,美国不少国家公园就采用了收取进入费的办法(参见专栏16-2)。

专栏 16-2　国家公园的进入费

美国有很多国家公园,如黄石公园,可人们经常抱怨公园里面过于拥挤。有些经济学家,如芝加哥大学的阿兰·桑德森曾建议用提高门票的方法解决这个问题,并指出国家公园服务始于1916年,一个五口之家乘车到这里,进入黄石公园需要花费7.50美元;1995年却只需10美元。按照国家一般通胀率进行计算,1916年的门票价格到1995年应当涨至120美元。

根据桑德森的观点,"我们正把国家的和历史的财富视为免费商品,而事实上,它们并非如此。我们忽视了维护这些地点和由于拥堵而带来的限员费用——当公园内部过于拥挤,再没有游客可以进入时——这也许是分配稀缺资源最无效的方法。"

美国国家公园管理局通过收取入园费来应对这一问题。尽管价格没有接近桑德森建议的按通胀率调整的黄石公园的门票价格,但它们现在也成为控制公园容量的限流工具。

美国国家公园管理局与美国农业部(林业局、渔业和野生动物局)、土地管理局和农垦局等部门联合提供了一个通行证(美国最美的地方——国家公园和联邦娱乐区),允许一辆汽车、通行证持有人、另外三个成年人以及不限人数的未满 16 岁者进入上述机构经营的设施场所,年费是 80 美元。一个成年居民的通行证工本费为 10 美元,而且对终身残疾居民和公园志愿者,上述地点是免费开放的。

资料来源:

W. 布鲁斯·艾伦,尼尔·A. 多尔蒂:《管理经济学:理论、应用与案例》,中国人民大学出版社,2015 年,第 562 页。

(四)非营利组织的民间治理

成立于 1951 年的大自然保护协会(The Nature Conservancy,TNC),是国际上最大的非营利性的自然环境保护组织之一。TNC 致力于在全球保护具有重要生态价值的陆地和水域,维护自然环境、提升人类福祉。TNC 以科学为基础,研发创新实践方案,解决地球最严峻的挑战。以全球视角来解决气候变化问题,保护土地、河流及海洋,帮助推进城市可持续发展。

在治理草地的过度利用、实现草地资源可持续利用方面,TNC 取得了一些重要的经验(参见专栏 16-3)。

 专栏 16-3 草地保护案例:可持续放牧管理

可持续放牧管理。过度放牧会导致植被破坏、土壤侵蚀和水资源枯竭等,引起草地退化,从而进一步影响当地的生态环境、农业生产和居民生活。为遏制草原生态持续恶化的势头,保护草原生态环境,促进草原可持续利用,合理放牧是非常重要的一环。

放牧管理可分为自由放牧和划区轮牧两种类型。自由放牧是指不做分区规划,家畜在同一块草地上连续采食几周至几个月,牲畜可在草地上自由游走采食;划区轮牧通常是通过设立永久或临时性围栏来划分放牧地,依据科学计算和规划,通过制定和执行放牧方案,从而有计划地控制家畜的采食时间、采食范围,实现轮流放牧利用和收集牧草的一种草地利用方式。

科学的可持续放牧管理是在维持草地生态系统健康的同时实现牧区经济可持续发展的重要举措之一,在资源合理利用、退化草场恢复、保证牧民收入、减少生态修复支出等方面具有重要的研究和指导意义。可持续放牧的关键在于通过在时间和空间上对放牧行为进行调整达到适宜的放牧强度和放牧频度,采取合理的休牧和放牧周期或在不同区域轮牧降低放牧压力,同时还需根据季节变化适时地对家畜进行舍饲,降低冷季超载概率,达到牧草和家畜的平衡,进而实现对有限草地资源的可持续利用。

可持续放牧包括两个核心:强调草地生态系统的保护和恢复:在放牧过程中,必须遵循草地生态系统的规律,避免过度放牧和滥采滥垦,必要时应采取禁牧和休牧措施恢复生态系统功能;追求经济效益和生态效益的协调发展:过度追求经济效益往往导致草地资源的过度消耗和生态环境的恶化,从而损害未来的经济效益,需根据当地资源承载力协调生态发展,实现经济上的可持续。

TNC可持续放牧管理实践。TNC在过去几十年的实践中将传统放牧和科学创新相融合,通过可持续放牧管理获得生态和社会经济效益,为全球提供草原可持续发展参考。

坦桑尼亚北部稀树草原地区拥有丰富的野生动物资源,当地社区以游牧为生,长期以来与角马、斑马、大象等野生动物共同生活在这片土地上。但约80%的野生动物栖息地位于保护地外的社区和私有土地上,无序放牧、干旱持续频发、牲畜数量增加以及草地面积缩减等问题导致社区经济与自然保护的协调发展面临严峻挑战,入侵物种代儿茶(dichrostachys cinerea)的威胁也进一步挤占了家畜和野生动物的生存空间。

TNC和坦桑尼亚北部牧场倡议(NTRI)的合作伙伴共同启动了支持当地社区和机构加强治理能力的项目,以改善草地生态系统管理、提升草原应对气候变化的能力。具体措施有:

(1)建立社区保护地:通过设立野生动物管理区(wildlife management Area,WMA)的社区保护地形式连接社区生计、旅游投资和野生动物保护,使社区通过保护与管理野生动物获得生态和经济收益。部分区域的 WMA 还可作为"饲草银行"(grass bank)，以确保在干旱季节可提供足够的高质量牧草。

（2）安装植物围栏：与社区居民合作建造了 1000 多个由本地速生树种加固而成的植物篱(living walls)，几乎消除了野生动物对家畜的不利影响，帮助超过 1.4 万名牧民提升了家畜的安全性，同时建立围栏所用的枝条来自居民自己的本地树种，成本降低了 25%，这是一种经济有效且可持续的人兽冲突解决方案。

（3）划区轮牧：TNC 参考传统的轮流放牧方法，通过划定特定的放牧区域进行轮区放牧的方式，防止过度放牧。同时推行集体放牧和有计划地季节性放牧，培训牧民可持续放牧管理方法，以便更好地利用有限的土地资源。

（4）设立社区协调员：TNC 安排社区协调员每周巡视公共牧区，以确保牧民按照划定好的放牧区进行放牧，并禁止在未分配范围内进行任何形式的放牧行为。社区协调员还负责培训相关人员草原管理方法，以确保整个社区遵守共同制定的合理、科学、可持续的放牧计划。

项目成果显示，社区越来越多地从健康的自然资源中获得可持续收益，至少有 10 个村庄通过此类方式每年获得至少 2 万美元收益。2018 年项目执行后，Randilen WMA 的总收入达 19.2 万美元，比 2017 年增加了 51%，当地的经济和自然环境韧性得到了改善。除了生计得到加强外，关键野生动物种群（大象、角马、斑马和狮子）保持稳定，最近的研究表明，在建立 WMA 之后，长颈鹿等野生动物数量有所增加，大象数量从 1990 年的约 2000 只增加到约 4200 只，进一步验证了 WMA 对国家公园周围高质量野生动物栖息地的积极影响。

资料来源：

大自然保护协会：《草地保护案例：可持续放牧管理》，2024 年 6 月 19 日，http://www.isenlin.cn/sf_6B92BAD33B134BB397367E1CBCA0C66A_209_B7B9039D278.html，访问日期：2024 年 12 月 12 日。

案例分析16 "私搭浮桥"背后折射出的公共物品供给困境

讨论的问题：

1. 案例材料中"浮桥"属于经济学分析中的哪类物品？其主要特征是什么？

2. 你是否同意私人提供浮桥？如何调和公益性和营利性之间的矛盾？

习　题

1. 讨论公共房地产的特征、市场效率和治理措施。

2. 试讨论我国各种保障性住房分别属于什么类型的物品？你的理论依据是什么？如何提供？

3. 私人(包括个人和企业)可否成为公共房地产的提供者？

4. 共有资源的低效率如何治理？请你评价不同的治理方案的优缺点。

第17讲　房地产市场失灵之二：房地产外部性

第1节　房地产外部性的概念和分类

一、房地产外部性的概念

房地产外部性有以下两种概念：一种是狭义概念，一种是广义概念，后者是对狭义的房地产外部性概念之扩充。①

(一)狭义的房地产外部性

所谓狭义的房地产外部性，是指一些家庭、企业或公共机关的房地产经济活动（包括房地产的开发、流通、消费和物业管理等）对其他一些家庭、企业等主体造成了影响，但这种影响并不通过市场发挥作用，即这种影响关系不属于市场交易关系。简言之，狭义房地产外部性概念仅指经济主体的房地产活动对其他主体的影响，且这种影响在其决策中并未予以考虑。

(二)广义的房地产外部性

广义的房地产外部性，既包括房地产经济活动主体对其他经济主体的影响，又包括其他一些经济主体对房地产经济主体的影响，并且无论哪一种情况下，施加影响的一方均未将这种影响作为其决策变量。简言之，广义的房地产外部性不仅包括房地产经济活动施加的外部效应，也包括它接受的外部效应。

无论是狭义概念还是广义概念，在进行理论分析时，都应当做到既要考虑施加影响一方的经济行为，又要考虑接受一方的经济行为。外部效应在外部性经济主体的决策函数中的体现是不同的：施加外部效应的一方只考虑自己的利润最大

---

① 本节内容重点参考了曹振良等：《房地产经济学通论》，北京大学出版社，2003年，第115页。

化问题,属于个人理性而非社会理性;接受外部效应的一方则必须考虑这种外部效益或外部成本对经济决策的影响,属于个人理性,但这种个人理性行为与社会理性并不冲突,此即外部效应的非对称性。

二、房地产外部性的分类

按照不同的标准可以对房地产的外部性进行不同的分类。本书介绍以下四种外部性分类。[①]

(一)按外部影响的性质和作用方向分:房地产正外部性与房地产负外部性

1. 房地产正外部性

凡是因为房地产经济活动而受益的外部影响都被称为房地产正外部性。例如,城市公共设施作为广义房地产具有显著的正向外部性。所谓广义房地产,是指公共部门提供的教育设施、公共绿地、公园、历史文化保护区等,这些公共房地产的开发建设具有很显著的正外部性,这种正外部性产生的经济效益会资本化入土地/房地产价值(表现为土地/房地产增值)而为私人部门所有。这就构成了政府征收物业/财产税或土地增值税的重要理论依据。

2. 房地产负外部性

凡是因为房地产经济活动而受损的外部影响都被称为房地产负外部性。城市土地的过度开发建设和不当的商业利用导致的住宅拥挤、公共绿地的减少、环境污染、历史文化价值受损等则有可能降低区域土地价值,影响包括房地产业在内的诸多产业的发展,这属于房地产负外部性。山西省朔州市崇福寺旅游商业区的开发利用,导致该区域具有历史价值的房屋结构破坏、文化价值受损,周边卫生环境和治理环境恶化,最终导致区域整体物业价值的降低,这就是典型的房地产负外部性的例子。[②]

(二)按照外部性产生的环节区分:房地产开发的外部性与房地产消费的外部性

1. 房地产开发的外部性

(1)房地产开发商施加于其他开发商的外部性。如果一个房地产开发商的开发活动妨碍或便利了其他生产者,但它又没有为其妨碍而承担补偿或因为其提供了便利而获得报酬,这时候便产生了开发的外部性。房地产开发的外部性的实质

---

① 曹振良等:《房地产经济通说》,北京大学出版社,第 116-118 页。

② 卢新海,郝光伟:《房地产开发过程中外部性及其治理对策研究:以崇福寺旅游商业区开发为例》,《中国房地产(学术版)》2015 年第 12 期,第 40-49 页。

是促使被影响生产商的边际成本曲线左移（在外部不经济时），或者使其边际净收益曲线右移（当存在房地产开发外部经济时）。尽管许多经济学家认为负外部性比正外部性存在更为广泛，但在房地产经济领域中，正外部性也很常见。例如，一个房地产商在城郊地区开发住宅区，同时完成了周边基础设施建设，这为其他房地产商在相邻区域进行房地产开发创造了良好的环境条件，这就是房地产开发的正外部性。一些实力雄厚的房地产商为了避免房地产外部经济的区位外溢，会将与开发区段紧邻的土地也列入到房地产开发计划中。例如，在河北省石家庄市，某房地产集团投资兴建市中心广场，广场建成之后，附近区位土地升值，该集团迅速将周边地段土地使用权全部购买下来，用以开发住宅物业，这就是一种防止房地产外部经济区位外溢的垄断开发行为。

（2）房地产开发商施加于消费者的外部性。此类房地产开发的外部性既有暂时性的，也有持续性的。在房地产开发建设期间产生的噪声污染、建筑垃圾、交通线路的暂时堵塞和改变等均给附近居民工作、生活造成了损害，如果房地产开发商不对这种损害进行补偿，就构成了典型的房地产负外部性。不仅如此，如果房地产的开发建设造成了植被的大量破坏、公共绿地与市区水域面积剧减、河流湖泊的污染等生态性破坏，这种对城市居民带来的不利影响会长期存在，因而是一种持续的外部不经济现象。再如，如果一户居民扩建自己的房屋，导致挡住了邻居家窗口的光线，那么邻居就承受了外部成本，这也是一种持续的外部不经济。

2. 房地产消费/利用的外部性

所谓房地产消费的外部性，是指因房地产的消费行为而产生的外部性。例如，在一些住宅小区，因垃圾处理设施不健全导致居民生活废水、废物的大量堆积，严重影响住区的生活质量，降低物业的价值，这是典型的住宅消费的外部不经济。再如，因住宅隔音设施的不完善而引起的居民相互干扰等也属于住宅消费的外部不经济。

（三）按外部性产生的主体性质分：公共部门外部性与私人部门外部性

1. 公共部门房地产的外部性

城市或地方政府等公共主体的房地产经济活动对其他活动（包括房地产经济活动）造成的外部性可称为公共部门房地产外部性。根据公共经济学观点，公共主体的经济活动多具有公益性，其提供的产品或服务被称为公共物品。一般地讲，公共物品就是具有正向外部效应的产品，如城市道路、路灯、城市防洪、排水设施、城市公共绿地等都属于公共产品的范畴。政府提供公共性房地产无疑会为城市包括房地产开发商在内的其他经济主体带来成本的节约，而对受益者来说，如果它们没有为这种成本节约或外部效益而支付给公共主体一定的报酬，这就产生了正外部性。

2. 私人部门房地产外部性

私人性经济主体,即个人或企业的房地产经济活动产生的外部性被称为私人部门房地产外部性。实践中,房地产商提供的产品或服务多数为私人产品,如商品住宅等。对这种产品的开发建设以及消费均可能产生外部影响。与公共部门房地产外部性主要是正外部性不同,私人部门房地产外部性中既有正外部性,也有负外部性。例如,城市郊区因商品住宅的开发带动周边商业需求增加和服务业的兴盛,就属于典型的私人部门房地产正外部性。但是,如果因为住宅区的开发导致周边环境的破坏、相关物业及商业价值的贬损,则属于私人部门房地产负外部性。

(四)按土地利用类型分:工业用地外部性、农业用地外部性、商业用地外部性和住宅用地外部性

1. 工业用地的外部性

土地的工业利用形成了工业房地产,即工业厂房、工业场地(包括工业仓储设施、堆栈、厂区铁路等用地)。土地工业利用中出现了诸如水源和土壤污染、空气质量下降等问题,属于土地工业利用中出现的负外部效应(参见专栏17-1)。从经济学观点来看,工业土地利用是与负外部效应相伴而生的,这种负外部性主要是施加于邻近地区的消费者及其后代的。但是,对其他市场主体来说,土地工业利用在一定的集约度内会产生外部经济效应。这种正向外部性既可能是一种基础设施投资的节约,也可能是一种劳动力、技术资源、信息资源和市场营销网络的共享所带来的额外收益。正是这种额外收益构成了工业在某个区位集聚的基本动力。英国城市经济学家巴顿认为,工业地理集中的主要原因是能享受到集聚经济效益,这种经济效益主要是但并非全部是经济学家所说的外部经济效应。后来集聚而来的工业企业,获得了工业区位收益,但它并不为此付出代价,因而是一种外部经济。

专栏 17-1　土地工业利用的负外部性

2022年12月8日,成都市生态环境保护综合行政执法总队执法人员对位于成都市都江堰的原某电镀厂污染地块进行执法检查。经查,原某电镀厂污染地块占地面积约14亩,主要生产电镀锌、电镀铬等产品,于1985年投产,2017年7月全部停产。成都市生态环境局于2017年底委托第三方单位对原某电镀厂涉重金属关停搬迁企业迹地进行了初步评估,调查报告表明原某电镀厂厂址东南侧红线范围外土壤中重金属(六价铬、总铬)存在超标现象。按照

《中华人民共和国土壤污染防治法》第九十一条第四项的规定，该污染地块未达到土壤污染风险评估报告确定的风险管控、修复目标前，不得开工建设与风险管控、修复无关的项目。

某高速公路公司于 2018 年 9 月 21 日接收了原某电镀厂 3.3 亩的污染地块，并于 2018 年 12 月至 2021 年 12 月在该污染地块上建设了与风险管控、修复无关的三绕德都段 DDTJ10 标段项目。经调查，某高速公路公司在已经知晓该污染地块未修复的情况下，并未暂停在该污染地块上的项目施工。该公司的行为违反了《中华人民共和国土壤污染防治法》第六十六条第三款"未达到土壤污染风险评估报告确定的风险管控、修复目标的建设用地地块，禁止开工建设任何与风险管控、修复无关的项目"的规定。成都市生态环境局依据该法第九十一条第四项的规定及《四川省生态环境行政处罚裁量标准》的裁量，对该公司处罚款 10 万元，并对该公司直接负责的主管人员处罚款 0.5 万元。

资料来源：

寿光环保：《以案释法：关于土壤污染防治的四个典型案例》，2024 年 12 月 20 日，http：www.bjknhb.com/trwr/39093344191.html，访问日期：2025 年 5 月 23 日。

2. 农业土地利用的外部性

在土地的农业利用中，除了森林利用可产生明显的外部经济效应以外，其他农业利用形式，例如种植业、畜牧业均产生了负的外部效应。种植业过度利用、草原的超载放牧、围湖造田等导致了植被破坏、水域面积锐减、荒漠化面积扩大、土壤肥力下降；化肥和农药过度使用导致土壤污染等土地生态质量恶化现象均会导致相关区域经济活动成本的上升和居民生活质量的下降。

3. 商业地产的外部性

城市土地的商业利用以及商业在一定区位的土地上的空间集聚会提高该区位土地的价值，同时也为相关产业在该地段的发展提供了良好的外部环境。这种商业区位产生的对其他产业发展有利的影响就是商业地产的外部效应。

但是，实践证明商业房地产的外部性并不总是正向的，负向的外部性也在一些场合存在着。例如，由于商业、服务业向城市中心区的强烈集聚会大大地提高该区段土地价值，但却使偏离中心区一定距离的其他区位土地价值低于正常地价水平，这就是商业土地利用的负向外部性。

4. 住宅地产的外部性

它指住宅或住宅小区的开发、建设以及住宅的消费过程中产生的或正向、或负向的外部效应。公共住宅的负外部性参见专栏 17-2。

 专栏 17-2　美国的公共住房的负外部性

　　美国许多不同政治立场的人对美国公共住房的看法倒是出奇一致：公共住房是彻头彻尾的失败。自由主义者认为公共住房集中贫困，象征着自上而下、乏味的城市规划。保守主义者则把公共住房视为前美国住房与城市发展部部长杰克·坎普 1991 年所说的"世界上最后的社会主义项目之一"的"遗迹"。不过，上述观点持有人自己并不在公共住房里居住，因此无法反映多元的现实。研究表明，超过两百万的公共租赁住房居民中，大部分人并不认为公共住房是一个失败。今天，可靠且可负担的公共住房比从前任何时候都重要。如果你全职工作，收入仅达最低工资标准，那么美国任何一个州一房一厅住房的市场租金你都无法承担。

　　许多批评家深信，公共住房是不得已"最后的办法"，人人逃之不及。从媒体对公共住房千篇一律的负面报道中，你永远也无法知悉，想要搬入公共住房的人远多于想要离开的人。美国超过 3000 个公共住房管理部门几乎各个都有排队轮候名单。纽约市公共住房只有 1‰ 的空置率，超过 27 万个家庭轮候一个公共住房名额。

　　许多社会调查显示，大多数居民对其住房状况感到满意，尽管他们要求解决住房维护和管理的急切问题。但是，政治家的主流叙述却认为帮助公共住房居民最好的办法是摧毁社区，强迫搬迁，搬去所谓经济混合的区域——住房学者戴维·英布罗肖称之为"分散共识"（the dispersal consensus）。联邦政府由此采取了一系列旨在分散贫困家庭的住房政策，特别是 1992 年推行的"希望六号计划（the HOPE VI program）"，旨在用私人住房替代公共住房。

　　但是正如一个由住房维权者发起的网络"对城市的权利联盟"所指出的，"公共住房的问题在于低收入社区缺乏资源和服务，而不只是低收入人群的聚集。"多数居民并不想逃离或者拆毁公共住房。这是他们的家，他们希望能够加强、改善和扩大住房。一个广为接受的常识是，公共住房正在分崩离析，是"危险、社会失能和萎缩的象征"。有研究者感叹，有关公共住房的报道几乎全是"对废弃的塔楼、猖狂的犯罪和失控的秩序的描述"。废弃公共住房的形象的概括过于泛泛。有问题的公共住房，如已被拆毁的圣路易斯 Pruitt-Igoe 项目和芝加哥 Cabrini-Green 项目，实属特例，而非一般。大多数的公共住房状况良好。85% 以上住房单元达到或超过联邦标准，40% 以上的公共住房发展秩序井然。与类似社区的私人住房相比，公共住房的状况更胜一筹。

但是，必须承认，由于美国公共住房区域居民的低收入人口特征以及政府公共服务、城市公共基础设施的欠缺（与私人住宅区相比），其治安环境较差，犯罪率较高。这种状况不仅影响了公共住宅区域的物业价值，也导致与其邻近区域的房地产价值的降低。此即典型的公共住宅的负外部性。

资料来源：

搜狐网：《美国公共住房的五个迷思》，2016 年 11 月 4 日，https://www.sohu.com/a/118108096_488574，访问日期：2025 年 1 月 23 日。

5. 旅游地产开发的外部性

旅游地产的开发，既会产生正外部性，也会产生负外部性（参见专栏 17-3）。

 专栏 17-3　杭州西溪国家湿地公园的开发

杭州西溪国家湿地公园占地面积 11.5 平方公里。2003 年，为保住西溪湿地这个"城市之肾"，杭州市委、市政府决定对西溪湿地实行抢救性保护，作出实施西溪湿地综合保护工程的决策，就此打响保护湿地的战役。直到 2010 年，总投入 100 多个亿的西溪湿地三期工程才基本完成。

历史中的杭州西溪湿地占地面积约为 60 平方公里，因受当地农民的种植破坏，西溪湿地面积减至 11.5 平方公里。湿地面积不断缩减使政府看到了生态湿地保护的急迫性。杭州市市政府 2003 年启动西溪湿地综合保护工程。一期工程在 2005 年完成开放，2008 年三期工程基本建成投入使用。建成后的西溪湿地成为全国首个国家湿地公园，随着花朝节、干塘节等各类应季文化节日的举办，西溪湿地国家公园声名鹊起，更吸引了《非诚勿扰》等剧组前来拍摄取景，极大提高了杭州西溪的知名度。自西溪湿地保护工程启动后，当地政府就对该项目进行了一定的宣传，逐渐提高杭州城西板块的知名度。一期完成并开放后，聚集的旅游人气让其周边土地的价值得到了提升，政府通过对周边大量土地的征用开发获得土地财政收入。

西溪湿地周边先后出现了留庄、西溪蝶园、西溪晴雪、西溪玫瑰、西溪诚园等 10 余项住宅项目；完成了西溪印象城、城西银泰等 11 项商业项目，共计出让土地面积约 714 亩。所有住宅及商业项目的土地出让成交价累计共约 248 亿元,为当地政府的土地财政增添了一笔较大的城镇化发展资金。

当前西溪湿地旅游地产开发存在的突出问题有以下三个:第一,生物资源的过度利用。西溪湿地面临生物资源被过度利用,大量的滥捕行为,不仅使重要的天然的经济鱼类资源受到极大的破坏,也严重影响到湿地的生态平衡,有些物种甚至已经濒临灭亡。第二,保护管理体制的不完善。不同地区在开发利用方面各行其是、各取所需,旅游、捕鱼等都在向湿地索要产品和效益,而彼此间出现的矛盾却很难加以协调,政府对湿地保护的投入也很少。第三,水资源的不合理利用。在湿地上游建设水利工程,只关注工农业生产用水而不重视生态环境用水。第四,过度的商业性开发。生态湿地正在变身富人消费区。建在湿地公园内的高档消费场所,因让人"可望不可即"而备受争议。前来就餐的车辆来往景区成为安全隐患,众多项目开发侵占湿地保护区,更引发群众的不满。早在 2004 年,国务院办公厅就下发了关于加强湿地保护管理的通知,其中明确规定,将采取有效措施,坚决制止随意侵占和破坏湿地的行为。有记者对西溪国家湿地公园的破坏性开发行为进行探访。沿着中国湿地博物馆的小道向西溪湿地公园内前行,三三两两路过的车辆将记者引到入口第一家酒店——布鲁克酒店。继续沿水泥坡上行不到两百米,就可以看出湿地公园高档酒店群集区的全貌:曦轩、董湾、喜来登、悦榕庄、杭州西溪悦椿度假酒店都围绕着此地美景顺利开业。随后,记者来到西溪天堂商业街。由于这里是湿地公园中相对繁华的地段,因此沿路也配套了许多娱乐项目与餐饮店。

资料来源:

安宇:《西溪湿地:一份"城市之肾"的"结石"报告》,2013 年 11 月 1 日,https://www.zjscdb.com/detail.php? newsid=124771,访问日期:2025 年 1 月 23 日。

第 2 节　房地产外部性导致市场失灵

一、房地产负外部性

当存在房地产负外部性时,市场自由决策的结果是供给水平过高,存在无谓损失(见图 17-1)。

在图 17-1 中,MC 代表私人边际成本(假定为常数),MSC 代表社会成本(等于私人边际成本加上企业未加考虑的外部边际成本)。由于不考虑负外部性造成的

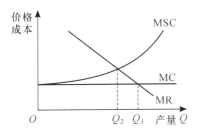

图 17-1　房地产负外部性与经济低效率

成本,企业决策的最优供给水平为 Q_1,社会最优供给水平为 Q_2。此时可以发现,在有房地产负外部性的场合,市场供给过多,存在社会剩余的损失。这意味着市场决策是无效率的。

二、房地产正外部性

当存在房地产正外部性时,市场自由决策的结果是供给水平过低,同样存在着无谓损失(见图 17-2)。

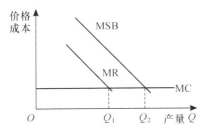

图 17-2　房地产正外部性与经济低效率

在图 17-2 中,MC 代表私人边际成本,MR 代表企业的边际收益,MSB 代表社会边际收益(等于私人边际收益加上企业未加考虑的边际外部收益)。因为企业没有计算正外部性造成的社会效益,企业决策的最优供给水平为 Q_1,社会最优供给水平则为 Q_2。此时我们可以发现,在有房地产正外部性的场合,市场供给过低,仍然存在社会剩余的损失。这意味着在正外部性场合,市场决策同样是无效率的。

第 3 节　房地产外部性的治理

一、房地产正外部性的治理

在房地产市场上,土地区位的独特性、土地资源的稀缺性以及信息的不完全性和非对称性,导致了房地产市场更多地具有了垄断性特征。因此,分析房地产外部性可以合理地假设房地产市场为垄断或垄断竞争市场。从理论上讲,在垄断条件下房地产企业的产出也会在一个较低的产出水平上供给房地产商品,因而同样不是帕累托有效的资源配置状态。

治理外部性的手段一是由政府提供这类公共产品性的房地产,二是由政府给予提供这类房地产的厂商以适当的财政补贴。特别地,作为广义房地产的公共设施,可由政府提供。关于公共产品性的房地产的提供数量和时机选择,可以通过听证等方式确定;关于其提供方式,政府可直接供应或政府提供资金委托市场生产或供应;关于其融资方式,可以采用物业税或人头税等工具。但是,必须注意,用财政补贴的方式刺激房地产商提供更多的公益性房地产产品只能达到厂商个人最优产出(即消除外部经济效应的产出)而无法达到社会最优产出。因为,在由市场决定资源配置的假设下,垄断厂商总是根据个人边际成本等于边际收益的原则选择产量,而这个产量总是低于完全竞争情况下的所能达到的最优产出量。

由此可以认为,带有垄断性质的公益性房地产由公共主体提供不仅在现实中更为常见,而且也比政府补贴刺激下的私人主体提供更为有效。那么,房地产外部性可否完全消除,将依赖于政府部门能否准确地测度出外部经济效益的大小,以恰当地确定收费或课税标准。

二、房地产负外部性的治理

在不完全竞争的市场结构下,房地产商施加负外部性的情况十分常见。例如,建造高层建筑物会导致临近区位的土地利用受到限制;新型反光材料在建筑物外装修上的大量应用则导致局地气候的改变,以及光污染等均属于负外部性的范畴。

关于房地产负外部性的治理,从理论上看,无外乎以下三类手段:第一,经济手段:税收(收费),如治理房地产开发中负外部性可以采用征收影响费的方式。第二,行政手段:行政禁止、建筑/土地利用规划等。第三,法律手段:制定严格的法律,实行违者入刑。

诚如前文所述,房地产负外部性造成的资源配置低效表现为产出过多。从经济学角度看,治理负外部性的理论方案是对造成负外部性的房地产商课税或收费,以提高其边际成本。由于在治理房地产外部性方面存在的信息不完善和不对称等问题,世界各国政府均倾向于使用直接的行政管制方法来控制负外部性。这些方法包括行政性管制、建筑规划许可、道义劝告、土地使用分区管制以及由城市政府参与的促使外部效应内部化的种种手段。美国对房地产市场的管制和房地产负外部性治理的措施参见专栏17-4。

专栏 17-4 美国政府治理房地产负外部性的经验

美国是土地私有制主导的国家,政府对市场的干预程度较低,房地产市场主要按市场规律来运作。在与房地产管理有关的政府职能中,政府作用主要包括对土地的管理权力和政府对土地利用的管制两个方面,这两个方面所包括的具体政策措施很多是有助于治理或抑制房地产负外部性的。

政府对土地的管理权力。 政府对土地的管理权力有 4 项:(1)征税(taxation):政府作为土地所有者要征收地税。地税是美国的主要税种之一,也是调控土地资源配置的主要手段。通过征收土地税,可以调控土地的占用情况,阻止乱占地、占好地、占大地等行为。地税一般归地方政府所有,主要用于教育开支,一个社区的教育质量是决定地税高低的主要因素之一。(2)警察权(police power):政府在土地管理方面的警察权力一般是指政府出于公众利益的需要,对土地利用进行管制。警察权力通过法律体现,主要法律有环境保护法规、规划法规、建筑法规、租赁法规等。(3)强制征用(eminent domain):当为了公众利益征用土地时,在与业主谈判无法达成协议的情况下,政府可以向法庭申请强制征用,强制征用要符合三个条件:一是由法庭裁定土地征用确实是为了公众利益,二是业主得到了合理补偿,三是已有足够的法律程序保护业主的权益。(4)承受无人继承不动产的权利(escheat):当房地产所有人死亡后,无法定继承人而且未留下处置房地产的遗嘱,那么不动产将归政府所有。

政府对土地利用的控制。 政府对土地利用的控制主要是通过制定规划和法规来实现的。主要的规划建筑法规有以下四个:(1)总体规划(master plan):总体规划由市或县一级政府制定,主要规划一个地区的发展目标,协调社会、经济、环境等关系。(2)分区条例(zoning ordinance):分区条例即法定图则,是总体规划的法律化,总体规划通过分区条例发生法律效力。分区条例规定了一个地区土地的用途、地块大小、建筑的类型、建筑高度、建筑密度、建筑离道路的距离等。(3)建筑法典(Building Codes):建筑法典主要规定建筑的标准和准则,如建筑材料要求、卫生设施、配电设施、防火标准等。根据建筑法典的要求,新建建筑或改建原有建筑都必须获得《建筑法规证》方可施工,新建的建筑物完工后经验收合格,获得《占用证》(certificate of occupancy),改建的建筑物完工后经验收合格,则获发《合格证》(certificate of compliance)。(4)地块划分规则(subdivision regulations):地块划分规则主要是控制住宅用地划分。因为美国家庭住宅一般都是一户一幢的,每一户都单独占一块地,因此有专门的法律规定地块如何划分,以确保小区环境优美、生活安全舒适。地块划分规则主要规定地块的大小、分布、坡度、街道的宽度、建筑退红线要求、市政设施的安装、公共用地的面积等等。

除了规划法规对土地利用的限制外,环境保护法律也对土地利用有严格的约束。不仅如此,除了政府对土地利用的控制外,私人业主和土地分割商等在转让土地时往往也设定一些对土地用途的限制条件,这些限制条件一般用契约形式规定,比如"在这块地上不能建设建筑面积小于 2000 平方英尺的住宅"等。一般情况下,私人对土地用途的限制契约都需要到登记机关登记,对后续受让人都有约束力。

资料来源:

华美优胜:《美国政府如何管理美国房产》,2024 年 10 月 23 日,https://www.cchp.com/Topic/Details/118363,访问日期:2025 年 1 月 23 日。

案例分析 17　医疗地产和工业土地利用的负外部性

讨论的问题:

1. 试分析作为广义房地产的医院所产生的外部性问题,它是如何产生的?

2. 你认为应该如何治理医院的外部性问题? 理由是什么?

3. 试分析杭州农药厂土地利用所产生的外部性问题,它是如何产生的?

4. 材料 2 中是如何治理农药厂的外部性问题的? 是否还有其他手段?

5. 中国是否可以借鉴德国应对工业用地污染的经验?

6. 材料 3 中反映的是什么问题? 产生这种问题的根本性原因是什么? 理论上有哪些解决方案?

7. 材料 4 中外部性问题是如何产生的? 解决方案有哪些?

习　题

1. 举例说明什么是房地产正外部性与负外部性。

2. 房地产外部性是如何影响资源配置效率的，试用经济学工具证明你的观点。

3. 治理城市房地产外部性的经济、法律和行政手段有哪些？

第18讲 房地产市场失灵之三:住房不平等

　　住房不平等是一种严重和普遍的全球性现象。无论是发达国家的住房代际不平等(如英国)、住房阶层不平等(如瑞士)、住房代际不平等(如美国和德国等),还是发展中国家(如印度等)的地区和阶层不平等,均是其久治不愈的社会、政治和经济难题。中国自20世纪90年代开始实施了住房分配的市场化改革,城镇居民住房水平迅速提高,而住房不平等问题也日益加剧,成为中央政府极力推动"共同富裕"战略的重要原因之一。从房地产经济学的视角来看,住房不平等是住房领域市场失灵的主要表现形式,也是政府管制住房市场乃至整个房地产市场的重要现实依据之一。

第1节 住房不平等概念及其测度

一、住房不平等的概念

　　住房不平等是指社会成员之间资源和机会等分配不均等、不公正的表现[①]。因此,住房不平等应是指居民间客观占有的住房资源和住房获得机会等存在较大差距的现象。收入不平等和住房不平等一起构成了财富分配的不平等,是市场失灵的主要表现形式。住房不平等一般有两种主要表现形式:住房所有权不平等和住房质量不平等。

(一)住房所有权不平等

　　住房所有权不平等是指一个国家或地区不同社会群体之间在拥有住房所有权上的显著差异。例如,一些家庭拥有多套房产,而另一些家庭则没有一套住房,甚至依赖租房生活。

---

　　① 博鳌亚洲论坛:《亚洲减贫报告2020全球化变动与公共危机影响下的亚洲贫困》,2020年。

（二）住房质量不平等

住房质量不平等,是指在一个国家或地区,其城市和乡村之间、不同城市乃至城区之间,在住房质量和配套设施等居住条件等方面存在着显著的差异。住房质量不平等是住房在设计和建造过程中存在的标准差异导致某些住房的质量明显低于其他住房,从而影响居住者的生活质量。引起此类住房不平等的主要原因有以下四个方面:

1. 基础设施和配套设施的差异

在一些地区,存在部分住房可能缺乏必要的基础设施和配套设施,如供水、供电、供气、排水等系统不完善,导致居住者无法享受到基本的生活便利。

2. 建筑材料和施工质量的差异

在一些地区,有部分住房由于使用劣质材料或施工不当,房屋结构不稳定、隔音效果差、保温性能差等问题,严重影响居住者的居住舒适度和安全性。

3. 设计和规划的差异

有些地区的住房,设计上存在着先天性缺陷,如采光不足、通风不良、布局不合理等,导致居住环境不佳。不仅如此,在规划上的差异也可能导致某些区域的住房质量明显低于其他区域。

4. 维护和修理的差异

有些城市地区,部分住房可能由于缺乏有效的、持续的维护和修理机制,房屋老化、损坏严重,居住者无法享受到良好的居住条件。

二、住房不平等的测度方法

关于住房不平等的测量,目前还没有统一的衡量标准。主要的测度指标如表18-1 所示。

表 18-1　住房不平等的衡量指标

指标选取	测度方法
住房面积不平等	(1)家庭住房面积;(2)人均住房面积;(3)相对住房面积;(4)基尼系数、洛伦茨曲线、泰尔指数
住房产权不平等	(1)是否拥有住房产权;(2)住房产权数量;(3)住房产权类型;(4)泰尔指数、洛伦兹曲线、基尼系数
住房财富不平等	(1)家庭自有住房资产;(2)家庭人均住房资产;(3)住房增值情况;(4)基尼系数、洛伦茨曲线、泰尔指数、阿克金森指数
住房条件不平等	(1)住房拥挤程度;(2)邻里质量;(3)住房舒适度;(4)住房设施情况;(5)住房建筑质量情况
住房获得机会不平等	(1)住房支出负担能力;(2)家庭购房意愿

从指标的选取上看,现有文献主要选用住房面积、住房产权(数量)以及住房

财富作为反映住房不平等的重要指标。此外,还有部分学者从住房条件、住房获得机会等方面对住房不平等现象进行衡量。

从测度方式上看,主要有两大类:一是直接测度法,即通过基尼系数、洛伦茨曲线和泰尔指数等国际上普遍使用的不平等衡量指数,直接测度住房面积、住房财富、住房产权的不平等程度。王磊和原鹏飞等人还引入了阿特金森指数(Atkinson index),用于考察我国的住房财富不平等现状[①]。在国内外学者研究过程中,直接测度法主要用于分析住房不平等的现象、程度及趋势。二是间接测度法。间接测度法主要用于住房不平等的相关实证研究中,现有文献通常将住房面积、住房产权或住房财富作为住房不平等的代理变量,进行实证分析,由此揭示住房不平等现象的形成原因和经济社会影响。

第 2 节　住房不平等的现状及成因

一、中国住房不平等的现状

由于本书选用的 CSS 数据中,住房面积的统计口径不一致,住房面积数据中既包含宅基地面积又包含建筑面积,故而无法对住房面积的不平等指数进行有效地计算。此外,由于住房产权种类繁多,以住房产权数量的不平等指数衡量我国的住房不平等程度,意义不大。所以,此处只选用了住房财富数据,来对我国的住房不平等程度进行衡量。

(一)城乡居民住房不平等现状

基尼系数和泰尔指数是国内外学者用来直接测度住房不平等程度的最常用的两种指标。由于泰尔指数的计算通常要求样本值均大于 0,所以不适用于本书的住房财富不平等的衡量。因此,我们选取了基尼系数对我国城乡住房财富的不平等程度进行测度。基尼系数的值介于 0 和 1 之间,数值越大,表明住房财富不平等程度越高。基尼系数可通过数学公式直接求出:

$$Gini = 1 + \sum Y_i Pi - 2\sum(\sum Pi)'Y_i \tag{18-1}$$

$Gini$ 代表基尼系数值,Y_i 代表第 i 组人口拥有的住房总财富占全部人口的住房总财富的比值,P_i 代表第 i 组人口数占全部人口数的比值,$(\sum Pi)'$ 代表累计到第 i 组的人口总数占全部人口的比重。本书基于 CSS2008 和 CSS2019 数据,对全国城乡住房财富不平等程度进行计算分析,结果如表 18-2 所示。

---

① 王磊等:《是什么影响了中国城镇居民家庭的住房财产持有:兼论不同财富阶层的差异》,《统计研究》2016 年第 12 期。

表 18-2　我国城乡住房财富的不平等状况（2008—2019 年）

地区	均值/万元			基尼系数		
	2008 年	2019 年	变化幅度	2008 年	2019 年	变化幅度
总体	16.45	56.68	244.48%	0.6782	0.7463	10.03%
城镇	24.07	79.15	228.81%	0.5878	0.7217	22.79%
乡村	7.62	27.05	254.96%	0.6782	0.6686	−1.41%

依据表 18-2，从住房财富均值维度看，2008—2019 年期间城镇和乡村居民的平均住房财富都有极大的涨幅，全国总体平均住房财富水平由 16.45 万元上升至 56.68 万元，增幅高达 224.48%，其中，城镇的平均住房财富由 2008 年的 24.07 万元上涨至 79.15 万元，而农村的平均住房财富更是从 7.62 万元增加至 27.05 万元，涨幅更是高达 254.96%。从纵向看，城镇居民的平均住房财富一直远高于乡村居民的平均住房财富。从表 3-2 中的不平等指标维度来看，2008—2019 年全国居民住房财富基尼系数增幅为 10.03%，到 2019 年全国的住房财富基尼系数高达 0.7463，其中，城镇居民的住房财富基尼系数增幅最大达 22.79%，住房财富不平等程度也从 0.5878 上升至 0.7217，而农村住房财富不平等程度反而有所下降，降幅达 1.41%，但仍处于 0.6686 的较高不平等水平。从纵向看，2008—2019 年期间城镇居民的住房财富不平等程度已反超农村住房不平等程度，且维持在极高的水平。由此可见，我国城乡居民的住房财富增长不平衡，全国乃至城乡居民间的住房财富不平等现象严重。这与我国城乡房价差异的扩大和城乡居民住房持有数量的差异有关。

（二）各地区居民住房不平等现状

除城乡二元分割外，我国还存在着明显的区域异质性。因此，我们进一步测度了各地区居民住房财富的不平等状况。由于调查样本数量有限，如果按省市区划分各群组的样本数量会过少，从而会影响数据的准确性。故而此处采取了东、中、西三地区分类法对比我国各地区住房财富不平等状况，详见表 18-3。

表 18-3　我国东中西各地区住房财富的不平等状况（2008—2019 年）

地区	均值			基尼系数		
	2008 年/万元	2019 年/万元	变化幅度/%	2008 年	2019 年	变化幅度/%
总体	16.45	56.68	244.48	0.6782	0.7463	10.03
东部地区	27.69	84.28	204.34	0.6439	0.7554	17.32
中部地区	9.92	39.46	298.00	0.6166	0.6992	13.39
西部地区	10.00	33.92	239.11	0.6541	0.6769	3.49

由表 18-3 可知,在地区对比上,东、中、西三地的居民住房财富水平及其不平等程度大致呈现梯度下降的整体性趋势,中、西部地区的居民住房财富水平及其不平等程度基本持平,但仍与东部地区形成较为明显的梯度差。从住房不平等程度上看,东部地区的基尼系数从 0.6439 上升到 0.7554,增幅最大高达 17.32%,其次才是中部地区和西部地区,增幅分别为 13.39% 和 3.49%。由此可见,我国各地区间居民住房财富的增长不平衡现象显著,各地区的住房财富不平等现象日趋严重。

二、数据来源与研究设计

(一)数据来源及处理

数据来源于中国社会科学院发起的中国社会状况综合调查(CSS),调查数据包含了个人基础信息、劳动与就业、家庭结构、家庭经济状况等内容。采用概率抽样的入户访问方式对全国年满 18—69 周岁的住户人口进行调查。CSS 调查从 2005 年开始,每两年更新一次,目前已经完成了 7 次调查,调查年份更新至 2019 年,每次调查访问 7000 到 10000 个家庭。由于 2011 年、2013 年、2015 年、2017 年的问卷中几乎没有涉及受访者父辈的社会经济地位的调查,所以主要选取了 2019 年的调查数据进行实证检验,还使用 2008 年的数据进行了验证,2008 年原有 7139 个样本数据,2019 年原有 10283 个样本数据,对问卷数据进行了提取分类,并剔除了少量核心变量严重缺失的样本。

(二)研究框架

现有研究通常使用住房面积、住房财富、住房产权等作为住房不平等的代理变量。但由于住房产权种类繁多,以住房产权数量的不平等指数衡量我国的住房不平等程度,意义不大。同时,受到数据来源的限制,本书只能选用我国现有的公开的社会调查问卷,而此类问卷并非完全针对于居民家庭住房状况的调查,会存在问卷中无法提取本书所需核心变量的情况,而现有问卷中只有中国社会状况综合调查问卷较为全面地囊括了本书所需的所有核心变量,但是该问卷将"宅基地面积"和"建筑面积"混合统计,导致住房面积数据准确性缺失。故而,本研究只选取了"住房财富"作为住房不平等的衡量指标。

本书从影响居民住房拥有情况的购房准入机制、货币支付能力、住房消费偏好等三个方面对住房不平等现象的成因进行分析,具体分析框架如图 18-1 所示。基于这三个角度提出研究假设(见表 18-4)。

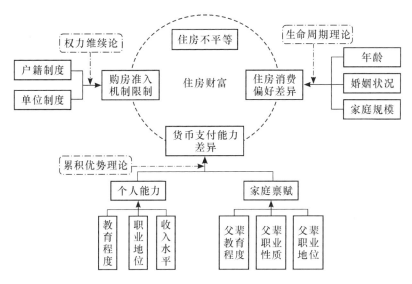

图 18-1　住房不平等形成原因的分析框架

表 18-4　研究假设

研究视角	研究假设
购房准入机制	假设 1：制度因素仍在住房资源的分配上占有优势
	假设 1-1：拥有本地户籍的居民更容易获得更高的住房财富
	假设 1-2：相较于体制外工作，体制内职工更可能拥有更高价值的住房
货币支付能力	假设 2：住房财富具有优势累积效应。个人能力处于优势的居民，其能拥有的住房财富高于个人能力处于劣势的居民
	假设 2-1：收入水平越高的居民，越有可能拥有更高的住房财富
	假设 2-2：受教育程度越高的居民，越有可能拥有更高的住房财富
	假设 2-3：职业地位越高的居民，越有可能拥有更高的住房财富
	假设 3：住房财富具有代际累积效应。家庭禀赋占优势的居民，其拥有的住房财富高于家庭禀赋不占优势的居民
	假设 3-1：父辈在体制内工作的居民，相较于父辈不在体制内工作的居民，能拥有更高的住房财富
	假设 3-2：父辈职业地位较高的居民，相较于父辈没有职业地位优势的居民，能拥有更高的住房财富
	假设 3-3：父辈的受教育程度较高的居民，相较于父辈受教育程度低的居民，能拥有更高的住房财富
住房消费偏好	假设 4：处于不同生命周期的个体和家庭，其拥有的住房财富有显著差异
	假设 4-1：受世代累积效应影响，相比于年轻居民，年纪越大的居民越容易拥有较高的住房财富
	假设 4-2：受住房需求影响，相较于未婚居民，已婚居民更容易拥有更高的住房财富
	假设 4-3：受居住面积的影响，家庭规模越大，越容易拥有更高的住房财富

（三）变量选取与描述性统计

本研究将住房财富作为共同富裕背景下住房不平等的代理变量，即被解释变量。户口所在地、户口性质、单位性质、受教育程度、收入水平、职业地位、父辈受教育程度、父辈的单位性质、父辈的职业地位、年龄、婚姻状况、家庭规模作为解释变量。控制变量包括其他个人特征变量，例如，政治面貌、民族和性别等。兄弟姐妹的数量、省份变量和城乡变量也作为控制变量。主要变量描述性统计如表 18-5 所示。

表 18-5　主要变量的描述性统计

变量名称	2008 年					2019 年				
	样本数	均值	标准差	最小值	最大值	样本数	均值	标准差	最小值	最大值
住房财富	5906	4.175	1.495	0	8.29	9856	2.669	1.875	0	8.99
户口性质	6996	0.438	0.496	0	1	9815	0.319	0.466	0	1
户口所在地	6998	0.928	0.259	0	1	9842	0.875	0.330	0	1
单位性质	6708	0.106	0.308	0	1	9761	0.0900	0.286	0	1
受教育程度	6999	2.056	0.997	1	5	9837	2.274	1.104	1	5
收入水平	7001	7.746	3.101	0	13.16	9387	8.482	3.479	0	15.89
职业地位	7001	0.0790	0.269	0	1	9856	0.127	0.332	0	1
父辈受教育程度	2643	0.0330	0.177	0	1	2973	0.155	0.362	0	1
父辈的单位性质	2643	0.225	0.418	0	1	2973	0.153	0.360	0	1
父辈的职业地位	2643	0.121	0.326	0	1	2973	0.0830	0.276	0	1
年龄	7001	44.41	12.69	18	69	9856	46.03	14.18	18	69
婚姻状况	7001	0.839	0.368	0	1	9851	0.804	0.397	0	1
家庭规模	7001	3.984	1.564	1	16	9856	4.739	2.176	1	30

三、我国住房不平等形成机制的实证分析

（一）模型构建

由于因变量"住房财富"为连续变量，所以本书选用了多元线性回归模型对住房财富不平等进行回归分析，基于前文的分析框架，本书将模型设定如下：

$$House\_asset_i = \beta_0 + \beta_1 IN_i + \beta_2 PP_i + \beta_3 HP_i + \beta_4 IP_i + \beta_5 X_i + \varepsilon_i \quad (18\text{-}2)$$

其中，i 为样本，$House\_asset$ 为对数化后的住房财富，IN 代表购房准入机制变量，PP 代表个人能力变量，HP 为家庭禀赋变量，IP 是住房消费偏好变量，X 是控制变量，ε 是残差项。

(二)住房不平等成因的实证检验

基于本讲前面提出的分析框架、变量数据说明和模型构建,实证检验主要以 CSS2019 数据为主,通过 Stata16 软件进行实证分析。此外,本书为提高稳健性,还处理了 CSS2008 数据,进行实证检验。在分析过程中,模型中的变量均通过了多重共线性诊断,VIF 远小于 10,说明各变量之间不存在明显的共线性。同时为了控制个体异质性和地区异质性对估计结果的影响,本书在控制变量中加入了个人特征变量包括性别、民族、政治面貌,以及可能会影响父辈经济支持力度的兄弟姐妹数量,以及城乡变量和省份变量。模型 1 是住房财富影响因素的基准模型,模型 2 在其基础上加入了家庭禀赋变量,具体估计结果如表 18-6 所示。

表 18-6 住房财富不平等的回归结果

变量		2008 年		2019 年	
		模型 1	模型 2	模型 1	模型 2
受教育程度 (以小学及 以下学历为 参照组)	初中	0.280***	0.400***	0.203***	0.202***
		(7.04)	(5.76)	(4.08)	(2.85)
	高中、中专、职高	0.479***	0.639***	0.415***	0.432***
		(9.19)	(7.39)	(6.75)	(5.16)
	大学专科、本科	0.608***	0.725***	0.727***	0.639***
		(8.66)	(6.82)	(9.44)	(6.57)
	研究生	1.393***	1.242***	0.840***	0.860***
		(4.77)	(3.36)	(3.83)	(3.60)
收入水平		0.038***	0.035***	0.031***	0.031***
		(6.80)	(4.20)	(5.45)	(4.61)
职业地位 (非管理者为参照组)		0.249***	0.294***	0.396***	0.409***
		(4.13)	(3.63)	(6.63)	(5.95)
是否本地户口 (外地户口为参照组)		0.174***	0.245***	0.125**	0.169**
		(2.71)	(2.90)	(2.15)	(2.43)
户口性质 (农业户口为参照组)		0.588***	0.514***	0.328***	0.213***
		(11.66)	(6.54)	(6.52)	(3.29)
单位性质 (体制外工作为参照组)		−0.127**	−0.039	−0.024	0.062
		(−2.20)	(−0.45)	(−0.34)	(0.75)
年龄		−0.004***	−0.013***	0.002	0.004
		(−2.75)	(−4.06)	(1.10)	(1.34)

续表

变量		2008 年		2019 年	
		模型 1	模型 2	模型 1	模型 2
家庭规模		0.090***	0.048**	0.043***	0.040***
		(8.23)	(2.48)	(4.62)	(3.11)
婚姻状况 （未婚为参照组）		0.033	0.176**	0.379***	0.374***
		(0.72)	(2.40)	(7.35)	(5.59)
父辈工作性质 （两人都在体制外为参照组）			−0.040		0.209**
			(−0.56)		(2.09)
父辈职业地位 （两人都不是管理者为参照组）			0.168**		0.295**
			(2.14)		(2.29)
父辈受教育程度 （初中及以下学历为参照组）			0.194		0.228***
			(1.29)		(3.08)
控制变量	性别	−0.171***	−0.098*	0.099**	0.081
		(−5.35)	(−1.94)	(2.56)	(1.62)
	是否党员	0.099*	0.085	0.156**	0.020
		(1.75)	(0.83)	(2.46)	(0.24)
	民族	0.307***	0.296***	0.062	0.116
		(4.99)	(3.03)	(0.78)	(1.14)
	兄弟姐妹数量	—	—	−0.014	−0.026
		—	—	(−1.36)	(−1.64)
	城镇地区（农村为参照组）	0.628***	0.460***	0.299***	0.298***
		(13.31)	(6.27)	(6.58)	(5.14)
省份固定效应		控制	控制	控制	控制
_cons		2.443***	2.803***	1.068***	0.989***
		(20.23)	(14.84)	(7.79)	(5.62)
N		5669	2155	9236	5664
R^2		0.4263	0.4284	0.1311	0.1357
调整后的 R^2		0.4219	0.4159	0.1267	0.1281

注：①***、**、*分别表示在 1%、5%、10%水平上显著。②由于 2008 年数据缺少兄弟姐妹数量的具体数据，所以 2008 年的模型中并未加入该控制变量。③括号内为标准误。

随着市场化的推进，人力资本和市场能力（教育程度、收入水平和职业地位等）成了个人在市场上获得优势的重要竞争能力，根据累积优势理论，受教育程度、收入水平以及职业地位将显著影响人们的住房财富积累。从表 5 中模型结果来看，从回归结果来看，在受教育程度上，学历与住房财富成正向关系，且随着教育程度的不断增加，系数不断增大，这意味着受教育程度越高，其住房财富积累得越多。从收入水平上看，收入对住房财富的影响在 1% 的显著水平上呈现出明显的正向关系，这说明居民收入水平越高，能获得的住房财富越多。从职业地位上看，管理人员的住房财富显著高于非管理者。验证了累积优势理论下的假设 2 全部成立。从单位性质上看，是否在体制内工作对于住房财富的积累并没有优势作用，甚至有劣势趋势，推翻了假设 1-2。相对于农业户口、外地户口，非农业户口和本地户口居民所拥有的住房财富数额更高，假设 1-1 成立。在家庭规模和婚姻状况方面，家庭人口规模的扩大对于住房财富的积累有一定的正向作用，假设 4-2、假设 4-3 成立。但假设 4-1 成立缺乏明显的证据，模型结果发现，年龄对住房财富的积累并没有显著影响。在家庭禀赋方面，父辈的受教育程度、工作性质和职业地位对居民住房财富的积累有显著促进作用。假设 3 成立。

（三）稳健性检验

常用的稳健性检验方法有：①替换被解释变量；②替换核心解释变量；③进行固定效应；④采用工具变量；⑤更换样本等。由于本研究的核心解释变量多为虚拟变量，且在基准回归中已经加入了省份固定效应和控制变量，所以，为使回归结果具有可信度，此处采用替换被解释变量的方法，对结果进行稳健性检验。使用 2019 年的 CSS2019 数据，将住房财富减去住房负债（购房首付及分期偿还房贷的支出）得到住房净财富，使用住房净财富替换住房财富变量以后再进行回归，回归结果如表 18-7 所示。

表 18-7 稳健性检验结果

变量		Y 住房财富（基准回归）		Y 住房净财富（替换被解释变量法）	
		模型 1	模型 2	模型 1	模型 2
受教育程度（以小学及以下学历为参照组）	初中	0.203***	0.202***	0.199***	0.213***
		(4.08)	(2.85)	(4.00)	(3.02)
	高中、中专、职高	0.415***	0.432***	0.444***	0.474***
		(6.75)	(5.16)	(7.20)	(5.70)
	大学专科、本科	0.727***	0.639***	0.790***	0.721***
		(9.44)	(6.57)	(10.21)	(7.45)
	研究生	0.840***	0.860***	0.898***	0.867***
		(3.83)	(3.60)	(3.98)	(3.59)

续表

变量		Y 住房财富（基准回归）		Y 住房净财富（替换被解释变量法）	
		模型 1	模型 2	模型 1	模型 2
收入水平		0.031***	0.031***	0.028***	0.030***
		(5.45)	(4.61)	(4.84)	(4.41)
职业地位（非管理者为参照组）		0.396***	0.409***	0.399***	0.412***
		(6.63)	(5.95)	(6.68)	(6.02)
是否本地户口（外地户口为参照组）		0.125**	0.169**	0.123**	0.173**
		(2.15)	(2.43)	(2.09)	(2.50)
户口性质（农业户口为参照组）		0.328***	0.213***	0.317***	0.202***
		(6.52)	(3.29)	(6.25)	(3.11)
单位性质（体制外工作为参照组）		−0.024	0.062	0.028	0.101
		(−0.34)	(0.75)	(0.39)	(1.23)
年龄		0.002	0.004	0.003	0.005*
		(1.10)	(1.34)	(1.39)	(1.73)
家庭规模		0.043***	0.040***	0.050***	0.051***
		(4.62)	(3.11)	(5.44)	(3.93)
婚姻状况（未婚为参照组）		0.379***	0.374***	0.411***	0.373***
		(7.35)	(5.59)	(7.91)	(5.60)
父辈工作性质（两人都在体制外为参照组）			0.209**		0.214**
			(2.09)		(2.13)
父辈职业地位（两人都不是管理者为参照组）			0.295**		0.228*
			(2.29)		(1.73)
父辈受教育程度（初中及以下学历为参照组）			0.228***		0.196***
			(3.08)		(2.64)
控制变量	性别	0.099**	0.081	0.087**	0.064
		(2.56)	(1.62)	(2.25)	(1.29)
	是否党员	0.156**	0.020	0.160**	0.048
		(2.46)	(0.24)	(2.51)	(0.59)
	民族	0.062	0.116	0.068	0.107
		(0.78)	(1.14)	(0.86)	(1.05)
	兄弟姐妹数量	−0.014	−0.026	−0.017*	−0.032**
		(−1.36)	(−1.64)	(−1.67)	(−2.03)
	城镇地区（农村为参照组）	0.299***	0.298***	0.313***	0.326***
		(6.58)	(5.14)	(6.86)	(5.66)

续表

变量	Y 住房财富（基准回归）		Y 住房净财富（替换被解释变量法）	
	模型 1	模型 2	模型 1	模型 2
省份固定效应	控制	控制	控制	控制
_cons	1.068***	0.989***	1.046***	0.938***
	(7.79)	(5.62)	(7.57)	(5.33)
N	9236	5664	8658	5343
R^2	0.1311	0.1357	0.1462	0.1533
调整后的 R^2	0.1267	0.1281	0.1418	0.1454

注：***、**、* 分别表示在 1%、5%、10% 水平上显著，括号内为标准误。

从表 18-7 中可以看到，替换被解释变量后，核心解释变量的回归结果与基准回归结果一致。个人能力因素包括受教育程度、收入水平以及职业地位，家庭禀赋因素包括父辈的受教育程度、父辈的职业地位、父辈的单位性质，制度因素中户口性质和户口所在地，以及婚姻状况和家庭人口规模均对其住房净财富有显著的正向作用。此外，居民的年龄及其工作单位性质对住房净财富的影响依旧不显著。所以，基准回归的结果是稳健的。

（四）结果分析

本研究利用 CSS2008 和 CSS2019 的调查数据，首先，借鉴基尼系数指标，对我国住房财富不平等程度进行测度和分析；然后，依据权力维续论、累积优势理论、生命周期理论，从制度准入机制、货币支付能力、购房消费偏好三方面，对我国住房财富不平等的成因进行了实证检验，以分析不同因素对住房财富不平等的影响作用。得到的结论如下。

（1）从 2008 年到 2019 年，我国住房财富不平等程度不断扩大，2019 年的住房财富基尼系数已高达 0.75，且呈不断增加趋势。而且，我国城乡和区域间的住房财富不平等差距也较大，城镇居民的住房财富不平等程度远高于乡村，东部地区的住房财富不平等程度远高于中西部，且城乡和区域间不平等差距日益增大。

（2）从制度准入机制上看，户籍制度（包括户口性质和户口所在地）对居民住房财富获取的优势作用依旧存在，而是否在体制内工作对住房财富的积累不存在显著的优势作用，甚至有劣势的趋势。原因可能是户籍制度背后长期存在的资源和福利限制了居民购房的能力。而体制内身份失去优势的原因是，随着我国各项制度的不断完善和市场化改革的不断推进，政治权力对住房资源的分配作用得到了极大的制约，同时受限于体制内稳定的收入来源，使得体制外的高收入人群更容易获得住房财富积累。

（3）从货币支付能力上看,个人能力如教育程度、收入水平、职业地位等是居民获得住房财富积累的主要优势,个人能力越强的居民越容易在市场上获得住房财富积累。家庭禀赋因素,如父辈的教育程度、工作性质、职业地位也会显著正向促进子辈的住房财富积累,原因是父辈自身的教育程度、工作性质和职业地位的竞争优势使得他们有更多的可能性完成代内累积,故而相较于体制外工作者、非管理人员以及教育程度低的父辈,他们更倾向于也更有能力为子辈提供更多的资金支持。

（4）从购房偏好上来看,家庭人口规模的扩大和婚姻关系的开始对于住房财富的积累也有显著的正向作用,因为家庭人口的增加,意味着需要更多的居住空间,从而实现住房财富的增加。而且婚姻关系的开始,意味着家庭还款能力开始增加,所以,在其他条件相同时,相对于单身家庭,已婚家庭会选择购买价值更高的住房。实证结果表明,年龄对住房财富的积累并没有显著影响。可能因为随着住房分配制度的消失,年龄所代表的工作经验积累已无法发挥有效作用,而随着市场化的推进和房价飞速上涨,年龄所代表的财富积累对住房的获取影响有限。

第3节　住房不平等的治理

一、住房不平等的负效应

住房不平等属于财富不平等的范畴,它与收入分配不平等一样,也是市场失灵的重要领域,需要政府介入加以治理。

（一）住房不平等的不良经济效应

住房不平等的加剧首先会威胁经济的持续、快速发展。例如,起点相同,半个世纪后韩国经济翻了三番,而菲律宾的经济却停滞不前,社会动荡不安。主要原因之一就是韩国的收入和土地、住房分配比菲律宾要平均得多,两国的财富基尼指数相差巨大（2006 年菲律宾的基尼系数为 0.440,韩国则为 0.306[①]）。也有经济学家认为,拉丁美洲经济发展缓慢,同样是因为包括住房在内的财富过度集中所致。

（二）住房不平等的不良社会效应

住房不平等的加剧还会导致社会阶层之间的分化加剧,导致社会阶层（尤其

---

① 世界银行 WDI 数据库和 CEIC 全球经济数据库。

是高财富阶层与低财富阶层)之间的对抗加剧,严重威胁社会的和谐、稳定。具体而言,住房占有的不平等导致社会的阶层分化现象日渐加剧,拥有较多住房的社会群体能够更快地积累财富并获得更多的投资和生活机会,而缺乏住房的人群则面临更多的经济和生活压力。因此,住房财富的分化通过影响人们的投资、人力资本和文化资本的积累等,导致了分层逻辑在其他领域的延续。这种分化进一步强化了阶层之间的社会隔离,加剧了社会不平等,也同时孕育和积累着社会阶层对抗和社会冲突的风险。

因此,加强政府对住房领域的管制,采取法律、行政和经济等手段综合治理住房不平等,不仅是经济持续、快速发展的需要,也是维护社会稳定的需要,更是政府所必须承担的政治职责和社会义务。

二、治理住房不平等的政策选择

(一)加快住房保障法的立法,继续完善住房保障体系

"继续加大保障性住房建设和供给,满足工薪群体刚性住房需求",这是中央对于房地产业明确的政策导向,也是治理住房不平等的有效举措。为此,建议加快我国的住房保障法的立法步伐,为住房保障体系的完善提供法律依据和制度保障。

尽管目前我国已经建立了受益人口庞大的住房保障体系,但仍存在一些突出问题急需解决。一是保障性住房的覆盖不够全面。我国目前新市民数量约 3 亿,随着城市化进程深入推进,新就业大学生、城市非户籍常住人口等规模不断扩大,这些群体迫切需要政府提供保障性住房支持。二是保障性住房建设没有充分考虑职住平衡问题。一些城市存在规划不合理、选址偏远等问题。三是目前保障性住房建设多强调其经济性和基础保障性,相关的地段、公共设施配套、住房安全质量、创业就业机会等没有引起足够的重视,保障对象缺少参与社区治理的途径。因此,应积极构建多层次、广覆盖、可持续的住房保障体系。

(二)加快推出房产税(物业税)、完善房地产税制

加速推动房地产税的立法进程,优化税制要素设计,助力房地产税改革措施落地。根据美国、新加坡和德国等发达国家的经验,完善的房地产税收制度,可以有效调节房地产市场,均衡财富分配。我国可借鉴海外经验(参见专栏 18-1),以房产的当期或近期评估价值为基准进行计税,在税率的设定上可采取区间制和阶梯增长制,且可以对住房保有环节征收轻税,对交易环节征收重税;对一套住房征收轻税,对多套住房征收重税;对自住住房征收轻税,对高档住房和非自住住房征收重税。

专栏 18-1　美国财产税课税对象的演变

财产税是美国州政府和地方政府对在美境内拥有的不动产或动产(主要是房地产)等财产的自然人和法人所征收的一种地方税。从税权分配来看,美国的财产税主要由其地方政府来征收,联邦政府不征收财产税,各州政府只征少量或不征收财产税。

从课税对象来看,美国财产税最初是对土地和牲畜按不同税率征收的。一直到 19 世纪,财产税逐渐发展为一般的执行统一税率的税种。到了 19 世纪末,一般财产税被只对不动产和工商业动产等征收的选择性财产税(物业税)所代替。

财产税纳税人是在美境内拥有不动产和动产的自然人和法人;课税对象是动产和不动产,但以不动产为主。不动产包括农场、住宅用地、商业用地、森林、农庄、住房、企业及人行道等。动产主要包括设备、家具、车辆、商品等有形财产,以及股票、公债、抵押契据、存款等无形财产。美国现代地方财产税中,最重要的课税对象是非农业地区的居民住宅和非农业的工商业财产。

资料来源:

王智波:《美国财产税制度的演化:进程、原因与启示》,《广东社会科学》2009年第 5 期;王旭:《加州宪法第 13 条修正案与美国财产税改革》,《史学集刊》2014年第 2 期。

(三)切实调整收入分配差距,减弱住房不平等的动力

继续完善收入分配制度,提高劳动报酬在初次分配中的比例,缩小资本与劳动力的收入分配差距,进而减弱住房不平等差距的扩大。第一,通过完善最低工资标准,定期制定发布和调整工资指导线,对劳动力市场进行适当干预,提高最低工资标准,推动更多低收入群体迈入中等收入行列。第二,建立健全工资集体协商制度,保护劳动者权益,提升劳动者话语权和谈判能力,改变企业内部收入分配由企业经营者单方面决定的现状。再次,完善工资支付保障机制,督促和监管用人单位严格按照劳动保障法律法规,按时、足额支付劳动报酬,严厉惩治欠薪和拖欠账款等问题。第三,建立"国有资本全民分红基金",让新市民、青年人享受国有企业改革和发展的成果,利用三次分配缩小贫富差距。

(四)促进就业公平,缩小行业间的收入分配差距

收入不平等促进了住房不平等,而收入不平等的根源之一是就业机会的不平

等。因此,促进就业平等,为低收入居民提供公平的就业机会,是减弱收入不平等扩大、抑制住房不平等的重要手段。特别值得注意的是,应率先从治理我国垄断行业的就业不平等开始。在烟草、银行、城市公用事业等带有垄断性质的行业中,不同程度地存在"家族式"就业集聚现象,破坏了公平就业的环境,亟须在政府干预下实现面向全社会各阶层人员的公平就业,为低收入家庭提供一个上升的通道。此外,还要继续完善社会保障体系,维护劳动者合法权益。加强市场监管和劳动保障监察执法,有效治理就业歧视、欠薪欠保、违法裁员等乱象,畅通社会流动渠道。

(五)加快消除户籍、区域限制,渐进缩小城乡收入差距

继续统筹城乡、区域发展,不断缩小区域、城乡间发展差距,促进外来人口市民化和公共资源均等化,加快消除户籍、区域的制约影响。一、二线城市要因地制宜适当调整流动人口落户门槛,中小城市则要全面放开落户限制,推动流动人口市民化,享受优质公共资源。此外,还要继续通过降低增值税税率、扩大享受税收优惠企业范围、加大研发费用加计扣除力度、降低社保费率等政策扶持已有企业,引入高新技术企业,继续大力推动中西部经济快速发展。继续统筹城乡融合发展,继续把"三农"问题作为全党工作的重中之重,吸引人才助力乡村振兴,探索农业新模式新业态,增加农业收入,促进城乡之间要素的互相补充、双向流动。以此降低发达地区和城市户籍"含金量",消除户籍制度背后的资源福利不平等。

(六)均衡教育投入,提升居民的创富能力

加大教育资源投入,保证教育资源分配均衡,推进教育普惠,提升居民个人创造财富的能力。首先,要适度扩大高等教育覆盖面和规模,完善成人教育制度,增加个体获得高等教育的机会。其次,对于低收入人群,要继续加大在职培训和技能培训的力度和覆盖范围,通过重点扶持来调节社会财富和收入分配的不平等程度。此外,对于农村和中西部欠发达地区,还要继续加大教育基础设施投入提升教学条件,用数字化技术助推优质教育资源共享共用,推动师资力量在城乡间均衡地双向流动。

案例分析 18　美国的住房之战

讨论的问题:

1. 材料中美国的住房不平等主要表现是什么? 主要原因是什么?

2. 在美国的制度环境下,你认为其住房不平等是否可有效治理? 理由是什么?

习 题

1. 以中国为例，说明导致住房不平等的主要因素有哪些？
2. 测度住房不平等的指标有哪些？
3. 以中国为例，讨论如何治理住房不平等。
4. 查询资料，论述住房不平等对社会经济造成的不良影响。

参考文献

Andrea Armstrong. "Housing and inequality", Housing Studies, 2013,28(2).

Ansgar Belke, Walter Orth, Ralph Setzer. "Sowing the seeds for the subprime crisis: does global liquidity matter for housing and other asset prices?" International Economics and Economic Policy, 2008,5(4).

B Bernanke, M Gertler, Agency Costs. Net Worth and Business Fluctuations, American Economic Review, March 1989, 79(1).

Beckmann M. Location Theory, Random House, 1968.

Behzad T Diba, Herschel I Grossman. "The theory of rational bubbles in stock prices", The Economic Journal, 1988,98(392).

Bernanke, Ben S Gertler, Mark, Gilchrist. SimonChapter 21 The financial accelerator in a quantitative business cycle framework, Handbook of Macroeconomics. Amsterdam: Elsevier, 1999.

Brett W Fawley, Luciana Juvenal. "Monetary policy and asset prices", Economic Synopses, 2010(11).

Chengdong Yi, Yuyao Li, Yourong Wang, Haiyuan Wan. "Social stratification and housing wealth inequality in transitional urban China", International Journal of Urban Sciences, 2021,25(1).

Combes P P, Mayer T, Thisse J. Economics geography: the integration of regions and nations, Princeton University Press, Random House, 2008.

Daniel Fernández-Kranz, Mark T Hon. "A cross-section analysis of the income elasticity of housing demand in Spain: is there a real estate bubble?" The Journal of Real Estate Finance and Economics, 2006,32(4).

Eric J Levin, Gwilym Pryce. "The dynamics of spatial inequality in UK housing wealth", Housing Policy Debate, 2016,21(1).

Guanghua Wan，Chen Wang，Yu Wu. "What drove housing wealth inequality in China?" China & World Economy，2021,29(1).

Hamilton D，C Whiteman. "The observable implications of self-fulfilling prophecies"，Journal of Monetary Economics，1985(16)：353-373.

Hines M A. Investing In Japanese Real Estate,Greenwood Press,Inc. ，1987.

Iacoviello Matteo. "Consumption，house prices，and collateral constraints：a structural econometric analysis"，Journal of Housing Economics，2004，13(4).

Kim Kyung-Hwan. "Housing and the Korean economy"，Journal of Housing Economics，2004，13(4).

Levin Eric J，Wright Robert E. "The impact of speculation on house prices in the United Kingdom，" Economic Medeling,NO. 14(1997)：567-585.

M Brunnermeier，Y Sannikov. A macroeconomic model with a financial sector，Unpublished manuscript，Princeton University，2010.

Marcel Arsenault，Jim Clayton，Liang Peng. "Mortgage fund flows，capital appreciation，and real estate cycles"，The Journal of Real Estate Finance and Economics，2013,47(2).

Patricia Fraser，Martin Hoesli，Lynn McAlevey. "House prices and bubbles in New Zealand，" The Journal of Real Estate Finance and Economics，2008,37(1).

Paul N Balchin，Jeffrey L Kieve. Urban Land Economics，3rd Edition，Macmillan publishers LTD，1985.

Qiang Ren，Rongqin Hu. "Housing inequality in urban China"，Chinese Journal of Sociology，2016,2(1).

Qiong Miranda Wu，"Social stratification and housing inequality in transitional urban China"，Contemporary Social Science，2021,16(3).

Randall Johnson Pozdena. "The Modern Economics of Housing"，Quorum books，1998.

Riddel Mary. "Housing-market disequilibrium：an examination of housing-market price and stock dynamics 1967—1998"，Journal of Housing Economics，2004，13(2).

Robert L B，Hugh O N. Urban economics and policy analysis，McGraw－Hi，Inc. 1975.

Rolando F. Peláez. "The housing bubble in real－time：the end of innocence"，Journal of Economics and Finance，2010(26).

Romer，David. Advanced Macroeconomics，New York：McGraw－Hill，1997.

Shukui Tan et al. "Change of Housing Inequality in Urban China and Its Decomposition：1989 - 2011"，Social Indicators Research：An International and Interdisciplinary Journal for Quality－of－Life Measurement，2016(1).

Simon James,Christopher Nobes. The economics of taxation:principles,policy and practice,T. J. press (padstow)Ltd. of Great Britain，1998.

Vyacheslav Mikhed，Petr Zemčík. "Testing for bubbles in housing markets：a panel data approach"，The Journal of Real Estate Finance and Economics，2009,38(4).

Zhigang Li. "Housing conditions and housing determinants of new migrants in Chinese Cities"，Chinese Sociology & Anthropology，2010,43(2).

C. V. 布朗,P. M. 杰克逊:《公共部门经济学》,张馨主译,北京:中国人民大学出版社,2000 年。

R. H. 科斯:《财产权利与制度变迁:产权学派与新制度学派译文集》,上海:三联书店,1994 年。

W. 布鲁斯·艾伦:《管理经济学:理论、应用与案例》,申笑颜、范彩云、张莉译,北京:中国人民大学出版社,2015 年。

Wallace E. Oates:《财产税与地方政府财政》,丁成日译,北京:中国税务出版社,2005 年。

阿尔弗雷德·韦伯:《工业区位论》,李刚剑、陈志人、张英保译,北京:商务印书馆,2010 年。

阿瑟·奥沙利文:《城市经济学:英文版》,北京:中国人民大学出版社,2020 年。

安德罗·林克雷特:《世界土地所有制变迁史》,上海:上海社会科学院出版社,2016 年。

巴顿、上海社会科学院部门经济研究所城市经济研究室:《城市经济学:理论和政策》,北京:商务印书馆,1984 年。

毕宝德:《土地经济学》,北京:中国人民大学出版社,2020 年。

边泉水,宋进朝:《美日是如何走出房地产危机的?》,《证券市场周刊》2024 年第 9 期。

蔡旺清,蔡旺:《居者有其屋:新加坡住房保障体系建设经验与启示》,《建筑经济》

2024 年第 5 期。

蔡旺清:《租购同权:德国保障性住房体系建设经验及对我国的启示》,《上海房地》
　　2024 年第 8 期。

曹振良、高晓慧:《中国房地产业发展与管理研究》,北京:北京大学出版社,
　　2002 年。

曹振良:《房产经济学概论》,天津:南开大学出版社,1992 年。

曹振良:《房地产经济学通论》,北京:北京大学出版社,2003 年。

曹振良:《改革和完善我国土地制度论纲》,《南开经济研究》1993 年第 5 期。

曹振良:《国有企业住房制度改革与产权边界》,《中国房地产》1996 年第 6 期。

曹振良:《土地经济学概论》,天津:南开大学出版社,1989 年。

柴强:《各国(地区)土地制度与政策》,北京:北京经济学院出版社,1993 年。

陈多长:《地方政府土地财政依赖:形成机理与转型对策:兼论工业化、城市化对土
　　地财政依赖的影响机制》,杭州:浙江大学出版社,2014 年。

陈多长:《房地产税收论》,北京:中国市场出版社,2005 年。

陈多长:《基于治理地方政府土地财政依赖目标的城镇化模式创新研究》,杭州:浙
　　江大学出版社,2018 年。

陈多长:《土地税收理论初探》,《中国房地产研究》2001 年第 2 期。

陈多长:《浙江省房地产业健康发展研究:产业定位的角度》,北京:中国社会科学
　　出版社,2008 年。

陈多长:《中国城市土地市场:发展历程与未来趋势》,广州:广东经济出版社,
　　2019 年。

陈昆亭,周炎,龚六堂:《中国经济周期波动特征分析:滤波方法的应用》,《世界经
　　济》2004 年第 10 期。

代春泉:《房地产开发(第 2 版)》,北京:清华大学出版社,2019 年。

丹尼斯 C. 缪勒:《公共选择理论》,杨春学等译,北京:中国社会科学出版社,
　　1999 年。

丹尼斯·迪帕斯奎尔、威廉·C. 惠顿:《城市经济学与房地产市场》,龙奋杰等译,
　　北京:经济科学出版社,2002 年。

丁祖昱:《探索房企发展新模式,轻重结合代建发力》,《城市开发》2024 年第 2 期。

董俊祥等:《土地管理的理论与实践》,北京:中国经济出版社,1994 年。

范翰章:《中国房地产辞典》,北京:中国建筑工业出版社,2003 年。

丰雷:《房地产经济学》,北京:中国建筑工业出版社,2022 年。

富克斯:《服务经济学》,许微云等译,北京:商务印书馆,1987 年。

盖伦·E. 格里尔、迈克尔·D. 法雷尔：《房地产投资决策分析》，龙胜平等译，上海：上海人民出版社，1997年。

高波、王先柱：《中国房地产市场货币政策传导机制的有效性分析：2000—2007》，《财贸经济》2009年第3期。

高波：《现代房地产经济学导论》，南京：南京大学出版社，2007年。

高信：《土地问题选集》，台北：正中书局，1982年。

哥德伯戈，钦洛依：《城市土地经济学》，国家土管理局科技宣教司译，北京：中国人民大学出版社，1990年。

各国税制比较研究课题组：《财产税制国际比较》，北京：中国财政经济出版社，1996年。

官崎义一：《泡沫经济的经济对策：复合萧条论》，陆华生译，北京：中国人民大学出版社，2000年。

韩俊：《中国农村土地问题调查》，上海：上海远东出版社，2009年。

何国钊，曹振良，李晟：《中国房地产周期研究》，《经济研究》1996年第12期。

何继新，韩艳秋：《城市公共物品安全风险治理边界解构及主体职能优化》，《山东行政学院学报》2024年第2期。

何艳玲：《强制性城市化的实践逻辑：贝村调查》，北京：中央编译出版社，2013年。

胡安瑜：《新质生产力视角下的物业管理数字化赋能路径研究》，《住宅与房地产》2024年第16期。

胡国建，陆玉麒，钟业喜：《上市公司（总部）地理位置的分歧——兼论企业位置标准与区位理论发展创新》，《经济地理》2024年第1期。

黄军林：《"共有产权"：城中村更新的"再集体化"逻辑与空间治理构想》，《城市规划》2024年第3期。

黄立坚：《地产是部金融史：揭秘"白银时代"的房企资本运作法则》，北京：中国法制出版社，2019年。

黄振宇，马瑞华，黄少安：《中国房地产市场的周期演进、理论逻辑与政策构想——与1991年日本房地产危机的比较分析》，《财经问题研究》2024年第7期。

霍默·霍伊特：《房地产周期百年史：1830～1933年芝加哥城市发展与土地价值》，贾祖国译，北京：经济科学出版社，2014年。

季如进：《物业管理理论与实务》，北京：中国建筑工业出版社，2022年。

贾生华：《论我国农村集体土地产权制度的整体配套改革》，《经济研究》1996年第12期。

贾斯汀·霍兰德：《城市兴衰启示录：美国的"阳光地带"与"铁锈地带"》，周恺、董丹梨译,北京:中国建筑工业出版社,2020 年。

杰拉德·弗拉格、大卫·巴伦:《城市的界限:创新是如何被扼杀的》,蒋子翘译,上海:上海译文出版社,2020 年。

井原哲夫:《服务经济学》,李桂山、李松操译、北京:中国展望出版社,1986 年。

橘川武郎,粕谷诚:《日本房地产百年简史》,杨现领、李敬利译,厦门:厦门大学出版社,2021 年。

康纳·多尔蒂:《金门:美国住房之战》,相欣奕、张美华译,上海:华东师范大学出版社,2024 年。

康耀江,张健铭,文伟:《住房保障制度》,北京:清华大学出版社,2011 年。

克里斯塔勒:《德国南部中心地原理》,北京:商务印书馆,2010 年。

李春玲,范一鸣:《中国城镇住房不平等及其分化机制》,《北京工业大学学报(社会科学版)》2020 年第 4 期。

李小建:《经济地理学》,北京:高等教育出版社,2006 年。

理查德·A. 马斯格雷夫:《比较财政分析》,上海:上海三联书店、上海人民出版社,1996 年。

梁桂:《中国不动产经济波动与周期的实证研究》,《经济研究》1996 年第 7 期。

梁凯文,陈玟佑,梁俐菁,林华:《全球 REITs 投资手册》,北京:中信出版社,2016 年。

梁运斌:《世纪之交的中国房地产:发展与调控》,北京:经济管理出版社,1996 年。

廖洪乐:《农村改革试验区的土地制度建设试验》,《管理世界》1998 年第 2 期。

林直道:《危机与萧条的经济理论:对日、美及东亚经济衰退的剖析》,江瑞平等译,北京:中国人民大学出版社,2005 年。

刘洪玉,郑思齐:《城市与房地产经济学》,北京:中国建筑工业出版社,2007 年。

刘守英:《直面中国土地问题》,北京:中国发展出版社,2014 年。

刘巍:《税收公平视角下民国房产税的征收与使用》,《福建论坛(人文社会科学版)》2024 年第 1 期。

刘伟,李风圣:《产权范畴的理论分歧及其对我国改革的特殊意义》,《经济研究》1997 年第 1 期。

刘作刚,叶如海:《新加坡城市用地容积率分布特征与影响因素研究》,《国际城市规划》2024 年第 2 期。

柳建坤,何晓斌:《中国家庭财富不平等的趋势、来源与驱动机制(2010—2020)》,《社会学研究》2024 年第 4 期。

鲁迪·多恩布什:《宏观经济学》,范家骧等译,北京:中国人民大学出版社,2000 年。

罗伯特·J. 希勒:《非理性繁荣》,廖理、施红敏译,北京:中国人民大学出版社,2001年。

罗志恒,方堃:《土地财政引发的挑战及应对》,《中国改革》2024年第2期。

马克思:《资本论》(第3卷),北京:人民出版社,1975年。

毛丰付,韩爱娟,柳津妮:《住房政策与家庭财富积累:公积金到底有多重要?》,《郑州大学学报(哲学社会科学版)》2017年第6期。

美国林肯土地政策研究院:《土地利用与税收:实践亨利·乔治的理论》,丁晓红译,北京:中国大地出版社,2004年。

孟明毅:《REITs实现公共资产证券化的金融模式》,北京:中国经济出版社,2022年。

南方都市报:《变迁三十年:珠三角城镇化30年编年史》,广州:南方日报出版社,2014年。

南京地政研究所:《中国土地问题研究》,合肥:中国科学技术大学出版社,1998年。

尼古拉斯·巴尔、大卫·怀恩斯:《福利经济学前沿问题》,贺晓波、王艺译,北京:中国税务出版社,2000年。

秦中春:《新土地经济学:以现代国家和土地公有制为背景》,北京:中国发展出版社,2022年。

丘金峰,杨树鑫:《房地产法辞典》,北京:法律出版社,1992年。

任碧云,梁垂芳:《从历史数据看货币供给对消费价格与房地产价格的影响——基于货币数量论的分析》,《华北金融》2010年第4期。

任泽平,夏磊,熊柴:《房地产周期》,北京:人民出版社,2017年。

沙洛特科夫:《非生产领域经济学》,蒋家俊等译,上海:上海译文出版社,1985年。

沙永杰,纪雁,陈琬婷:《新加坡城市规划与发展》,上海:同济大学出版社,2021年。

上海市住房和城乡建设管理委员会、新加坡宜居城市中心:《住有所居:上海和新加坡的实践与探索》,上海:上海人民出版社,2020年。

邵一鸣:《REITs视角下商业地产融资模式创新研究》,《广东经济》2024年第16期。

沈悦,刘洪玉:《住宅价格与经济基本面:1995—2002年中国14城市的实证研究》,《经济研究》2004年第6期。

盛松成,金辉:《深化财税改革,激发内生动力》,《清华金融评论》2024年第4期。

史蒂文·C. 布拉萨、康宇雄:《公有土地租赁制度:国际经验》,林肯土地政策研究院译,北京:商务印书馆,2007年。

史蒂文·C. 布拉萨:《公有土地租赁制度:国际经验》,林肯土地政策研究院译,北京:商务印书馆,2007年。

汤建平:《"工业上楼"背景下房地产企业盈利模式探究》,《工程建设(维泽科技)》2024年第4期。

陶大镛:《亨利·乔治经济思想述评》,北京:中国社会科学出版社,1982年。

陶然:《人地之间:中国增长模式下的城乡土地改革》,沈阳:辽宁人民出版社,2022年。

特伦斯·M. 克劳瑞特,G. 斯泰西·西蒙斯:《房地产金融:原理与实践》,王晓霞、汪涵、谷雨译,北京:中国人民大学出版社,2012年。

汪川:《日本房地产泡沫的资产负债表效应及对中国借鉴意义》,《清华金融评论》2024年第3期。

汪晖:《中国征地制度改革:理论、事实与政策组合》,杭州:浙江大学出版社,2013年。

汪小亚:《中国城镇城市化与金融支持》,《财贸经济》2002年第8期。

王国军,刘水杏:《房地产业对相关产业的带动效应研究》,《经济研究》2004年第8期。

王磊,原鹏飞,王康:《是什么影响了中国城镇居民家庭的住房财产持有——兼论不同财富阶层的差异》,《统计研究》2016年第12期。

王利,张勤,张显云:《基于均值滤波的灰色预测模型及其应用》,《西安科技大学学报》2008年第1期。

王琳:《代建模式将成为成都房地产企业新趋势》,《中国商人》2024年第3期。

王琼颖:《德国工业化时代工人住房从工厂"福利"迈向社会福利的历史考察》,《苏州大学学报(哲学社会科学版)》2024年第1期。

王微:《住房制度改革》,北京:中国人民大学出版社,1999年。

王一敏:《我国住房不平等的成因及其财富效应研究》,硕士学位论文,浙江工业大学,2023年。

王智波:《房产税改革中的公平问题研究》,《中国经济问题》2011年第3期。

威廉·阿郎索:《区位与土地利用:地租的一般理论》,北京:商务印书馆,2007年。

韦尔瑟芬 本·范,陈刚:《民主与福利经济学》,北京:中国社会科学出版社,1999年。

文贯中:《吾民无地:城市化、土地制度与户籍制度的内在逻辑》,北京:东方出版社,2014年。

沃尔特·艾萨德:《区位与空间经济:关于产业区位、市场区、土地利用、贸易和城市结构的一般理论》,杨开忠译,北京:北京大学出版社,2011年。

沃纳·赫希:《城市经济学》,北京:中国社会科学出版社,1990年。

吴开泽:《住房市场化与住房不平等——基于CHIP和CFPS数据的研究》,《社会学研究》2019年第6期。

吴宇哲,任宇航:《中国式现代化的合理住房制度构建》,《江苏社会科学》2024年第2期。

武康平,皮舜,鲁桂华:《中国房地产市场与金融市场共生性的一般均衡分析》,《数量经济技术经济研究》2004年第10期。

谢潮仪等:《不动产经济学导论》,茂荣图书有限公司,1993年。

谢经荣,吕萍,乔志敏:《房地产经济学》,北京:中国人民大学出版社,2013年。

休·史卓顿、莱昂内尔·奥查德:《公共物品、公共企业和公共选择:对政府功能的批评与反批评的理论纷争》,费朝辉等译、北京:经济科学出版社,2000年。

徐滇庆:《泡沫经济与金融危机》,北京:中国人民大学出版社,2000年。

徐滇庆:《危机意识与金融改革》,北京:机械工业出版社,2003年。

严娟,李嘉,贾鼎:《市场与社会协作:英国、荷兰租赁住房发展比较》,《宏观经济管理》2024年第2期。

严治仁:《房地产企业管理学》,北京:科学出版社,1999年。

杨鲁,王育琨:《住房改革:理论的反思与现实的选择》,天津:天津人民出版社,1992年。

杨帆,李宏谨,李勇:《泡沫经济理论与中国房地产市场》,《管理世界》2005年第6期。

杨瑞龙,周业安:《一个关于企业所有权安排的规范性分析框架及其理论含义——兼评张维迎、周其仁及崔之元的一些观点》,《经济研究》1997年第1期。

杨覃:《目标成本管理下房地产开发企业项目成本控制》,《新金融世界》2024年第6期。

杨小贞:《向上的力量:用"工业上楼"实践诠释粤港澳大湾区新型产业流向》,北京:中国建筑工业出版社,2022年。

杨尊源:《论房地产消费外部性问题的经济法规制》,《青海环境》2020年第2期。

姚玲珍:《房地产经济学》,北京:中国建筑工业出版社,2022年。

野口悠纪雄:《泡沫经济学》,曾寅初译,北京:生活·读书·新知三联书店,2005年。

野口悠纪雄:《土地经济学》,汪斌译,北京:商务印书馆,1997年。

野口悠纪雄:《战后日本经济史》,张玲译,北京:民主与建设出版社,2018年。

伊利,莫尔豪斯:《土地经济学原理》,滕维藻译,北京:商务印书馆,1982年。

易之：《略论我国土地所有制结构问题》，《农业经济问题》1986 年第 4 期。

袁志刚，樊潇彦：《房地产市场理性泡沫分析》，《经济研究》2003 年第 3 期。

约翰·冯·杜能：《孤立国同农业和国民经济的关系》，吴衡康译，北京：商务印书馆，1986 年。

张超英，翟祥辉：《资产证券化：原理·实务·实例》，北京：经济科学出版社，1998 年。

张帆：《环境与自然资源经济学》，上海：上海人民出版社，1998 年。

张红：《房地产金融学》，北京：清华大学出版社，2013 年。

张红：《房地产经济学》，北京：清华大学出版社，2005 年。

张泓铭：《住宅经济学》，上海：上海财经大学出版社，1998 年。

张慧，于晓雪，刘晓倩：《从田赋制度到现代税收体系：历史经验与财税改革的启示》，《财务管理研究》2024 年第 2 期。

张景华：《新型城镇化进程中的税收政策研究》，《经济学家》2013 年第 10 期。

张俊伟：《新一轮财税体制改革的内在逻辑和建议》，《财政科学》2024 年第 2 期。

张竣翔：《中国家庭居民住房面积不平等研究——基于 CFPS 2010—2018 的实证分析》，《巢湖学院学报》2020 年第 5 期。

张文奎：《人文地理学概论》，长春：东北师范大学出版社，1989 年。

张宇，吴璟，刘洪玉：《中国住房信贷政策对城市住房价格的影响》，《清华大学学报（自然科学版）》2010 年第 3 期。

中国金融 40 人论坛课题组：《土地制度改革与新型城镇化》，《金融研究》2013 年第 5 期。

中国人民银行：《中国住宅金融报告》，北京：中信出版社，2003 年。

中国人民银行营业管理部课题组：《房地产价格与房地产泡沫问题：国别研究与实证研究》，北京：中国社会科学出版社，2007 年。

周诚：《土地经济学原理》，北京：商务印书馆，2023 年。

周飞舟：《分税制十年：制度及其影响》，《中国社会科学》2006 年第 6 期。

周慧珺，傅春杨，王忏：《地方政府竞争行为、土地财政与经济波动》，《经济研究》2024 年第 1 期。

周黎安等：《相对绩效考核：中国地方官员晋升机制的一项经验研究》，《经济学报》2005 年第 1 期。

周以升，郭翔宇：《美日房地产周期修复路径比较》，《中国金融》2024 年第 3 期。

周宇霆：《新型城镇化背景下地方政府土地财政治理研究——基于房产税改革的视角》，浙江工业大学，2014 年硕士学位论文。

朱道林:《土地经济学论纲》,北京:商务印书馆,2022 年。

朱梦冰,李实:《中国城乡居民住房不平等分析》,《经济与管理研究》2018 年第
9 期。

踪家峰:《区域与城市经济学》,上海:上海财经大学出版社,2021 年。